Arnulf Heimbach

Wasser, Wind und weites Land

Mit dem Kanu durch Alaska und Kanada

traveldiary.de Reiseliteratur-Verlag
Hamburg

www. **t** raveldiary.de

© 2009 traveldiary.de Reiseliteratur-Verlag
Jens Freyler, Hamburg
www.traveldiary.de
ISBN 978-3-937274-56-0
Herstellung: Books on Demand GmbH

Der Inhalt wurde sorgfältig recherchiert, ist jedoch teilweise der Subjektivität unterworfen und bleibt ohne Gewähr für Richtigkeit, Vollständigkeit und Aktualität.

Nachdruck, auch auszugsweise, nur mit schriftlicher Genehmigung des Verlages.

Bei Interesse an Zusatzinformationen, Lesungen o.ä. nehmen Sie gerne Kontakt zu uns auf.

Ich möchte der Natur
das Wort reden, der absoluten Freiheit und der Wildnis.

(Henry David Thoreau, Walking)

Vorwort

Wenn bei uns daheim in Franken im Frühjahr der Schnee in den Spessartbergen schmolz, und es auch noch regnete, überschwemmte der Lohrbach die Talwiesen. Für uns Buben war das immer eine aufregende Zeit. Wir bauten alle möglichen Wasserfahrzeuge und schipperten über die überschwemmten Wiesen. Mein erstes „Schiff" war ein kleines Floß. Ich hatte zwei Rundhölzer durch kürzere Querhölzer so verbunden, dass in dieses Rahmengestell genau fünf Benzinkanister der US Army passten und befestigt werden konnten. Dazu ein paar Decksplanken und eine Bohnenstange aus unserem Garten – schon war ich Schiffseigner und Kapitän. Ich stakte stundenlang über die überschwemmten Wiesen, kämpfte mit Wind und Strömung, legte an kleinen Inseln an und ging an weit entfernten Küsten an Land. So fuhr ich über das weite Meer, kam jeden Abend völlig durchnässt nach Hause, ließ das Donnerwetter meiner besorgten Mutter über mich ergehen und träumte nachts von Stürmen, Seeräubern, Seeschlachten, Schatzinseln und Meeresungeheuern. Keiner meiner Kameraden war dem Wasser so verfallen wie ich. In der Schule dachte ich an nichts anderes als an mein Schiff. Am Nachmittag ging es dann wieder hinaus auf die hohe See. Es gab aber auch bessere Wasserfahrzeuge: Ältere Kameraden fertigten aus Reservetanks, die amerikanische Flugzeuge während des Krieges in unserer Gegend abgeworfen hatten, brauchbare Boote. Der bombenförmige Tank aus Aluminium wurde unten flach geklopft und oben ausgeschnitten, dazu ein selbstgefertigtes Doppelpaddel – fertig war der Kajak-Einer. Jetzt waren wir nicht mehr auf das Hochwasser angewiesen und fuhren mit diesen „seetüchtigen" Booten mehr schlecht als recht auf dem Lohrbach – so weit der Wasserstand und die tief hängenden Äste der Erlen und Weiden ein Durchkommen zuließen.
Ich muss die Liebe zur „Binnenschifffahrt" geerbt haben. Ein paar meiner Vorfahren väterlicherseits sind in meinem Stammbaum immerhin als Flussschiffer ausgewiesen:

Wolf Johann, Erlach, * 1768
Mehling Andreas, Hafenlohr, * 1769
Hörnig Johann, Marktheidenfeld, * 1773
Wolf Josef, Erlach, * 1802

Ganz sicher haben auch meine bescheidenen Seefahrten damals in Franken die Liebe zum Wasser und die Sehnsucht nach fernen Ufern geweckt. Gut zehn Jahre später fuhr ich als junger Soldat mit einem Kameraden in einem alten VW mit unserer halben Bundeswehrausrüstung zum ersten Mal nach Schweden – es war Liebe auf den ersten Blick! Seitdem hat mich der Norden nicht mehr losgelassen. In Lappland, in Alaska und in Kanada habe ich später mein Kanu durch einige der großartigsten Landschaften der nördlichen Halbkugel gepaddelt.

Ich bin manchmal gefragt worden, ob ich das nötig habe, was ich mir damit beweisen will, oder was mich dort hinauf in den Norden zieht, wo es doch nur schlechtes Wetter, Millionen von Mücken und ständig nasse Füße gibt? Diese Fragen sind nicht leicht zu beantworten. Den Profilneurotikern und Workaholikern, den Machern und Managern habe ich mich kaum verständlich machen können. Den anderen habe ich mit Schwierigkeiten erläutert, dass es ein Schuss Fernweh, ein angeborener Drang nach Freiheit, viel Sehnsucht nach unberührter Natur, angestammte Freude am einfachen Leben, wohl auch die Freude eines Berufssoldaten an hartem körperlichem Einsatz, ein wenig Hang zur Einsamkeit, vielleicht auch eine gefühlsmäßige Suche nach meinen Wurzeln und ganz sicher die Begeisterung für das Kanu waren, die mich dort hinauf zogen, wo es nach Meinung vieler Mitmenschen halt nur schlechtes Wetter, Mücken und nasse Füße gibt. So bin ich immer wieder allein oder mit einem Partner aufgebrochen nach Norden – dorthin, wo die Zivilisation zurückbleibt und die Wildnis beginnt.

Zweimal war ich für je sechs Wochen im Herbst in Alaska – zeitweise allein, meistens mit meinem Kameraden Herbold Rabe von Pappenheim aus Liebenau in Hessen. Mit ihm habe ich einen Teil Alaskas mit dem Auto bereist, vor allem aber waren wir draußen „im Busch". Uns stand am Trinity Lake eine Blockhütte zur Verfügung, dazu Kanu, Zeltmaterial und Gerät. Die Hütte gehörte Werner Wiesinger, ausgewanderter Westfale, Ingenieur auf dem Ölfeld Prudhoe Bay, Jäger, Flieger und Waldläufer.
Der Trinity Lake liegt eine halbe Flugstunde von Anchorage entfernt am Fuß der Vorberge der westlichen Alaska Range, die sich in einem nach Süden offenen Halbkreis über 1.000km hinzieht. Die weitere Umgebung des Sees ist durch steile, bewaldete Hänge, durch zahlreiche kleinere Flüsse und Bäche, durch Mischwälder und weite Moore geprägt. In der wilden, unberührten Landschaft gibt es weder Straßen noch Wege. Die beiden nächsten Indianersiedlungen sind 50 und 80km entfernt. Der Trinity Lake ist nur mit dem Buschpiloten, mit dem Kanu oder im Winter mit dem Motor- oder Hundeschlitten zu erreichen.
Die Hütte stand einen Steinwurf weit oberhalb des Seeufers am Waldrand. Sie war trocken, geräumig und gut eingerichtet: Je zwei übereinander liegende

Betten, Tisch, Eckbank und Stühle, ein Schrank, Wandregale und ein Ofen mit Herdplatte. An einem Gewehrständer hingen verschiedene Gewehre und Revolver, Munition war genug vorhanden. Ein Anbau enthielt Zeltmaterial, Werkzeug und nützliches Gerät aller Art. Brennholz lieferte der Wald, Wasser der See. Für Strom sorgte bei Bedarf ein alter Generator – wenn er gerade mal ansprang. Ein Funkgerät stand nicht zur Verfügung, Handy und Email gab es noch nicht. Wir hatten einige Lebensmittel mitgebracht, lebten aber vor allem als „Jäger und Sammler".

Einige Zeit später war ich mit Wolfgang Kowald aus Meckelfeld bei Hamburg sechs Wochen im kanadischen Yukon Territory. Wir ließen uns von einem Buschpiloten von Whitehorse am Yukon nach Norden in die Mackenzie Mountains fliegen, schleppten unsere Ausrüstung zum Oberlauf des Snake River, fuhren im Kanu auf dem Snake bis zu seiner Mündung in den Peel River, dann weiter auf diesem Fluss nach Norden bis zur Fährstelle des Dempster Highway südlich Fort McPherson/Northwest Territories – insgesamt etwa 750km.

Von diesen Reisen will ich erzählen.

Inhalt

Herbst am Trinity Lake

7

Erlebnisse und Erfahrungen in der Wildnis Alaskas

Und der Bug zeigt nach Norden

111

Mit dem Kanu durch das Yukon Territory

Alaska

Herbst
am Trinity Lake

*Ich ging in die Wälder, weil ich bewusst leben wollte,
nur den wesentlichen Dingen des Lebens begegnen und prüfen,
ob ich entdecken konnte, was es mich lehrt, und um nicht, wenn es
ans Sterben geht, zu entdecken, dass ich nicht gelebt habe.*

(Henry David Thoreau, Walden)

Alaskafieber

ist eine ansteckende Krankheit, die plötzlich ausbricht und schwer zu heilen ist. Manche sagen, sie ist unheilbar. Ich habe mir dieses Fieber vor langer Zeit ahnungslos zugezogen und bis heute nicht ausgeheilt. Angesteckt habe ich mich bei dem Hauptmann der Reserve Herbold Rabe von Pappenheim. Ich war ihm in verschiedenen Verbänden der Panzeraufklärungstruppe immer wieder begegnet. Wir teilten die Begeisterung für den Truppendienst, für die Jagd und die Reiterei und hatten wohl ausreichend Gefallen aneinander gefunden. Jedenfalls rief mich Pappenheim im Mai an und forderte mich auf, mit ihm im Herbst nach Alaska zu fliegen. Er habe dort einen guten Freund, sagte er, ein ausgewanderter Deutscher, der ihm seine Hütte an einem See angeboten hätte.
Obwohl ich nie davon gehört habe, dass Krankheiten auf große Entfernungen über den Telefonhörer übertragen werden können, bin ich davon überzeugt, dass mich damals der heimtückische Virus genau in jenem Augenblick befallen hat, als Pappenheim mir ausmalte, wie wir dort im wilden Alaska im Kanu das Land durchstreifen und jagen und fischen würden. Ich lauschte gebannt seinen Worten und sagte – schon vom Fieber geschüttelt! – „Klar, ich komme mit!"

Meine Kenntnisse über Alaska waren, wie die der meisten Deutschen, eher dürftig. Ich hatte gelesen, dass der russische Zar die riesige, von Russland annektierte Halbinsel Alaska im 19. Jahrhundert an die Vereinigten Staaten von Amerika verscherbelt hatte. Ich hatte gehört, dass es in Alaska die stärksten Elche und Braunbären gibt. Ich wusste auch, dass in Nome an der Küste der Beringsee früher viel Gold gefunden wurde, und dass neuerdings eine Pipeline quer durch Alaska Öl nach Süden bringt. Viel mehr wusste ich nicht.
Nun las ich alles über Alaska, was ich bekommen konnte: Hans-Otto Meissners „Bezaubernde Wildnis", den *„Alaska Almanac"*, einschlägige Artikel in deutschen Jagdzeitungen und ein halbes Dutzend Ausgaben der amerikanischen Zeitschrift *„Alaska"*. Während ich mein Wissen über das ferne, geheimnisvolle Land erweiterte, stimmte ich telefonisch immer wieder die Reisevorbereitungen mit Pappenheim ab, besorgte die Flugkarte und stellte meine Ausrüstung zusam-

men. Als mir Pappenheim eines Tages mitteilte, dass er aus beruflichen Gründen den vereinbarten Reisetermin nicht einhalten und erst zwei Wochen später fliegen könne, dafür aber dann zwei Wochen länger bleiben werde, konnte das meine Vorfreude nicht trüben. Je näher nun der Tag der Abreise kam, desto mehr setzte mir das Alaskafieber zu: Erhöhter Puls, unerklärliche Glücksgefühle, zunehmende Arbeitsunlust, wirre Träume...
Es gab nur ein Heilmittel: Auf nach Alaska!

Die Tiefkühltruhe Amerikas – Alaska

Ein wenig Geschichte, Fakten und Statistik

Von Amerika aus kann man Russland ohne Fernglas sehen, denn die russische Große Diomede Insel ist von der Kleinen Diomede Insel, die zu Alaska gehört, nur durch 5km Meerwasser getrennt. Zwischen diesen beiden Inseln in der nur bis zu 200m tiefen Bering-Straße verläuft die *International Date Line*, die Datumsgrenze.

Während der Eiszeit vor ca. 40.000 Jahren war der Meeresspiegel so weit gefallen, dass es eine Landverbindung zwischen Asien und dem äußersten Nordwesten Amerikas gab. Die nach der Eiszeit aus dem Meer aufgetauchten Inseln sind letzte Spuren dieser Landenge. Das heutige Alaska wurde zum Einfallstor für die ersten Einwanderer aus Sibirien in den menschenleeren amerikanischen Kontinent. Während einer Zwischeneiszeit vor 22.000 Jahren zogen in einer zweiten Welle erneut sibirische Nomaden über die Landbrücke nach Osten.

Die Halbinsel Alaska wurde im 18. Jahrhundert von meist russischen Seefahrern an den Küsten erforscht und schließlich von Russland in Besitz genommen. Die Russen errichteten 1784 ihren ersten Stützpunkt auf der Insel Kodiak im Süden und verlagerten ihn 1799 in den Alexander-Archipel, wo sie Sitka gründeten. Tatkräftige Gouverneure trotzten der feindseligen Natur und der Rachgier der Eingeborenen, die von den russischen Brutalitäten und Plünderungen in Weißglut gebracht worden waren. Trotzdem wurde aus der russischen Niederlassung nie etwas Rechtes. Sie lag viel zu weit vom Kernland entfernt, und der Nachschub in das entlegene Sitka blieb ein unlösbares Problem. Die Regierung in St. Petersburg versuchte daher seit 1850 unentwegt, das „russische Amerika" an die USA zu verkaufen, doch dort war der Widerstand gegen den Erwerb von Alaska groß. Die Zeitungen verspotteten das kalte Land im Norden als *America's Icebox* und als „etwas zu groß geratenes Eisbärengehege". Der russische Botschafter in Washington, Baron von Stoeckl, brachte in Washington 300.000 Dollar unter die Leute, worauf hin mehrere Zeitungen ihr Herz für Alaska entdeckten. Auch Bestechungsgelder flossen an einige der 27 Senatoren. Schließlich stimmte der Kongress mit einer Stimme Mehrheit dem Kauf zu. 1867 verkaufte der russische Zar Alexander II. Alaska an die Vereinigten Staaten. Die zahlten 7,2 Millionen Dollar und wurden damit um eineinhalb Millionen Quadratkilometer größer. Goldfunde bei Nome an der Westküste Alaskas lösten 1897 einen *Gold Rush* aus, der noch heute in vielen Liedern besungen wird. Die Goldfunde und der Pelzreichtum brachten den USA binnen kurzem die Kaufsumme wieder ein.

1880 fand Joe Juneau Gold im *Panhandle* (der „Pfannenstiel" besteht aus den 1100 Inseln des Alexander-Archipels und einem kontinentalen Streifen von ca. 600km Länge und 100km Breite, von Kanada durch einen riesigen Gletscherwall getrennt). Juneau gründete die spätere Hauptstadt, die seinen Namen trägt. Alaska wurde 1912 Territorium der Vereinigten Staaten.
Nach Beginn des 2. Weltkriegs richteten die USA Garnisonen in Alaska ein. Als die Japaner 1942 die am Ende der Aleuten-Kette gelegenen Inseln Attu, Agattu und Kiska bombardierten und anschließend besetzten, gab es für amerikanische Truppen keine Landverbindung zwischen den Staaten und dem Territorium Alaska. Die US Army baute mit 14.000 Soldaten der Pioniertruppe in nur acht Monaten und zwölf Tagen den Alaska Highway, eine Schotterstraße, die über 2.446km vom *Milepost 0* in Dawson Creek im kanadischen British Columbia quer durch die Wildnis bis Fairbanks/Alaska führt. 1943 eroberten amerikanische Truppen die besetzten Inseln in einer zweiwöchigen, blutigen Schlacht zurück.

Bis 1958 war Texas der größte Staat der Vereinigten Staaten von Amerika – die Texaner waren sehr stolz darauf. Alaska bemühte sich viele Jahre vergeblich, Staat der USA zu werden. Vor allem in den Südstaaten war der Widerstand gegen diesen Schritt groß, denn in Alaska hatte es von Anfang an keine Rassentrennung gegeben, und die Kinder der Weißen, Indianer, Inuit, Aleuten, Schwarzen und Philippinen gingen in die gleichen Schulen. Endlich, am 3. Januar 1959 wurde Alaska der 49. Staat der USA – *the Texans were not amused*, denn Alaska ist doppelt so groß und hat dreimal so viel Öl. Die Texaner, die bis dahin den Amerikanern durch dauerndes Prahlen mit ihren 267.000 Quadratmeilen auf die Nerven gingen, wurden angesichts der 586.000 Quadratmeilen Alaskas etwas stiller. Die Alaskaner wiederum machten nicht viel Aufhebens. Sie teilten die übrige Welt auf übersichtliche Weise in zwei Teile ein: *The Upper One and The Lower Forty-eight – that's it!*

Bereits 1953 hatten Ölfunde zu moderner Ölproduktion geführt. Nachdem 1968 größere Öl- und Gasfelder an der Eismeerküste bei Prudhoe Bay gefunden worden waren, wurde ab 1974 für 8 Milliarden Dollar die Trans-Alaska Pipeline gebaut und 1978 in Betrieb genommen. Sie führt von Prudhoe Bay über ca. 1300km zur Hälfte unterirdisch, zur Hälfte auf 78.000 Stützpfeilern nach Valdez am Golf von Alaska im Süden. 240km nördlich Fairbanks überquert die Pipeline in Verbindung mit einer auf fünf Pfeilern ruhenden 760m langen Brücke den mächtigen Yukon. Das bei Einlauf 80° C, bei Auslauf 50° C warme Öl wird von zwölf Pumpstationen durch die im Durchmesser 122 cm weite Röhre gedrückt.

1971 wurden vom Staat Alaska als Entschädigung für die Landnahme 1,6 Millionen ha Land an die Ureinwohner zurückgegeben und 900 Millionen Dollar gezahlt.

1978 wurden 17 neue Nationalparks (22,4 Mill. ha) eingerichtet.

Als ich im Spätsommer 1981 erstmals nach Alaska kam, hatte *Upper One* gerade mal 400.300 Einwohner, davon lebten ca. 174.000 in der einzigen Großstadt Anchorage. In Fairbanks waren es ca. 22.500, in der Hauptstadt Juneau knapp 20.000. Der Rest verteilte sich auf ein Gebiet, das sich durch die Form des Landes, wenn man die Entfernungen auf Europa überträgt, von Moskau bis Madrid und von Oslo bis Palermo erstreckt. Damals lebten ca. 40.000 Inuit (Eskimo), 25.000 Indianer und 7.000 Aleuten in Alaska. Seitdem hat sich nicht viel geändert. Dazu ein paar eindrucksvolle Angaben:

Fläche: ca. 1.717.854km² (fast fünfmal so groß wie Deutschland)
Küstenlänge: 54.552km
Flüsse: über 3.000 Flüsse. Längster Fluss: Yukon (3.017km)
Seen: ca. 3 Millionen Seen. Größter See: Iliamna Lake (2.600km²)
Gletscher: ca. 100.000 Gletscher

Bevölkerung: ca. 670.000 Einwohner, davon ca. 15% *Natives* (Ureinwohner)
Städte: Anchorage (275.000), Fairbanks (31.000), Juneau (31.000)

Verkehr: Straßennetz (Highways): ca. 20.000km
Bahnstrecken: Seward – Fairbanks (784km, ca. 12 Std.) und Skagway – Whitehorse/Kanada (170km)
Luftverkehr: Wichtigstes Verkehrsmittel ist das Flugzeug.
Lake Hood bei Anchorage ist der größte Flughafen der Welt – für Wasserflugzeuge (in den Sommermonaten ca. 800 Starts täglich)

Wirtschaft: wichtigste Einnahmequellen sind Ölindustrie, Fischfang, Holz.

Flug zum Trinity Lake

Gestern bin ich mit einer B 747 der Lufthansa aus Hamburg nach achteinhalb Stunden Flug auf dem International Airport Anchorage angekommen. Heute Morgen habe ich Lebensmittel für zwei Wochen eingekauft und stehe jetzt mit meiner Ausrüstung an einem See neben einer zierlichen Piper Cub, die an einer Art Bootssteg festgemacht ist. Seit zehn Minuten warte ich auf den Piloten. Ich hatte mich für zwölf Uhr mit Steve Morris verabredet, der mir als erfahrener Buschpilot empfohlen worden war. Kurz vor zwölf kommt ein junger Bursche am Kai entlang geschlendert, bleibt vor mir stehen und sagt: *„Hello, Sir! I'm Matt Morris. Let's load your stuff."* Dann macht er einen langen Schritt auf den rechten Schwimmer des kleinen Wasserflugzeugs und öffnet die Tür.

Aha!, denke ich, der Junge geht seinem Vater zur Hand...

Wir verstauen Seesack, Rucksack, Zelt, Gewehr und Verpflegung hinter dem hinteren der beiden Sitze. Es geht alles so gerade noch hinein. Matt überprüft jetzt den Betriebsstofftank, geht dann um das Flugzeug herum und führt an der Maschine sorgfältig die vorgeschriebenen Kontrollen durch.

Aha!, denke ich, der Sohn macht für seinen Vater die Kontrollen vor dem Start. Er nimmt das Geschäft seines Vaters ernst und spart ihm Zeit...

Matt ist mit dem Ergebnis der Überprüfung zufrieden und fordert mich auf, meinen Platz auf dem hinteren Sitz einzunehmen. Ich steige über den Schwimmer ein und zwänge mich auf den Sitz – es ist doch recht eng in der kleinen Piper. Matt überzeugt sich, dass ich richtig angeschnallt bin. Als der Vater noch immer nicht kommt, klettert der Sohn gewandt auf den vorderen Sitz und bedient ein paar Knöpfe und Hebel. Grüne und gelbe Lämpchen leuchten auf. Matt überprüft die Landeklappen und Höhen- und Seitenruder. Dann springt der Motor an.

Aha!, denke ich, der Junior lässt schon mal den Motor warmlaufen, tüchtiger Bursche, will sicher wie sein Vater einmal Buschpilot werden... und schaue mich durch das kleine Fenster vergeblich nach Mr. Morris senior um. Der Junior ist schon wieder draußen auf dem Steg und löst die Halteleinen. Dann sitzt er wieder vor mir und schnallt sich an.

Na sowas, denke ich, und zu meiner Verwunderung dreht sich die Luftschraube immer schneller. Die Piper löst sich vom Steg und tuckert auf den See hinaus. Ich will immer noch nicht glauben, dass der Junge, der kaum so aussieht als sei er alt genug, ein Auto zu fahren, mein Pilot sein soll. Es ist auch nicht gerade mein Wunsch gewesen, den ersten Schritt in die Wildnis Alaskas als Fluggast auf dem „Jungfernflug" eines zukünftigen Buschpiloten zu machen. Aber alle diese Überlegungen sind nutzlos, denn Matt dreht bereits am Trimmrad und steuert die Piper in Richtung Seemitte. Mehr überrascht als beunruhigt frage ich ihn nach seinem Alter.

„Gerade siebzehn geworden", sagt er.

„Und seit wann fliegst du?"

„Vor zwei Tagen habe ich die Prüfung bestanden. Dies ist mein erster Flugauftrag..."
Matt sitzt genau vor mir, ich kann sein Gesicht nicht sehen. Ich bin sicher, er grinst. Ich denke an meine erste ungesetzliche Alleinfahrt im VW Käfer meines Vaters und an den alten Morris, der seinem Sohn ganz offensichtlich so viel Vertrauen schenkt... und überhaupt... auch Freiherr von Richthofen und Charles Lindbergh haben schließlich einmal so angefangen...
Matt dreht das Flugzeug in den Wind, schiebt den Gashebel nach vorn, der Motor heult auf, die Piper wird schneller, die Spitzen der Schwimmer heben sich aus dem aufspritzenden Wasser, und schon sind wir in der Luft. Eine gute halbe Stunde schweben wir über unendliche Wälder und braune Moore, überfliegen den mächtigen Susitna River mit seinen vielen Inseln und Sandbänken und gleiten flach über einen Berg. Nach meiner laienhaften Beurteilung fliegt Mr. Morris junior wie ein alter Hase. Dabei schaut er nicht ein einziges Mal auf die Karte, die er auf dem Knie festgeschnallt hat. Der Fluggast hat ein gutes Gefühl!
Wie ein bunter Teppich liegt das spätsommerliche Alaska unter uns. Goldgelbe Pappeln, dunkelgrüne Fichten, rostrote Hänge und tiefblaue Seen ziehen vorbei. Dann glänzt der Trinity Lake vor uns am Fuß bewaldeter Berghänge. Deutlich sehe ich die beiden Einschnürungen, die den schmalen See in drei etwa gleich lange Stücke teilen und ihm seinen Namen gaben: Dreifaltigkeits-See. Jetzt sehe ich am Westufer die Hütte. Matt fliegt eine weite Schleife, drückt die Maschine auf das Wasser, setzt sanft auf, stellt den Motor ab und legt gekonnt am Anlegesteg unterhalb der Hütte an.
Alle Achtung!, denke ich und sage gönnerhaft: *„Congratulations! You got it!"*
Jetzt grinst er wirklich. In drei Minuten liegt alles, was mir gehört, auf dem Steg. Matt steckt seine 100 Dollar in die Hemdtasche, klettert auf seinen Sitz, ruft noch durchs offene Fenster: *„A good time and take care!"* und braust mit aufheulendem Motor aus einer Wasserwolke heraus davon. Die Piper verschwindet hinter der Höhe jenseits des Sees, und das Motorgeräusch verstummt. Ich sitze auf meinem Seesack und kann nichts anderes tun als staunen. Was für ein Land! Die Schönheit der Landschaft, die Weite und die Stille sind überwältigend. Alaska streichelt mich, und mein Herz schlägt schneller...

In der Wildnis

Mit dem Begriff Wildnis habe ich mich schon seit meiner frühesten Jugend befasst. Ich habe alles gelesen, was ich in Büchern darüber finden konnte, und ich habe damals gebannt den wenigen Männern zugehört, die aus eigenem Erleben über Kanada, USA oder Afrika berichten konnten. Als ich gestern an der Hütte abgesetzt worden war und dem startenden Flugzeug nachschaute, habe ich mir klargemacht: Du bist jetzt in einem menschenleeren Gebiet, so groß wie

Belgien oder sogar Bayern... du bist ganz allein... es gibt keine Verbindung zur Außenwelt... um dich herum ist nur Wildnis, endlose, unberührte Wildnis...
Ich war neugierig auf alles, was ich erleben würde, und ich glaubte, eine Menge über das Leben als Waldläufer zu wissen. Durch hohes Gras war ich hinauf zur Hütte gegangen, hatte die unverschlossene Tür geöffnet, meine Sachen verstaut, Einrichtung, Gerät und Waffen begutachtet, das Kanu ans Wasser gebracht und einen ersten Erkundungsgang am Seeufer gemacht.

In der Nacht hat es geregnet. Heute Morgen ist es bewölkt, windstill und ziemlich warm. Ich will mir einen Eindruck von der Umgebung verschaffen und den Berg gleich hinter der Hütte besteigen – eine Angelegenheit von einer halben, höchstens von einer dreiviertel Stunde...
Ich breche also nach dem Frühstück auf – ohne Gepäck, nur mit Fernglas und einer Winchester aus dem Waffenbestand der Hütte. Das Verhängnis beginnt schon nach hundert Metern. Ich hätte es wissen müssen! Herbold hatte mir das Gelände ausführlich geschildert, aber ich hatte seine Geländebeschreibung nicht so ernst genommen. Jetzt belehrt mich Alaska. Das gelbe Gras ist triefend nass und höher als ich. Weidengestrüpp, dicht wie eine Bürste, versperrt mir überall den Weg. Der Boden ist weich bis schlammig, manchmal knöcheltief. Baumstämme und Äste aller Kaliber lauern unsichtbar unter Gras und Kraut und bringen den ungestümen „Waldläufer" immer wieder zu Fall. Weil ich nicht viel sehe, ist es schwer, die Richtung zu halten. Dann wird es lichter, und ich stehe am Rand eines Moores, einen Büchsenschuss breit. Der federnde Boden ist tückisch, es gluckst, quillt und saugt um die Füße. Nach einigen Umwegen stehe ich am Fuß des Berges, der steiler ist als erwartet. Was gestern aus der Luft wie grüne Matten, liebliche Bergwiesen und herbstbunte Mooshänge aussah, erweist sich aus der Nähe als übermannshohes, tropfnasses Gesträuch von unglaublicher Widerstandskraft. Faulendes Laub und glitschige Flechten, riesige Felsbrocken und tiefe Wasserlöcher, undurchdringliche Erlendickichte, bemooste Baumleichen und unzählige versumpfte Rinnsale bremsen meinen Sturmlauf herunter zu mühseligem Kriechen. Nie zuvor bin ich so einen Hang hinaufgestiegen. Nach gut anderthalb Stunden bin ich höchstens auf halber Höhe des Berges. Ich gönne mir keine Rast, sondern renne frontal und verbissen immer wieder gegen die grünen und braunen Hindernisse an, rutsche in eiskalte Wasserlöcher, falle über verborgene Äste und zerkratze mir Gesicht und Hände. Längst bin ich nass bis auf die Haut – der einsetzende Regen stört mich nicht mehr. Das hohe Gras und die dichten Büsche sind gute Sichtblenden – ich sehe von der Landschaft so gut wie nichts. Der Hang wird noch steiler, mein Vorwärtsdrang schwächer. Jetzt fällt mir das Wort *Cheechako* ein, ich habe es zuhause in einer amerikanischen Zeitschrift gelesen. Es bedeutet so viel wie *Tenderfoot* oder *Greenhorn*, und die Alaskaner betiteln damit die Zugereisten aus Europa oder den *Lower Fortyeight*. Als ich es damals las, habe ich nicht im Traum daran gedacht, dass diese

Bezeichnung einmal auf mich „alten Waldläufer" zutreffen könnte. Jetzt liegt der alte Waldläufer mit einem verdreckten Gewehr unter einem Erlenbusch im kalten Wasser und hat blutige Hände und blaue Flecken an Armen und Beinen.
Im strömenden Regen steige ich weiter. Als ich endlich den flachen Gipfel erreiche, sind seit meinem stürmischen Aufbruch mindestens drei Stunden vergangen. Erlen verwehren mir auch hier den Blick auf den See, und außer einer gelbbraunen Maus habe ich kein Tier gesehen. Ich bin maßlos enttäuscht – so hatte ich mir Alaska nicht vorgestellt...
Ein kalter Wind bringt mich wieder auf den Weg. Bergab geht es etwas besser. Einmal kann ich vom steilen Hang aus den Trinity Lake in seiner ganzen Länge und weit dahinter den Beluga Mountain sehen. Der Regen hört auf, die Wolken hängen tief über dem Moor jenseits des Sees. Ich lege den Hut ab, stelle die Winchester an eine Birke und gehe noch einmal ein paar Schritte hangaufwärts, um bessere Sicht nach Süden zu bekommen. Von einem verkohlten Baumstumpf aus kann ich den Bach, der aus dem See fließt, und den Susitna Mountain erkennen. Dann gehe ich zurück und... kann das Gewehr nicht finden. Das gibt es doch gar nicht! Ich gehe wieder hinauf zu dem verkohlten Stamm und dann wieder abwärts. Es ist wie verhext, ich kann das Gewehr nicht finden. Alles sieht gleich aus, und ich weiß nicht mehr, an welchen Stellen ich schon gesucht habe. Nie hätte ich geglaubt, dass man sich auf einem Stück Berghang von 15m Durchmesser nicht mehr orientieren kann. Nach langem Suchen finde ich endlich die Winchester und meinen Hut. Das Gewehr lehnt an der Birke, an der ich es abgestellt habe, aber die Birke steht jetzt viel weiter hangaufwärts als vorher... oder doch mehr weiter unten... oder...? Mir dämmert, dass ich in diesem Land höllisch aufpassen muss, und dass Leichtsinn sehr gefährlich werden kann. Recht nachdenklich steige ich zur Hütte hinunter. *Cheechako* raunt mir Alaska ins Ohr, und in einer Birke hinter mir lacht der Specht.

Nach Rückkehr von der ernüchternden Bergtour lassen mich die notwendigen Arbeiten die unrühmliche Niederlage einigermaßen vergessen. Holzhacken, Feuermachen, körperliche Totalreinigung, Aufräumen und Waffenreinigen besänftigen ganz allmählich den gekränkten Waldläufer, der Alaska so stürmisch umarmen wollte und dabei so nasskalt abgewiesen wurde. Beim Essen denke ich in aller Ruhe über den enttäuschenden Ausflug nach – was habe ich falsch gemacht? Ich habe vor allem meine Beine, auch ab und zu meine Arme und so gut wie gar nicht meinen Kopf gebraucht – und das ist für das wilde Alaska eben ein bisschen zu wenig. Die Tiere kommen in diesem Gelände instinktiv zurecht, der Mensch muss halt sein Hirn gebrauchen. Mit Frontalangriff, Sturmlauf und Eilmarsch in gerader Richtung kommt hier keiner zum Erfolg. Hier zählen nur ständige Geländebeurteilung, Bewegung von einem einprägsamen Geländepunkt zum nächsten, Bereitschaft zu Umwegen, dauernde Orientierung und Vorsicht an gefährlichen Stellen. Wenn der Elch, dieses riesige, schwere Tier, so mühelos und leichtfüßig durch das Dickicht, über das Moor und einen steilen Hang hinauf kommt, dann werde ich das doch auch irgendwie schaffen – oder ich hätte zuhause in der Fußgängerzone bleiben sollen!

Zuversichtlich spüle ich das Geschirr, trockne ab, schultere Paddel und Drilling und fahre mit dem Kanu über den See. Von Norden weht es kalt, leichter Regen und noch zwei Stunden Licht. Am Ostufer ziehe ich das Kanu an Land und stoße gleich auf einen breiten Pfad, der wie ein bequemer Wanderweg am See entlang führt. An Spuren und Losung erkenne ich, dass ich einem Bärenpass folge. Ein Stück weiter bringt mich ein Elchwechsel tiefer in den Wald, und ich stelle fest, dass der Wechsel jedes Erlendickicht umgeht und an lichteren Stellen so zwischen den Bäumen verläuft, dass ich aufrecht gehen kann – genau wie die Elche! Ich lege bei ständiger Geländebeurteilung immer wieder die nächste Wegstrecke fest und bin erstaunt, wie glatt und trocken ich durch Wald und Unterholz komme. Immer seltener stolpere ich über im Gras verborgene Äste und Stämme und nur einmal stehe ich bis zum Knie im Wasser.

Dieser besonnene Pirschgang verhilft mir zu einer Art Erleuchtung: Der Kopf ist der wichtigste Körperteil! Diese Erkenntnis ist nicht gerade neu, aber ich muss sie heute Morgen völlig vergessen haben. Jetzt wird mir klar: Die Elchwechsel, die Bärenpässe und die Schleifwege der Biber erleichtern geräuschloses Vorwärtskommen. Erlen muss ich – immer! – umgehen. Weidendickichte lassen sich – mit einiger Umsicht! – ganz gut durchqueren, weil es darin immer wieder lichte Stellen gibt. Durch dichtes Unterholz komme ich am leichtesten, wenn ich – mit etwas Vorsicht! – einen der zahlreichen kleinen Bäche als Weg benutze. Hohes Gras bedeutet meistens schlechte Sicht und Nässe. *Fireweed* (Waldweidenröschen) ist nicht so dicht, meistens trocken, raschelt aber. Der Bodenbewuchs zeigt mir – ich muss nur richtig hinsehen! – ein Wasserloch an. Auf einer Elchfährte komme ich sicher durch sumpfiges Gelände. Wald, Moor und Seeufer erscheinen nur auf den ersten Blick überall gleich und ohne auffallende Kennzeichen. Tatsächlich gibt es überall – ich muss nur die Augen aufmachen! – brauchbare Orientierungspunkte, die mich den Rückweg sicher finden lassen.

Ich bin zwar inzwischen wieder nass bis auf die Haut, und meine Hose hat einen langen Riss, aber ich bin auch, was mein weiteres Fortkommen in dieser gottverlassenen Gegend betrifft, sehr zuversichtlich. Auf dem Rückweg schieße ich am Seeufer noch einen fetten Erpel, und mir ist danach, als hätte mir Alaska auf die Schulter geklopft. Dann suche ich allerdings längere Zeit nach meinem Kanu – mit der Orientierung hapert es eben noch.

Nach dieser ersten Begegnung mit dem wilden Alaska kann es eigentlich nur besser werden – und es wird besser. Auf dem Weg zum Waldläufer werde ich innerhalb weniger Tage erst einmal ein rechter Hinterwäldler: Ich vergesse – oder verdränge – die vorgegebenen Verhaltensformen, die ich daheim Tag für Tag gelebt habe. Den Tagesablauf legt das Wetter fest, die Zeiten zum Essen

bestimmt der Hunger. Wasser zum Trinken, Kochen und Waschen hole ich aus dem See, Holz für das Herdfeuer aus dem Wald. Meine Mahlzeiten sind einfach: Brot, Haferflocken, Federwild, Fisch, Margarine, Sirup, Pilze, Beeren.
Meine abgelegte Armbanduhr ist stehen geblieben. Ich vermisse die Uhrzeit nicht. Der Schatten, den der Pfahl neben dem Bootssteg wirft, zeigt mir, wie spät es ist. Es gibt weder Werktag noch Sonntag. Mein Programm richtet sich nach dem Wetter, nach der Notwendigkeit, Nahrung und Feuerholz zu beschaffen, nach Licht und Dunkelheit. Ich habe viel zu tun, aber auch viel Zeit, nichts zu tun. Hast oder gar Hektik gibt es nicht. Abends weiß ich, wovon ich müde bin. Vor allem weiß ich, dass ich von morgens bis abends nur sinnvolle Arbeiten verrichtet habe. Ein Stapel Holz hinter der Hütte, ein ausgebesserter Bootssteg, eine Gans und drei Forellen auf dem Tisch sind Ergebnisse, die am Abend für vollkommene Zufriedenheit sorgen.

Vor der Hütte erklingt vom ersten Dämmern bis zum letzten Licht das Lied der Wildbahn: Das Flüstern des Windes in den Bäumen, das leise Plätschern der Wellen am Ufer, das Locken der Meisen in den Fichten, der Ruf des Raben, der Flügelschlag der Singschwäne, der Ruf der Wölfe. Wenn der Wind abends einschläft ist es so still, dass ich das Rascheln der Mäuse im Gras höre. Der Uhu singt mich in den Schlaf, die Kraniche wecken mich in der Morgendämmerung.

Mein Verkehrsmittel ist ein Kanu aus Aluminium, das 380kg trägt. Ein dazugehöriger 4 PS-Außenbordmotor steht im Anbau hinter der Hütte. Ich brauche ihn nicht – ich fahre das Kanu ohne die lärmende, stinkende Technik. Mit einem Paddelschlag treibe ich das Kanu vier bis fünf Meter vorwärts. Die 6km bis zum Nordufer des Sees schaffe ich bei Windstille in etwa einer Stunde. Mit dem Motor könnte ich diese Strecke in einem Drittel dieser Zeit fahren. Ich würde 40 Minuten gewinnen, aber mir würde so viel entgehen: Das leise Rauschen der Bugwelle, das schöne Gefühl des abgegriffenen Paddelschaftes in der Hand, das Spiel der Muskeln in Arm und Schulter, die vom Paddelblatt perlenden Wassertropfen auf dem klaren Wasser, das stille Gleiten über den glatten See, das Quarren der streichenden Enten, der Schrei des Adlers, die wandernden Lachse in der grünen Tiefe. Soll ich wegen lumpiger 40 Minuten auf das alles verzichten? Ich glaube der Mensch hat sich um Vieles betrogen, als er anfing, sich schneller fortzubewegen als ein Pferd läuft oder der Wind ein Boot treibt.

Das Unterhaltungsprogramm ist bescheiden: Ich habe ein paar gute Bücher in einem Regal über dem Tisch gefunden, ich habe meine Mundharmonika, meine Kamera und genug Papier zum Schreiben. Ich vermisse nichts von dem, was die Werbung mir daheim aufschwätzen will, und was ich alles kaufen soll, um den „Binnenmarkt" anzukurbeln. Ich weiß hier draußen nichts von den unechten Bedürfnissen, die der Kapitalismus zuhause erzeugt, um seinen Ramsch zu verkaufen. Ich kriege nichts mit vom krankhaften Bemühen der modernen Gesellschaft, Einschaltquoten zu überbieten, Auflagenzahlen zu verbessern, Wachstum zu steigern. Da ich ohne Fernsehen auskommen muss, ist die Gefahr der Verblödung gering. Ich habe auch kein Radio, keine Zeitung, kein Telefon und bekomme keine Post. Ich erfahre nichts von dem Bankraub in München, nichts von dem Busunglück in Italien, nichts über die Wahlen in Niedersachsen, nichts von dem Attentat auf den ägyptischen Präsidenten. Ich bin ein Hinterwäldler geworden und – habe mich selten so wohl gefühlt. Hier draußen bezweifele ich mehr denn je, ob es den Menschen wirklich etwas bringt, dass sie rund um die Uhr fast lückenlos von den Medien über alle Vorkommnisse auf unserem Planeten unterrichtet und ständig mit den lokalen, nationalen und internationalen Vorgängen und Problemen befasst werden.

Ein Hinterwäldler ist gewöhnlich nicht nur uninformiert, er ist auch unzivilisiert – jedenfalls nach Meinung derer, die sich für zivilisiert halten. Ich selbst wasche mich zwar mehrmals täglich, wechsle die Wäsche und schneide die Fingernägel, aber ich rasiere mich nicht mehr, stütze beim Essen die Ellbogen auf, halte die Tasse mit beiden Händen, schlürfe den Kaffee, esse manchmal nur mit dem Messer und den Händen, lege die Beine auf den Hüttentisch und gähne und rülpse laut und vernehmlich, ohne die Hand vor den Mund zu halten. Ich habe das so genannte gute Benehmen, dass man mir ohne meine Einwilligung beigebracht hat, über Nacht abgelegt. Die angelernten Formen sind hier nicht nur überflüssig, sie wären lächerlich. Hier gibt es auch die tausend Regeln nicht, die „das Zusammenleben erleichtern". So muss ich nicht wie daheim dauernd überflüssige und sinnlose Dinge tun. Vom wilden Alaska aus erscheint mir das ferne Europa wie ein unwirklicher Erdteil, wie eine lästige Erinnerung an eine Welt aus Mauern, Lärm, Schmutz, Verbotsschildern, Leuchtreklame und einem Heer von Politikern, Beamten, Polizisten und „Oberlehrern", die einem ununterbrochen sagen, was man tun soll, und was man nicht tun darf. Hier in meiner Hütte zwischen See und Bergen ist es mir fast unverständlich, wie man es daheim fertig bringt, aus an sich doch ganz vernünftigen Leuten Menschen zu machen, denen man bis auf das Putzen der Nase und das Essen mit Messer und Gabel alles, aber auch wirklich alles vorschreiben muss. Bei diesen Überlegungen frage ich mich freilich, ob das noch die Ansichten eines Mitteleuropäers oder schon die Gedanken eines Wilden sind.

Hinter dieser günstigen Entwicklung zum Hinterwäldler will der Waldläufer nicht zurückstehen. Ich bin von Anfang an bemüht, meine Kenntnisse und Erfahrungen, die ich auf der Jagd in den heimatlichen Wäldern, als Soldat und auf früheren Kanutouren in Schweden erworben habe, zu erweitern. Die Ausbildung, die Alaska mir erteilt, reicht von Spuren- und Fährtenkunde, Orientieren in der Wildnis, Wetterkunde, Bau von Behelfsunterkünften bis hin zu Nahrungsbeschaffung und Leben in der Natur. Menschen, die ihren Urlaub in der Toskana oder auf Gran Canaria verbringen, könnten der Meinung sein, in der Wildnis ist jeder Tag ein einziges gefährliches Abenteuer. Film, Fernsehen und Reiseveranstalter bestärken sie noch in dieser Ansicht. Schließlich besteht in den einschlägigen Filmen der „Held" Tag für Tag größte Gefahren, und ein „Abenteuerurlaub" bietet der Kundschaft halt das, was der Prospekt an „Expeditionscharakter", „verwegenen Abenteuern" und *„Survival"* versprochen hat.

Die Wirklichkeit ist ganz anders: Die Sonne geht auf, der Tag verläuft ruhig, besondere Vorkommnisse ereignen sich nicht, Abenteuer finden nicht statt, die Sonne geht wieder unter. So etwa sieht der Tag in der Wildnis aus. Freilich gibt es hier draußen Gefahren – Geschehnisse, die in der Zivilisation, nicht unbedingt eine große Gefahr darstellen: Ein verstauchtes Fußgelenk, ein gebrochenes Bein, eine Lungenentzündung, eine Blutvergiftung, Verirren im Nebel oder Kentern in einer Stromschnelle können hier tödlich sein. Ich richte mich danach. Ich gehe mit dem Messer und mit der scharfen Axt äußerst vorsichtig um. Ich ziehe einen Umweg einem Sprung über einen Bach oder Graben vor. Ich beurteile sehr gewissenhaft Strömung, Wassertiefe und Stromschnellen, wenn ich mit dem Kanu unterwegs bin. Ich orientiere mich draußen ständig und präge mir Anhaltspunkte für den Rückweg ein.

In der Wildnis überlebt nicht, wer sich von seiner Kühnheit leiten lässt und seine Muskeln einsetzt, sondern derjenige, der Vorsicht zum Grundsatz macht und seinen Kopf gebraucht. Neben seiner Erfahrung und seinem „handwerklichen Können" ist für den Waldläufer die richtige Einschätzung seiner Fähigkeiten entscheidend. Die Wildnis zeigt ihm unter Umständen mitleidlos seine eigenen Grenzen auf und verzeiht ihm keinen Fehler. All die heldenhaften Draufgänger, die für Filmaufnahmen vom Maskenbildner hübsch zurechtgemacht werden, und danach mit Waldbrand, Wasserfall, Kentern, Schneesturm, Bären, Wölfen und Indianern so eindrucksvoll fertig werden, würden in der Wildnis ohne Regisseur, Drehbuch, Double, Drehpausen und klimatisiertem Wohnwagen mit Fernsehen, Dusche und Bar vermutlich keine Woche überleben. Aber sie prägen scheinbar unvermeidbar das Bild vom Leben in der Wildnis.

Für die Menschen der modernen Wohlstandsgesellschaft erscheint es mir bezeichnend, dass sie die wirklichen Gefahren des eigenen Alltags bewusst oder unbewusst verdrängen. Erwähnt einer beispielsweise, dass er demnächst mit dem Auto von Hannover nach Nürnberg fahren will, so löst er damit keinerlei Besorgnis aus. Er wird nicht einmal zur Vorsicht ermahnt, und das, obwohl es auf Deutschlands Straßen an jedem Tag im Durchschnitt 14 Verkehrstote gibt. Keiner warnt vor der geplanten Fahrt, obwohl vielleicht gerade auf der Rhönautobahn bei Hammelburg vor kurzem bei einem Unfall zwei Menschen starben. Erzählt er aber von seinem geplanten Urlaub irgendwo in einer Hütte in Kanada, dann findet sich meistens schnell einer, der mit einem Gesicht, als hätte ihn der

Bär schon am Wickel, auf die drohende tödliche Gefahr hinweist: „... vor vier Wochen ist in Kanada gerade wieder ein Mann auf einem Campingplatz von einem Bären getötet worden!" Wir sind eben der Natur schon so sehr entfremdet, dass die äußerst geringe Wahrscheinlichkeit, von einem Bären getötet zu werden, uns viel mehr zusetzt als die weitaus größere Aussicht, auf der Straße zwischen Blech und Plastik zerdrückt zu werden und spätestens auf der Intensivstation unser Leben auszuhauchen.

Viele gescheite Leute beklagen heutzutage den Mangel an Demut, Ehrfurcht und Dankbarkeit. Hier in der Wildnis gibt es sie noch. In der endlosen Weite und unglaublichen Stille Alaskas, unter seinen Sternen und Nordlichtern, inmitten seiner einsamen Moore und tiefen, schweigenden Wälder kommt wohl auch demjenigen, der sonst alles nur geringschätzig erachtet, ein Gefühl der Ehrfurcht an. Und wer am Morgen in einer eiskalten Hütte das erste Knistern des Ofenfeuers hört, wer nach zwei Tagen Sturm endlich wieder eine Ente schießt oder eine Forelle fängt, wer nach stundenlangem Paddeln gegen eisigen Wind hungrig und durchfroren das „traute Heim" erreicht und ein Paar trockene Socken anzieht – der weiß auch wieder, was Dankbarkeit ist.

Das Lied der Wildbahn

Alaska ist ein stilles Land – und es ist ein einsames Land. Einem Europäer, der die Stille nicht erträgt und die Einsamkeit fürchtet, muss Alaska wie ein nordisches Schreckgespenst erscheinen. Demjenigen aber, der sich in seiner Liebe zu diesem wilden Land von der Stille und Einsamkeit nicht entmutigen lässt, schenkt Alaska eine Zuneigung und Zärtlichkeit, die über seine europäischen Vorstellungen weit hinausgeht.
Einsam ist Alaska, aber so richtig still ist es gar nicht – außer vielleicht im tiefen Winter. Da ist das Locken der Meisen und Finken. Da sind die Rufe der Enten und Gänse. Da ist der Wind, der mit den Wellen spielt und in den Bäumen seufzt und flüstert. Da sind die Wespen, Hummeln, Käfer und Libellen, die überall summen, brummen, knistern und schwirren. Nur um die Mittagsstunde ist es manchmal ganz still, unglaublich still, und abends ist es still, so um den Sonnenuntergang, bevor der Nachtwind vom Berghang kommt, und die Eule ruft. Und mit der Stille kommen Gedanken, Gedanken, die es nur hier draußen gibt, Gedanken die sich in der Stadt in Lärm und Hast verlieren würden, Gedanken so schön, so klar, so einfach wie ein Volkslied. Vielleicht ist es die Stille, die ich an Alaska am meisten liebe.
Die wenigen Stimmen, welche die Stille durchbrechen, stören sie nicht. Sie sind wie ein leises Lied, und ich lausche diesem Lied von der Morgendämmerung bis in die Nacht.

Drei Stimmen haben es mir besonders angetan – Stimmen, die mich anrühren und tief in mir eine Saite klingen lassen, Stimmen aus uralten Tagen, fremdartig und vertraut zugleich.

Die erste der drei Stimmen gehört dem Raben.
Der Rabe nimmt in den Geschichten und Legenden der Indianer und Inuit einen herausragenden Platz ein. Er ist Erschaffer und Schwindler zugleich. Den Inuit hat er das Feuer gebracht, für die Athabasca hat er die Erde erschaffen. Damals, so sagt die Legende, floss das Wasser der Flüsse und Bäche am Anfang an einem Ufer bergauf, am anderen bergab. Als der Rabe merkte, dass sich die Menschen ohne zu paddeln mühelos in jede Richtung treiben ließen, änderte er sein Werk, um es ihnen nicht zu leicht zu machen.
Die Raben führen am Trinity Lake tagsüber im Wald hinter der Hütte und drüben im Moor das große Wort. Sie rufen von den hohen Fichten und unterhalten sich bei ihren Kunstflügen im Aufwind über den Hängen. Ich mag ihre kehligen, melodischen Rufe. Manchmal erklingen ihre Stimmen aus großer Höhe, und ich muss lange suchen, bis ich zwei kleine Kreuze hoch oben im Blau entdecke. Abends höre ich ihnen gerne zu, wenn sie paarweise zu ihren Schlafbäumen fliegen und dort noch ein Weilchen miteinander schwatzen. Wann immer ich ihre Stimme höre, bleibe ich stehen und lausche, und das Herz lacht mir im Leib.

Die zweite Stimme gehört dem Eistaucher.
Er heißt in Nordamerika *Loon*. Sein Name weist auf seine Stimme hin. Diesen schönen, gänsegroßen Wasservogel trifft man im Sommerhalbjahr in Kanada und Alaska auf jedem See. Er ist so beliebt wie der Storch bei uns daheim, und wie Freund Adebar ist er durch Gesetz ganzjährig geschützt.
Der Loon ist ein stimmgewaltiger Vogel. Er verfügt über eine ganze Reihe von unterschiedlichen Rufen, die der Kontaktaufnahme, der Grenzmarkierung, der Warnung bei Gefahr und als Kampfruf dienen. Die Bedeutung einiger Rufvarianten ist noch gar nicht bekannt. Die verschiedenen Rufe – *Tremolo, Wail, Yodel, Hoot, Tremolo-Wail* – sind schaurig-schön. Als ich zum ersten Mal das *Wailing* eines Pärchens in der Stille einer Frühlingsnacht gehört habe, wollte ich nicht an eine Vogelstimme glauben, zu schauerlich, zu unheimlich klang diese Stimme – wie der klagende Schrei einer verwunschenen Seele. Es ist nicht verwunderlich, dass die geheimnisvolle Stimme des Loon die Phantasie der Menschen angeregt hat. Kanadische Indianer erzählen ihren Kindern noch heute das Märchen vom ersten Loon:

Wijaka, die Tochter eines großen Häuptlings traf sich manchmal heimlich weit entfernt vom Lager an einem See mit Zica'hota, einem jungen Krieger aus einer Familie, die mit ihrer eigenen Familie seit langem in bitterer Feindschaft lebte. Als ihre Brüder entdeckten, mit wem sich die Schwester heimlich traf, schlichen sie ihr eines Abends nach und töteten Zica'hota mit einem Pfeilschuss im Wasser. Zica'hota versank, aber der Wassergeist ließ ihn wieder auftauchen – auf dem See schwamm ein großer, wunderschöner Vogel, wie man ihn bis dahin nie gesehen hatte. In den Nächten rief er voller Sehnsucht und Trauer nach der Geliebten. Nach ein paar Tagen folgte Wijaka dem Ruf. Sie ging abends zum See, zog sich aus und glitt in das kalte Wasser. Der Wassergeist nahm sie auf und streichelte sie. Der Mond stand über dem See, der Nachtwind wehte sanft, und zwei große Vögel wiegten sich auf den Wellen...

Immer wieder erinnert mich der Loon an dieses Märchen. Wer einmal seinen Ruf gehört hat, vergisst ihn nie. Wie Trauer, wie Sehnsucht, wie Schmerz klingt es über das dunkle Wasser, wenn Zica'hota seine Geliebte ruft...

Die dritte Stimme gehört dem Wolf.
Er bewohnt mit Ausnahme einiger Inseln ganz Alaska. Wölfe sind herrliche Tiere mit ausgeprägtem Sozialverhalten. Sie sind die Stammeltern unserer Haushunde. In der Natur erfüllen sie wichtige Aufgaben: Sie betreiben die notwendige Auslese unter ihren Beutetieren, begrenzen deren Bestände und verhindern die Ausbreitung von Seuchen. Bei den Indianern sind sie hoch angesehen. Der weiße Mann hat sie immer als Nahrungskonkurrenten betrachtet. Er hat sie gehasst und gnadenlos mit allen Mitteln verfolgt – mit der Kugel, mit der Falle und mit Gift.
Auch hier um den Trinity Lake streifen Wölfe durch Berge und Moor. Ich sehe sie nicht, aber ich finde ihre Spuren im Ufersand und einmal einen Riss – die Reste eines Elchkalbs. Abends höre ich manchmal ihren Ruf, der zu einem hohen Ton ansteigt und plötzlich abbricht, wiederkommt und zitternd in der Luft hängt. Dieser Ruf ist so alt wie das Moor und die Berge, und er gehört untrennbar zu Alaska. Wenn an einem kalten Abend ein Wolf hinter mir am Hang ruft, wenn ein zweiter Wolf antwortet und dann ein dritter, dann stehe ich am dunklen See, auf dem das Mondlicht schwimmt, und spüre, wie schön das Leben ist.

Auf dem Trinity Creek

Lange vor Sonnenaufgang bin ich draußen. Es ist windstill und kalt. Über dem See liegt ein zarter, durchsichtiger Nebelstreifen. Nach ausgiebigem Frühstück belade ich das Kanu mit allem, was ich für zwei Tage brauche: Zelt, Schlafsack, Verpflegung, Beil, Fernglas, Angelzeug, Gewehr und Revolver. Als die Sonne ihre ersten Strahlen auf den See wirft, bin ich auf dem Wasser. Mit langsamen Schlägen paddele ich nach Süden. Vor mir fischen zwei Gänsesäger zwischen Seerosenblättern. Weiter links, weit drüben am Ufer, sind große Vögel im Dunst zu erkennen. Singschwäne sind es – weiß die beiden Altvögel, grau die vier Jungen.

Der See wird schmaler, die Büsche am Ufer kommen näher. Ich gleite in den Bach, der hier aus dem See fließt. Nach dem starken Regen der beiden letzten Tage fließt das Wasser noch immer rauschend über eine Delle im Biberdamm vor mir. Mit ein paar schnellen Schlägen erhöhe ich die Fahrt und schieße durch die Vertiefung über den Damm. Der Bug ragt einen Herzschlag lang ins Leere, dann fällt das Kanu klatschend auf das Wasser, und die Strömung trägt es weiter. Die Sonne scheint warm, der Himmel ist tiefblau und wolkenlos. In großen Schleifen windet sich der Trinity Creek nach Süden. Ruhiges, tiefes Wasser wechselt mit seichten Stellen zwischen Kiesbänken und großen Steinen. Ich lasse das Kanu von der Strömung treiben und halte nur mit einem gelegentlichen Steuerschlag die Richtung. Manchmal mache ich ein paar harte Ziehschläge, um glatt über eine kleine Stromschnelle zu kommen oder einem im Wasser liegenden Baum auszuweichen. Am Ufer ziehen hohes, gelbes Schilf, knorrige Erlen und schlanke Weiden vorüber. Die Höhen zu beiden Seiten bilden ein flaches Tal – so um die 100m breit und 20m tief. Schmelzwasser von den Bergen haben es vor langer Zeit in die eiszeitliche Tundra gegraben. Vor einer beherrschenden Höhe ziehe ich das Kanu auf das Ufer und steige hinauf. Die kleine Mühe lohnt sich. In der klaren Luft stehen die Berge der Alaska Range in weitem Bogen am Horizont: Die schneebedeckten Tordrillo Mountains 50km im Westen, Mount McKinley und Mount Foraker in makellosem Weiß 150km im Norden, Beluga Mountain und Susitna Mountain mit weißen Kappen 30km im Osten. Dazwischen Wälder, Seen und Moore. Nur selten wird die Stille vom Ruf eines Raben, vom Flügelschlag einer Ente, oder vom Schrei des Steinadlers unterbrochen.

Ich paddele weiter auf dem Bach nach Süden, an unterhöhlten Ufern und Steilufern entlang, vorbei an Biberburgen und entwurzelten Bäumen, ich rutsche in seichtem Wasser knirschend über den Kies und gleite über laichende Lachse hinweg. Der Wald glüht in allen Farben des Herbstes. Was für ein Tag! Ich fahre durch ein wildes Land, bin König über zehntausend Quadratmeilen, und mir gehören die Berge, die Wälder und die Flüsse...

Gegen Mittag ziehe ich das Kanu auf den Ufersand. An einer tiefen Stelle versuche ich mein Glück mit dem Blinker. Nach ein paar Würfen habe ich einen Biss und ziehe eine stattliche Forelle aus dem Wasser. Bald flackert ein Feuer zwischen großen Steinen, und die Kaffeekanne hängt an einem schnell gefertigten Dreibein über den Flammen. Ich lasse das Feuer niederbrennen, bringe die Forelle auf einem angespitzten Weidenast über die Glut und den Speck auf einem zweiten Stock, dazu Brot, Salz und Äpfel – ich lebe nicht schlecht. Libellen schwirren, Meisen wispern, der Specht hämmert, im Bach spielen laichende Lachse – Alaska lächelt...

Am Nachmittag erreiche ich gut 20km von meiner Hütte am See entfernt den Talachulitna Creek. Ein paar hundert Meter unterhalb der Mündung des Trinity Creek ziehe ich das Kanu auf eine lange Kiesbank, die beiderseits vom Bach umflossen wird. Ich wähle den Lagerplatz zwischen zwei mächtigen Bäumen, die das Hochwasser hierher getragen hat. Das Wetter ist so beständig, dass ich das Zelt nicht brauche. Das Kanu als Windschutz schräg zwischen den Ästen der Baumriesen, eine dicke Lage Fichtenzweige, der Schlafsack und eine Feuerstelle – das Nachtlager ist fertig. Ich pirsche noch ein Stück am Ufer entlang und schaue zwei Bibern bei der Abendmahlzeit zu. In der Dämmerung komme ich zum Lager zurück. Es ist kalt geworden. Enten streichen pfeilschnell vorüber, Lachse kämpfen klatschend gegen die Strömung. Die Kanne hängt über dem Feuer, und der Abendwind treibt den Rauch über das Wasser. Ich sitze, das Kanu im Rücken, in meiner Daunenjacke dicht am Feuer und rauche meine Pfeife. Der Bach plätschert, im Wald hinter mir ruft eine Eule, und am Himmel steckt Alaska ein Million Lichter an.

Später bringe ich vorsichtshalber den Rucksack mit der Verpflegung ans Ufer und hänge ihn in einen Baum – Bärenbesuch auf meiner Kiesbank ist nicht wünschenswert. Durch das seichte Wasser wate ich zurück. Es wird Frost geben. Ich lege noch einmal Holz nach, überprüfe Gewehr und Revolver und krieche dicht neben dem Kanu in meinen Schlafsack. Am Himmel steht das Wahrzeichen Alaskas: *The big Dipper* – der Große Bär und der Nordstern.

Wölfe

Ein grauer, unfreundlicher Morgen – eigentlich wollte ich den Sonnenaufgang fotografieren. Ich bin noch bei Dunkelheit von der Hütte am Seeufer entlang nach Norden gepaddelt und in einen Bach eingebogen, der aus dem Moor kommt. Ein paar hundert Meter bachaufwärts bin ich durch den Wald zu einer kleinen Lichtung hinauf gestiegen und habe auf die Sonne gewartet. Das Morgenrot ist noch recht vielversprechend gewesen, aber dann hat sich im Osten rasch ein schmaler, dunkler Wolkenstreifen gebildet und vor die aufgehende Sonne gelegt. Trotzdem bin ich noch geblieben und habe gewartet, bis die Sonne aus dem dunklen Streifen heraus in den farblosen Himmel geklettert ist.
Jetzt sitze ich wieder im Kanu und habe nur noch die warme Hütte und mein Frühstück im Sinn. Mit ruhigen, lautlosen Schlägen gleite ich den Bach hinunter. Ich fahre in Bachmitte durch die enge Biegung, gleich muss der Felsvorsprung kommen, der gut zwei Meter hoch vom rechten Ufer in das Bachbett hineinragt, ein langsamer Bogenschlag noch., der Felsen und ich sehe sie sofort: Zwei graue Wölfe, fast gleich stark, vielleicht Rüde und Wölfin, stehen regungslos auf dem vorderen Rand des flachen Felsens und äugen zu mir. Schräg hinter ihnen steht

durch Zweige halb verdeckt ein dritter, etwas kleinerer und dunklerer Wolf. Sofort lasse ich das Paddel auf dem Oberschenkel liegen und bewege mich nicht mehr. Das Kanu treibt in der schwachen Strömung langsam bachabwärts auf den Felsen zu. Noch immer stehen die beiden Wölfe ohne jede Bewegung dort oben. Ich kann es kaum glauben!
Die Strömung ist mir gewogen und dreht den Bug des Kanus allmählich nach rechts in Richtung Felsen. So kann ich die Wölfe sehen ohne den Kopf zu bewegen. Die Wölfe stehen still wie Standbilder und äugen – ich behaupte: gelassen und wohlwollend – auf mich herab. Ich kann jede Einzelheit erkennen: Das dichte Fell, die großen, gelbbraun umrandeten Gehöre, die schwarze Zeichnung auf der Stirn, die gelben Lichter, den langen, hellen Fang.
Ich schaue gebannt auf die herrlichen Tiere. Zwischen uns ist nichts von dem, was das Verhältnis zwischen Mensch und Wolf über Jahrtausende prägte – keine Furcht, keine Feindschaft, kein Hass. Es ist, als hätte sich die von bösen Erfahrungen und gegenseitigem Misstrauen gezogene Grenze zwischen Mensch und Wolf mit einem Mal aufgelöst, als wären für beide Seiten alle „Gesetze", die seit langer Zeit den Umgang miteinander bestimmten, an diesem Morgen aufgehoben.
Das Kanu treibt langsam weiter – nur zu gerne würde ich es anhalten! Die Häupter der Wölfe folgen mir mit fast unmerklicher Bewegung, und ich sehe ihnen gebannt in die gelben Lichter. Uns verbindet ein geheimnisvoller Zauber: An diesem Morgen mussten wir aufeinander treffen. Mensch und Wolf sind für kurze Zeit ein und dasselbe – nur ein Stück Wildnis, ein Stück Alaska. Mensch und Wolf sind ein paar Herzschläge lang zwei Fasern aus demselben Gewebe des Lebens.
Jetzt gleitet das Kanu an dem Felsen vorbei, ein paar Meter noch, dann nehmen mir die tief hängenden Äste einer Weide die Sicht. Fast widerstrebend nehme ich das Paddel auf und drücke den Bug mit einem Konterschlag wieder bachabwärts. Ganz langsam gleitet das Kanu durch die Bachmündung in den See. Ich bin noch ganz erfüllt von dem Erlebnis und dankbar für dieses großartige Geschenk. Als Jäger weiß ich, dass es manchmal eine seltsame, ja unglaubliche Verbindung zwischen Mensch und Tier, zwischen Jäger und Wild gibt – Erfahrungen und Erlebnisse, die ich gar nicht erzählen möchte, weil sie nur wenige Menschen verstehen. Vielleicht habe ich heute nicht nur zufällig ein paar Wölfe gesehen? Vielleicht kannten mich die scharfsinnigen Wölfe bereits sehr gut? Vielleicht haben sie meine Bewunderung, meinen Respekt und meine Zuneigung, die ich für sie empfinde, gespürt? Vielleicht haben die Wölfe an diesem Morgen auf mich gewartet, und wir sind uns begegnet.

Hüttenkameradschaft

Mitte September, kurz vor Sonnenaufgang, leichter Frost – mein letzter Morgen allein. Eigentlich schade! Ich hätte es noch eine Weile alleine ausgehalten. Mit einem Hund und einer Kiste voller Bücher, vielleicht noch mit einem Nachbarn eine Kanustunde im Norden und einem Nachbarn im nächsten Tal hätte ich es hier noch lange allein ausgehalten.
Heute kommen sie also – Werner Wiesinger, dem die Hütte gehört, und Herbold Rabe von Pappenheim. Ich frühstücke erst einmal in aller Ruhe und bereite mich dann auf das Eintreffen der Kameraden vor. Im Sonnenschein paddele ich mit Rückenwind nach Süden. In der Bucht mit den vielen Seerosen liegen immer ein paar Enten. Mit langsamen Schlägen, das Gewehr auf den Oberschenkeln, komme ich auf Schrotschussweite an ein halbes Dutzend Gänsesäger heran. Als sie gegen den Wind über das Wasser laufen, abheben und links an mir vorbei, werfen zwei schnelle Schüsse den ersten und den dritten Vogel aufs Wasser. Ein Stück weiter erwische ich noch eine kleine, fast schwarze Ente mit dichten Daunen an der Unterseite.
Jetzt biege ich in den namenlosen Bach ein, der irgendwo zwischen den Hügeln im Süden entspringt und in unzähligen Windungen durch Wald und Moor dem See zufließt. Ich ziehe das Kanu über zwei Biberdämme, lasse es vor dem dritten Damm liegen, nehme Rucksack und Angel auf und gehe zu Fuß am Bachufer entlang bis zu einer tiefen Stelle. Hier habe ich immer Erfolg – auch heute. Nach einer Viertelstunde habe ich drei stramme Äschen und zwei große Forellen. Danach beißt kein Fisch mehr. Als ich zum Kanu zurückgehe, sehe ich am Ufer eine Bewegung im Gras und bleibe stehen. In kurzen Sprüngen kommt ein längliches, dunkelbraunes Wesen auf mich zu, hebt schnuppernd ein kleines braunes Näschen und betrachtet mich lange aus schwarzen Knopfaugen. Ein Mink ist es, mit unserem europäischen Iltis verwandt. Er ist hier draußen am heimatlichen Bach so wenig scheu, dass er im hellen Sonnenschein unterwegs ist. Ganz sicher bin ich der erste Mensch, den der kleine Kerl hier antrifft.
Zurück an der Hütte hänge ich meine Beute in den Schatten, räume drinnen und draußen mustergültig auf, spalte Brennholz für zwei Tage, setze Kaffeewasser auf und ziehe am Bootssteg das Kanu an Land, damit später der Pilot ungehindert anlegen kann. Danach sitze ich vor der Hütte in der Sonne, der Kaffee dampft, die Pfeife brennt, und aus der blauen Höhe klingen die Rufe ziehender Kraniche. Ich hätte es wirklich noch eine Weile ganz gut alleine ausgehalten...
Es mag Mittag sein, als ein feines Summen die Kameraden ankündigt. Die rotweiße Cessna überfliegt die Hütte im Tiefflug, wackelt mit den Tragflächen, verschwindet hinter den Fichten am Hang und schwebt gleich darauf von Süden her aufs Wasser nieder. Ich gehe hinunter zum Bootssteg, das Flugzeug gleitet mit abgestelltem Motor auf das Ufer zu, die rechte Tür öffnet sich, Herbold

winkt, klettert auf den Schwimmer und macht die Maschine fest. Die Kameraden springen lachend ans Ufer, Händeschütteln, Schulterklopfen – wir sind zu dritt! Werner hat Urlaub und bleibt hier. Die Hütte ist geräumig und hat genug Platz für drei Jäger und ihre Ausrüstung. Wie werden wir miteinander auskommen? Herbold kenne ich gut, Werner sehe ich heute zum ersten Mal. Jedenfalls sind wir drei doch ein wenig verschieden.

Schon am Nachmittag zeigt es sich, dass wir gut miteinander zurechtkommen. Die „Diensteinteilung" ergibt sich fast von selbst und bewährt sich in den nächsten Tagen. Herbold ist „Stubenältester", Planer und Organisator. Er denkt an alles, leitet umsichtig den Innendienst und hat herrliche Zigarren. Werner, vom Wesen her ein typischer Westfale, ist ein Praktiker, der Schwierigkeiten nicht zu kennen scheint und über Bärenkräfte verfügt. Ich bin der Jüngste.
Ohne dass wir darüber viele Worte verlieren, übernimmt jeder die zugewiesenen Aufgaben: Herbold kocht, räuchert und beschafft mit Blinker und Fliege die frischen Fische. Werner, der Hausherr, macht täglich das Frühstück, kümmert sich um das bisschen Technik, das wir hier draußen haben, und leitet als ortskundiger Führer die gemeinsamen Streifzüge. Ich bin morgens als Erster auf, mache Feuer, versorge auch tagsüber den Ofen, hole Wasser vom See und bin für die Beschaffung von Federwild zuständig. Aufräumen, Saubermachen und Abwasch erledigen wir gemeinsam. Unsere Kameradschaft ist vorbildlich. Wir lesen uns nicht gerade jeden Wunsch von den Augen ab, aber wir meistern das Zusammenleben spielend – uneigennützig, hilfsbereit und mit viel Humor. Und jeder hat seine Freiheit! Beim Frühstück legen wir den Tageslauf grob fest. Allein, zu zweit oder gemeinsam zu dritt pirschen wir in den Bergen, fahren mit dem Kanu nach Norden oder Süden, jagen, fischen oder beobachten Biber, Bär und Adler. Spätestens mit Einbruch der Dunkelheit sind wir wieder vollzählig in der Hütte. Herbold serviert dann Forelle blau und genehmigt pro Mann eine Büchse *Schlitz Beer*. Nach dem Abwaschen gibt es Tee – veredelt mit einem Schuss Whiskey Marke *Seagram's*. Im Ofen knistert das Feuer, Herbold verteilt seine herrlichen Zigarren, auf dem Tisch brennt eine dicke, rote Kerze, und Werner erzählt Alaska-Geschichten. Im Himmel kann es nicht schöner sein...

Zwischen Cook Inlet und Rainy Pass

Wir haben gutes Wetter – Fliegerwetter. Werner, der leidenschaftliche Flieger, will uns wenigstens ein kleines Stück Alaska aus der Luft zeigen. Nach Möglichkeit will er auch einen Elch mit heimbringen. Wir machen mehrere Rundflüge – sie sind immer ein Erlebnis!
Zweimal fliegen wir nach Westen zum Cook Inlet, der 250km tiefen Bucht, an deren Ende Anchorage liegt. Werner zeigt uns dort das Gebiet um das Indianer-

dorf Tyonek, wo von einer japanischen Firma vom Borkenkäfer befallene Wälder abgeholzt, und die Stämme zu Schnitzel verarbeitet werden. Er hat dort bis vor einem Jahr gearbeitet und Straßen und Brücken für die schweren Fahrzeuge und Maschinen gebaut. Wir kreisen lange über einem riesigen Kahlschlag, der an Größe einem mittleren deutschen Landkreis entsprechen dürfte. Werner sagt uns, dass die Firma vertraglich verpflichtet wurde, nach Beendigung des Holzeinschlags sämtliche Straßen, Brücken und Einrichtungen abzubauen und das Gebiet wieder der Natur zu überlassen.

Zweimal tanken wir in Lake Hood, und Werner lehnt unseren Wunsch, die Tankrechnung zu bezahlen, fast beleidigt ab. Einmal machen wir auch vor Werners Bungalow auf Long Island im Big Lake fest, bringen seiner Frau Liesel ein paar frische Forellen, geräucherte Entenbrust und schmutzige Wäsche, duschen und fliegen nach einer Tasse Kaffee wieder zum Trinity Lake. So abwechslungsreich die kurzen Besuche in der zivilisierten Welt auch sind, Herbold und ich freuen uns immer wieder auf den Rückflug – wir fliegen heim!

Noch schöner sind die Flüge in das Landesinnere. Der Blick von oben auf das im Sonnenschein leuchtende Alaska ist überwältigend: Bunte Birken- und Pappelwälder wechseln mit kahlen Hängen namenloser Berge ab, dazwischen immer wieder endlose Moore, gewaltige, vielarmige Flüsse und tiefe Canyons. Die Berge der Alaska Range sind schneebedeckt. Glänzende Gletscher schieben sich bis weit hinunter in grüne Täler und spucken blaugrüne Flüsse aus.

An einem kalten Nachmittag wassern wir auf dem Chakachamna Lake. Dieser See entstand in grauer Vorzeit, als von Norden her ein Gletscher – er heißt zutreffend Barrier Glacier – das Tal des Chilligan River blockierte und den Fluss zu einem 25km langen See aufstaute. Wir stehen im eisigen Wind auf einer Kiesbank und bestaunen den Gletscher, die Geröllhalden und die weißen Gipfel der Chigmit Mountains – ein Bild wie aus der Zeit der Erschaffung der Welt.

Wir starten wieder, wenden in dem engen Tal, überfliegen den Krater des Vulkans Mount Spurr und kreisen über einer Gletscherwelt von unbeschreiblicher Schönheit. Ich habe gelesen, dass Alaska mehr als die Hälfte aller Gletscher der Erde hat. Die meisten haben nicht einmal einen Namen. Wohin Werner die Nase seiner Cessna auch wendet, unter uns gibt es keine Straße, keinen Pfad, keine Hütte, keine Seilbahn, kein Gipfelkreuz – die Welt im Urzustand. Nur Wind, Wasser, Eis und Lawinen verändern die Landschaft nach uraltem Gesetz. Das Land gehört Bär, Elch, Wildschaf und Biber, Adler und Rabe. Der Mensch ist hier nur Gast.

Ein andermal trägt uns die Cessna nach Norden. Unter uns gleiten dunkelgrüne Wälder, herbstbunte Kuppen, silberne Bäche und tiefblaue Seen vorüber. Ich verfolge den Flug auf der Karte und lese wunderliche Namen: Saturday Creek,

Sevenmile Lake, Bear Creek, Porcupine Butte, Old Woman Creek, Fortymile River, Butterfly Lake, Happy River, Wolf Lakes.

Wir folgen für ein paar Meilen dem Skwentna River. Auf der Karte ist an seinem Nordufer eine gestrichelte Linie mit *Iditarod Trail* bezeichnet. Dort unten jagen in jedem März Hundeschlitten den Fluss entlang auf ihrem 1900km langen Weg von Anchorage nach Nome an der Beringsee. Das *Iditarod Trail Sled Dog Race*, wie es offiziell heißt, wurde zum ersten Mal im März 1973 ausgetragen. Von den 34 Teilnehmern, den *Mushers*, kamen damals 22 ans Ziel. Die Rennstrecke, der wir gerade folgen, führt auf der alten Postlinie nach Nordwesten, überquert zwei hohe Gebirgszüge, führt knapp 300km auf dem zugefrorenen Yukon nach Norden und windet sich entlang der Packeisküste der Beringsee vorbei an mehreren Eskimodörfern nach Nome. 1925 war diese Route Mittelpunkt des nationalen Interesses, als *Mushers* 300.000 Ampullen mit lebensrettendem Diphtherie-Serum in das von der Epidemie gezeichnete Nome brachten. Heute wird der Trail nur noch sportlich genutzt.

Wir verlassen das wilde Tal des Skwentna River südlich des malerischen Finger Lake, gewinnen Höhe und überfliegen die ersten Vorberge der Alaska Range. Die Laubbäume bleiben zurück, der Pflanzenwuchs wird niedriger, die Bäche haben mehr Gefälle und fließen manchmal in tiefen Canyons, die Gipfel sind schneebedeckt. Auf freien Flächen sehen wir kleine wandernde Caribouherden. Vor uns kommt zwischen Berghängen ein See in Sicht, an dessen Ufer ein paar Blockhäuser stehen. Werner erklärt uns: Rainy Pass Lodge am Puntilla Lake, ganzjährige Wetterstation, Jagdlager, im März Kontrollpunkt beim Iditarod Rennen. Wir wenden, gleiten an einer senkrechten Wand entlang und setzen auf dem dunkelblauen Wasser auf. Der Wellengang ist stark, von der Passhöhe weht ein eisiger Wind. Vor dem Hauptgebäude machen wir die Maschine fest und waten ans Ufer. Dort liegen vor einem Holzhaus frische Elch- und Caribougeweihe im Gras. In der Tür erscheint eine eindrucksvolle Gestalt: Breitrandiger Hut, rot kariertes Hemd, Jeans, gewaltige Gürtelschnalle, Stiefel. Der Hüne hat ein langes Messer in der Hand, die Arme sind bis zu den Ellbogen rot von Blut. Wie zur Entschuldigung murmelt er etwas wie „*... butchering a moose...*" Dann kommt die übliche Frage: „*Where are you guys from?*" Die Antwort: „*From Germany*", kommentiert er sachkundig: „*A long way.*" Dann erzählt er uns, dass vor kurzem „*Mr. Albers and Mr. Klein from Koblenz, Germany*" hier waren und „*Mr. Albers a sixty inch bull moose*" (Elch mit über 150 cm Geweihauslage) geschossen hat. Über den Platz kommt ein langer, blonder Mensch zu uns, der in dem eisigen Nordwind entsetzlich friert. Er erklärt uns, dass er gerade aus dem Wüstenstaat Utah eingetroffen ist und noch unter dem rauen Klima leidet. Auch er will hier einen Elch schießen.

Wir gehen zum Hauptgebäude. Auf dem Vorbau steht eine Frau – so um die vierzig, beeindruckende Bugwelle, Zigarette im Mund. Im Befehlston klingt es von oben: „*Hello folks! Get your boots off, come right in and have some coffee!"* Wir gehorchen augenblicklich und schon sitzen wir in einem warmen, geräumigen Raum mit riesigem Kamin, hellen Holzwänden, mächtigen Deckenbalken und einem zauberhaften Ausblick auf See und Berge. Die Frau heißt Mona. Sie ist die Köchin und, wenn sie gerade Zeit hat, die Empfangschefin. Sie hat gerade Zeit. Sie bringt eine große Kaffeekanne und eine Platte mit verschiedenen Kuchen und setzt sich zu uns. Dann erzählt sie: Rainy Pass Lodge ist *Main Camp* (Hauptlager) mit sieben *Guides* (Jagdführer), vier Flugzeugen, zwei Dutzend Pferden und 21 *Outcamps* (Außenlager). Die Jagdgäste werden mit dem Flugzeug oder im Sattel zu den Außenlagern gebracht und jagen von dort aus unter Führung auf Elch, Braun- und Schwarzbär, Caribou, Dallschaf und Wolf. Die mitgebrachten Damen wohnen derweil im *Main Camp*. Das Ganze ist nicht billig. Die Frau lässt augenzwinkernd durchblicken: *„... sometimes Mr. Nouveau riche is gathering trophies while his girl-friend is relaxing here with us..."* (Herr Neureich sammelt Jagdtrophäen während sich seine Freundin hier bei uns erholt). Herbolds listige Frage, welche Jäger die unangenehmsten sind, beantwortet die Köchin diplomatisch: *„The Italiens."* Werner fragt, wie viele Italiener denn im Jahresdurchschnitt hier jagen. *„One"*, sagt sie lächelnd. *„And what about German hunters?"*, will Werner jetzt wissen, aber die Frau lächelt und schweigt – in der Wildnis kränkt man Niemanden. Die Frau lehnt die Bezahlung von Kaffee und Kuchen entschieden ab. Sie bringt uns vor die Tür zu unseren Stiefeln und verabschiedet uns herzlich.

Der Hüne mit dem großen Messer hat seine Arbeit getan und erläutert uns den Jagdbetrieb. Humorvoll erzählt er von seinen Erlebnissen mit den Jagdkunden: „... wenn du als *Guide* etwas von der Jagd verstehst, ist das kein Fehler. In erster Linie musst du aber ein guter Babysitter sein. Regen, Schnee und kalten Wind mögen die Leute gar nicht, so was schlägt ihnen ganz schön aufs Gemüt. Da musst du das Zelt heizen, warme Decken bereithalten, immerzu was brutzeln und ordentlich einschenken, damit sie nicht anfangen zu weinen. Manche sind rasch erschöpft und freuen sich auf die Rückkehr zum Hauptlager. Und wenn sie nichts geschossen haben...", sagt er und öffnet die Tür zu einem Schuppen. Wir gehen näher heran und sehen im Dämmerlicht nach Wildarten sortiert und gestapelt kapitale Trophäen von Elch, Caribou und Widder. Der *Guide* grinst von einem Ohr zum anderen. „Weidmannsheil!", sagt Herbold. Ich male mir aus, wie der „Alaskajäger" seinen staunenden Freunden daheim in Grünspan an der Gnatter das starke Elchgeweih und die Widdertrophäe – *full curl!* – zeigt und ihnen eine tolle Geschichte über die anstrengende und gefährliche Jagd auf Elch und Dallwidder auftischt.

Mit Rückenwind fliegen wir zurück zum Trinity Lake. Werner denkt an seine leeren Kühltruhen und drängt auf Abendansitz. Ich klettere ein paar hundert Meter oberhalb der Hütte in eine hohe Birke, setze mich auf einen Ast und rauche meine Pfeife. Bei beginnender Dämmerung sehe ich einen jungen Elchbullen am Hang vor mir – Entfernung gut 300m, schwindendes Licht, schlechte

Gewehrauflage. Ich denke an die Meinung der Köchin vom Puntilla Lake über die italienischen und deutschen Jäger und verzichte auf den Schuss.

Elchjagd

Der Staat Alaska hatte damals jedem erwachsenen Bürger alljährlich einen Elch zum Abschuss freigegeben – kostenlos und ohne umständliche Formalitäten. Diese Quote wurde nie ausgeschöpft, aber für die Alaskaner, besonders für diejenigen, die am Rande der Zivilisation lebten, war die großzügige Regelung eine große Hilfe. Sie konnten ihren Fleischbedarf legal decken. Auch die Familie Wiesinger füllte in jedem Herbst ihre Kühltruhen wieder auf.

Ich hatte auf meinen Pirschgängen ringsum den Trinity Lake immer wieder Elche gesehen. Manchmal habe ich sie durch das Glas auf große Entfernung auf einer Lichtung oder am Seeufer beobachtet, manchmal habe ich sie dicht vor mir gesehen – wie Schatten, die schnell und lautlos durch das Unterholz gleiten. Oft war ich auf frische Fährten und Losung und manchmal auf noch warme Betten gestoßen. Die Jagd in diesem Gelände ist schwierig. Im dichten Weiden- und Erlengebüsch rund um den See und an den bewaldeten Hängen sind die Elche dem Jäger weit überlegen. Weiter oben auf den kahlen Kuppen der Vorberge der Alaska Range kommt man eher zum Jagderfolg, aber der Transport des Wildbrets hinunter zur Hütte ist mehr als mühsam oder scheitert an der Entfernung. Genauso verhält es sich mit der Jagd in den Mooren jenseits des Sees. Es ist dort leichter, zu Schuss zu kommen, aber sehr schwierig bis unmöglich, das Wildbret zu bergen. Die Alaskaner schießen gewöhnlich keinen Elch, der weiter als 300m vom See- oder Flussufer, also vom Kanu oder Motorboot entfernt steht.

Heute wollen wir es mit einer Drückjagd versuchen. Werner sagt uns, dass er in dem schmalen Streifen zwischen Berg und Seeufer schon öfters Erfolg hatte. Dort stehen in den Weiden- und Erlengehölzen, in den moorigen Mulden und an den verschilften Wasserlöchern immer Elche. Beim Frühstück erläutert er uns den Jagdplan: Herbold und ich werden mit dem Kanu nach Süden bis zum Ende des Sees fahren, dort an Land gehen und an einem kleinen Bach Aufstellung nehmen – Herbold 100m vom Seeufer entfernt, ich noch einmal 100m seitlich von ihm zum Berg hin. Werner wird etwa 3.000m weiter nördlich an der schmalsten Stelle zwischen Berg und See vorstehen. Dann werden Herbold und ich von Süden her das unübersichtliche Gelände langsam und leise durchdrücken. Wir hoffen, dass dabei einer von uns zu Schuss kommt, oder dass die Elche vor uns her nach Norden ziehen und vielleicht für Werner günstig kommen. Der Wind weht bei schönem Wetter vormittags beständig vom Berg zum See. Wir werden also halben Wind haben – nicht schlecht für unser Vorhaben.

Wir sitzen am Tisch, trinken noch immer Kaffee, und Herbold mahnt zum Aufbruch: „Stellt endlich eure Tassen hin und kommt auf die Läufe! Elche werden nicht am Frühstückstisch geschossen." Wir legen den „Kriegsschmuck" an und gehen in den hellen Morgen hinaus. Das Thermometer zeigt 2° unter Null. Werner pirscht am Seeufer entlang nach Norden, Herbold und ich paddeln auf spiegelglattem Wasser nach Süden. Als wir vor der Mündung des kleinen Baches anlegen, splittert das dünne Eis am Ufer. Wir nehmen die Waffen und Rucksäcke auf und gehen durch hohes Gras leise landeinwärts. Herbold hat seine Büchse, ich meinen Drilling. Wegen des unübersichtlichen Geländes haben wir die Zielfernrohre abgenommen.

Die Sonne scheint warm, tauende Eiskristalle glitzern an Gräsern und Zweigen, Meisen locken in den Birken, hoch über uns kreist ein Wanderfalke. Herbold bleibt auf einer Bodenwelle zurück, ich gehe noch gut hundert Meter leicht bergauf bis zu einer Birke, gebe Herbold ein Zeichen und stopfe meine Pfeife. Zur verabredeten Zeit hebt Herbold die Hand, ich lüfte kurz den Hut, dann pirschen wir langsam nach Norden. Ich umgehe Erlengestrüpp und Wasserlöcher und schiebe mich vorsichtig an kleine Lichtungen und moorige Senken heran. Manchmal kann ich Herbold sehen. Wir halten so gut wie möglich Tempo und Zwischenraum. Außer ein paar Hakengimpeln und einer Elster sehe ich nichts. Eine sumpfige Mulde hält mich auf. Ich finde einen Biberdamm und benutze ihn gerade als Brücke, als schräg vor mir kurz hintereinander zwei Schüsse fallen. Ich höre noch das Brechen von Ästen, dann ist es still. Gespannt bleibe ich mitten auf dem Damm stehen. Es dauert nicht lange bis Herbold ein „Ho! Ho!" zu mir herauf ruft. Ich antworte, mache auf dem Damm kehrt und gehe zu ihm. Herbold steht bei einem längst verendeten Elch. „Das war schnelle, gute Arbeit", sage ich, und wir hauen uns lachend auf die Schulter.

Herbold berichtet: „Dort drüben pirsche ich um den Hügel herum. Im hohen Gras drei frische Elchbetten. Mit der Büchse im Arm gehe ich vorsichtig weiter. Schon nach ein paar Schritten sehe ich drei Elche... Alttier, Kalb und Hirsch, teilweise von Weiden verdeckt, Entfernung so an die siebzig Meter. Der Hirsch äugt zu mir, ich kann eigentlich nur sein Haupt sehen und halte dahin, wo das Blatt sein muss. Auf den Schuss hin flüchten die drei Elche tiefer in das Dickicht. Ich renne hinauf auf den Hügel mit der Birke dort drüben, repetiere im Laufen und sehe plötzlich den Hirsch in einer Lücke nur noch fünfzig Meter vor mir. Ich schieße sofort. Der Elch macht noch ein paar müde Fluchten und bricht zusammen."

Ich freue mich mit Herbold über seinen Jagderfolg. Wir sehen uns den gefällten Riesen an: Etwa dreijähriger Hirsch, vielleicht zwölf Zentner schwer, beide Einschüsse hinter dem linken Blatt – eine Handbreit auseinander, kein Ausschuss. Wir wuchten den Elch auf den Rücken und halten ihn mit dünnen Seilen, die wir von den Vorderläufen zu zwei kleinen Fichten spannen, in dieser Lage. Ich biete Herbold an, den Elch aufzubrechen, und schlage vor, dass er einen brauchbaren

Weg zum Seeufer erkundet und dann das Kanu holt. Er ist einverstanden, und ich beginne mit der „roten Arbeit". Als Herbold zurückkommt, ist der Elch aufgebrochen und auf der linken Seite bereits aus der Decke geschlagen.

„Wir haben Glück", sagt er, „nur zweihundert Meter bis zum See. Der Anlegeplatz ist sumpfig und ein Stück Weg auch, aber mit ein paar Ästen und Zweigen schaffen wir es."
Wir teilen uns jetzt die Arbeit und wischen uns immer wieder den Schweiß von der Stirn. Plötzlich steht Werner hinter uns. Er begutachtet, lobt und lacht. Während wir weiter arbeiten, paddelt er zur Hütte. Bald liegt die Elchdecke wie ein roter Teppich auf dem Gras. Wir trennen noch die unteren Läufe ab und schneiden dann mit unseren Messern einen Pfad zum Seeufer aus. Hoch über uns kreisen zwei Kolkraben, die längst wissen, was da unten vor sich geht.
Werner kommt zurück und schlägt gleich mit dem Beil Äste aus dem Dickicht, mit denen wir zwei einfache Knüppeldämme bauen – einen auf halber Strecke zwischen Elch und Wasser, einen an der Anlegestelle. Jetzt kommen wir gut an das Kanu heran und holen, was Werner mitgebracht hat: Beil, Säge, Seile, Tragegestelle, Eimer und seinen Rucksack. Werner packt Brot, Fleisch und Äpfel aus. Zum Schluss holt er eine kapitale Flasche Whiskey aus der Tiefe seines uralten Rucksacks – *Made in Germany!* Wir machen Brotzeit. Der Jagderfolg, das schöne Wetter und der starke Trunk tun ihre Wirkung. Die Stimmung wird immer besser, und bald sitzen wir auf Keulen, Träger und Schaufeln des Elches und singen deutsche Jägerlieder:

„... soweit der blaue Himmel reicht gehört mir alle Pirsch
auf Fuchs und Has' und Haselhuhn, auf Rehbock und auf Hirsch!
Horridoh, Horridoh..."

Als wir endlich anfangen, den Elch zu zerwirken, ist Mittag lange vorüber. Werner schlägt mit dem Beil das Geweih am kurzen Schädel ab. Dann tragen wir das Wildbret Stück für Stück zum Kanu. Der weiche Boden, die schweren Lasten und der Whiskey machen den Weg recht beschwerlich, und wir sind froh, dass er nur 200m lang ist. Die beiden Blätter, Hals, und Geweih müssen wir zunächst zurücklassen. Obwohl ich an der Wirkung zweifle, baue ich eine Vogelscheuche: Jacke, Halstuch, Hut, ein Holzgewehr in der einen Hand, die leere Whiskeyflasche in der anderen.
Das beladene Kanu liegt mit dem Bug schwer wie ein Stein im Uferschlamm. Wie immer bin ich als Jüngster der Ableger. Ich muss meine ganze Kraft aufbieten, um das Kanu ins Wasser zu schieben. Als es endlich frei schwimmt, stehe ich bis zum Gürtel im Wasser. Unter dem albernen Gelächter der trockenen Kameraden klettere ich auf den Bugsitz. Das Kanu liegt tief – kaum 10 cm Bordwand über der Wasserlinie. Die leichten Wellen erreichen manchmal schon

das Dollbord, was den Nassen weniger beunruhigt als die beiden Trockenen. Drei glückliche Jäger auf der Heimfahrt. Wir erreichen ohne größeren Wassereinbruch die Hütte und laden aus. Während die Kameraden die Werkzeuge reinigen, Wasser holen und Feuer machen, ziehe ich mir trockene Sachen an und paddle wieder nach Süden.

Die Raben waren wie erwartet von der Vogelscheuche wenig beeindruckt: Für wie dumm halten die uns eigentlich?, werden sie sich gedacht haben. Sie haben sich über das geweihlose Elchhaupt hergemacht. Nur unwillig fliegen sie auf, als ich vom See her den Pfad heraufkomme. Ich baue die unbegabte Vogelscheuche ab, trage in vier Gängen den Rest der Beute zum Kanu und paddle zur Hütte zurück. Die Kameraden helfen beim Ausladen. Dann nagelt Werner das Elchgeweih neben die vier starken Elchschaufeln, die bereits an der Giebelwand hängen. Mit vereinten Kräften ziehen wir mit Hilfe einer Leiter und eines Flaschenzugs das Wildbret in die Fichten hinter der Hütte – vier Meter hoch und damit bärensicher. Das wäre geschafft! Morgen früh will Werner das Wildbret heim nach Long Island fliegen.

Es wird kalt. Langsam kriecht die Dämmerung aus dem Wald zum See herunter. In der Bucht prahlen die Enten, eine kleine Fledermaus fliegt um den Hüttengiebel, und unsere beiden zierlichen Nachtwächter, die Käuze, sind auch da. Sie begutachten mit schiefem Kopf die riesigen Fleischklumpen, die wir in ihre Bäume gehängt haben. Mit melodischen Rufen spenden sie uns Anerkennung. Herbold, der Koch, ruft zum Essen. Er serviert Entenbrust mit Nudeln. Nach dem Abräumen steht plötzlich eine ganze Kiste Zigarren auf dem Tisch. Wir lassen die Gläser klingen und blasen blaue Wolken in den Raum. Werner erzählt Elch- und Bärengeschichten bis wir müde sind und unter die Decken kriechen.

Sonntag

Als ich wach werde, ist es noch dunkel. Eigentlich müsste ich hinter die Hütte – der viele Tee von gestern Abend. Ich ziehe mir die Decke über die Schulter und versuche, wieder einzuschlafen. Es gelingt nicht. Vom anderen Bett in der Hütte meldet sich Herbold: „Heut' ist Sonntag...", sagt er. Ich glaube es ihm. Wenn Pappenheim sagt, es ist Sonntag, dann ist Sonntag. Also beginnen wir den Sonntag! Ich ziehe die Gummistiefel an, hänge mir den Parka um, nehme den Wassereimer und stolpere vor die Tür. Es hat geschneit. Das Thermometer zeigt 6° unter Null. In der Dämmerung begutachte ich die Spuren im Schnee: Fuchs, Wiesel, Marder und Mäuse waren da unterwegs. Ich gehe hinunter zum See. Am Ufer sitzen drei fette Erpel und putzen sich. Noch während ich überlege, ob ich den Drilling holen soll, fliegen sie auf den See hinaus. Ich gehe mit dem vollen Eimer in meiner Spur zurück. In der großen Fichte hinter der Hütte schimpft das Eichhörnchen – wie immer! Es will sich mit unserer Anwesenheit einfach nicht abfinden. Kaum geht einer von uns vor die Tür, fängt es an, böse zu schnarren. Unverhohlenes Misstrauen und unversöhnliche Abneigung schnarrt es uns von da oben entgegen. Wir lassen es schimpfen – es hat hier die älteren Rechte.

Seit gestern sind wir wieder allein – Werner ist längst wieder zuhause. Während ich Feuer mache und neues Holz hole, macht Herbold das Frühstück. Draußen wird es wärmer und fängt wieder an zu schneien. Beim Frühstück beschließen wir daher, erst einmal daheim zu bleiben. Es gibt genug zu tun: Abwaschen, Aufräumen, Wäsche waschen, Waffenreinigen, Holz hacken, Forellen räuchern – Sonntag auf dem Land...

Gegen Mittag wird es heller, und der Schneefall lässt nach. Herbold kocht einen Kaffee, der selbst Tote in die Stiefel stellen würde. Gleich nach der letzten Tasse brechen wir auf: Ausflug, Picknick und Besuch bei den Nachbarn. Was wir brauchen, liegt im Kanu: Picknickkorb, Gewehr, Angelzeug, Zeltausrüstung.

Wir paddeln nach Süden und untersuchen erst einmal den Platz, wo wir vorgestern den Elch aufgebrochen, aus der Decke geschlagen und zerwirkt haben. Ein Bär hat alle Reste mit Gras, Laub und Ästen zugedeckt, nur die Läufe liegen noch herum. Der Aufbruch war bereits nach der ersten Nacht verschwunden, jetzt ist auch die Decke weg. Die frische Spur, die in den Wald führt, lässt nicht erkennen, dass er die Decke geschleift hat. Offensichtlich hat er die schwere Decke zusammengerollt und weggetragen. Auch die leere Whiskeyflasche hat er aus der niedrigen Fichte geholt. Wir nehmen die Flasche mit zum Kanu – *Clean up Alaska!* Dann paddeln wir gegen leichten Wind nach Norden. Herbold steuert, ich sitze vorn und habe den Drilling griffbereit vor mir. Es ist noch wärmer geworden, der Schnee taut. An der Mündung des Baches, der vom Muddy Lake kommt, fliegt eine Ente auf. Bevor sie das schützende Schilf erreicht, holen die Schrote sie ein. Ich nehme den Stockerpel auf. Dann fahren wir durch enge Windungen den Bach hinauf und müssen das Kanu immer wieder über Biberdämme und gestürzte Bäume ziehen. Der Bach wird schmaler, die Fahrrinne zwischen den vereisten Ufern enger. Schließlich brechen wir durch dünnes Eis und erreichen das freie Wasser des Muddy Lake. Am Westufer finden wir einen trockenen Platz unter einer mächtigen Fichte. Hier liegt auch viel trockenes Holz. Mittagsrast.

Über das Wasser hinweg können wir die Blockhütte im Norden erkennen. Vor drei Tagen war dort eine Cessna am Bootssteg festgemacht, der Pilot war nirgends zu sehen. Wir hatten Briefe an unsere Frauen, einen Fünf Dollar Schein und einen Zettel an die Tür gesteckt: *Please mail the letters. Good luck! Herbold and Arnulf from Germany.* Ein Blick durch das Glas zeigt: Der Schornstein raucht nicht, das Kanu liegt kieloben neben der Hütte, die mit Nägeln gegen Bären gesicherten Fensterläden sind geschlossen, am Giebel hängt ein frisches Elchgeweih.

Ich schlage vor, dass wir bis zum Abend hier am Muddy Lake bleiben und dann mit Rückenwind zurück paddeln. Herbold traut dem Rückenwind nicht: „Nur ein Cheechako macht Wettervorhersagen in Alaska", sagt er.

Wir löschen das Feuer und packen zusammen. Herbold versucht es mit der Fliegenrute an einem kleinen Bach auf Äschen, ich suche am flachen Hang, der vom Ufer aus ansteigt, nach Waldhühnern. Wir haben beide kein Glück. Der Wanderfalke über uns war erfolgreicher. Mit einem drosselgroßen Vogel fliegt er über den See. Als wir ins Kanu steigen, weht der Wind kräftig aus Süden. Warum haben Kanufahrer immer Gegenwind? Wir fahren durch den Bach zurück zum Trinity Lake. Hier bläst der Wind stärker. Die Wellen haben Schaumkronen. Lange helle Blasenstreifen treiben von Süden heran. Wir nutzen den Windschatten der Buchten und bewaldeten Hänge so gut es geht. Dann müssen wir durch die erste der beiden Engen, die den See einschnüren. Die S-förmige Enge ist nur etwa 50m breit. Als wir aus der letzten Biegung heraus ins offene Wasser kommen, müssen wir kräftig zupacken und die Schlagzahl erhöhen, um überhaupt Fahrt zu machen. Das Kanu stampft, schiebt sich auf die Wogen und klatscht mit dem Bug auf die nächste Welle. Nach 2km fahren wir in die zweite Enge hinein. Inzwischen bin ich tropfnass vom Spritzwasser. Die Enge bildet eine gerade Verbindung zum südlichen Teil des Sees, ohne Windungen, lang und schmal wie ein Fluss und genau in Windrichtung. Wind und Wellengang sind entsprechend.

Ausgerechnet hier in der Enge passiert es – Herbold meldet von hinten: „Hut über Bord!" Warum paddelt er nicht einfach weiter, damit wir aus dem brodelnden Wasser hier heraus kommen? Dort vorne im ruhigeren Wasser der nächsten Bucht hätte er es mir immer noch sagen können. Den Hut schwimmen lassen und auf geradem Kurs durch die Enge – das wäre vernünftig! Wahrscheinlich denkt Herbold auch so. Vernunft ist immer gut, aber da ist noch etwas. Es kommt aus den unergründlichen Tiefen der Jägerseele, ist plötzlich da, lehnt sich auf gegen alle Vernunft, führt schon den Arm und beginnt, das Kanu aus dem Wind zu drehen. Nur ein Jäger kann das verstehen: Dort hinten schwimmt ein Hut, ein alter, abgetragener, speckiger Jägerhut, viele Winter hat er gesehen, unzählige Male war er feucht geworden vom Tau des Sommermorgens, weiß vom fallenden Schnee in verschneiter Dickung, nass vom rinnenden Schweiß schwüler Blattzeitabende. Immer hat er treu gedient – als Schutz gegen Sonne, Wind und Regen, als Fächer über glimmender Glut, zusammengerollt als Gewehrunterlage bei weitem Schuss auf Bock und Sau, als bruchverzierter Schmuck nach erfolgreicher Jagd, wie es der Brauch ist. Immer war er dabei, bei Winterfütterung und Hochsitzbau, bei stiller Pirsch und lautem Treiben, bei Hundegeläut und Hörnerklang, alt ist er dabei geworden und unansehnlich. Aber der Jäger wollte nicht von ihm lassen und lachte über manche spöttische Bemerkung. Und als die Familie einmal in bester Absicht einen neuen Hut in Form und Farbe des alten als Geburtstagsgeschenk auf den festlich geschmückten Früh-

stückstisch legte, war die Enttäuschung groß. Der Jäger maß den Neuen mit einem Blick voller Verachtung, ja voller Feindschaft. Der Hut musste zurück in den Hutladen. Die Familie hat es verkraftet – verstanden hat sie es nicht. So blieb der alte Hut in Amt und Würden. Jetzt treibt er hinter uns auf den Wellen. Klar, wir müssen ihn bergen! Schon zeigt der Bug wieder nach Norden. Der erste Anlauf misslingt, der Wind drückt das Kanu einfach zur Seite, bevor ich den Hut fassen kann. Wir rühren kräftig in der graugrünen Suppe, wenden wieder gegen den Wind, nehmen dabei mindestens einen Eimer Wasser über und laufen erneut auf den Hut zu. Manchmal sehe ich ihn auf einer Welle tanzen, dann ist er wieder verschwunden. Auch der zweite Anlauf bleibt erfolglos. Der Steuermann kann von hinten den Hut noch schlechter ausmachen als ich, und so gleiten wir mit dem Bug genau über ihn hinweg. Aber er schwimmt noch, der Himmel weiß warum! Brotzeitfett, Wildschweinfeist und Kiefernharz haben seine Haut versiegelt – er schwimmt! Tief liegt er im Wasser, ist kaum noch zu sehen. Zwei Jäger kämpfen gegen Wellen, Wind und Spritzwasser um einen alten Hut. Mit Bogenschlägen und Hebeln drehen wir das Kanu wieder aus dem Wind. Wieder rollen die grauen Wogen von rechts heran, wieder klatschen ein paar Liter Wasser auf Rucksack, Angelzeug und Gewehr. Mit schnellen Schlägen, den Wind im Rücken, nehmen wir einen neuen Anlauf. Wo ist der Hut? Herbold sieht ihn zuerst und schreit mir die Richtung zu. Ein kräftiger Zieher, der Bug schwingt nach links, im allerletzten Augenblick erwische ich den sinkenden Filz und werfe ihn zu der Ente auf den Kanuboden.
„Weidmannsheil!", tönt es fröhlich von hinten.
Wir sehen zu, dass wir aus der ungemütlichen Enge in ruhigeres Wasser kommen. Jetzt merke ich erst, wie nass ich bin. Bei rasch hereinbrechender Dämmerung paddeln wir nach Süden, reiten in der großen Bucht noch einmal die hohen Wellen ab und ziehen im letzten Licht das Kanu an Land. Eine halbe Stunde später sitzen wir beim Abendessen, und der Held des Tages hängt oben an der Trockenstange über dem Ofen. Manchmal fällt ein Tropfen herunter und verdampft zischend auf der Ofenplatte. Ich kritzele die letzten Zeilen in mein Tagebuch: „Rückfahrt gegen starken Wind und wundersame Errettung eines alten Jägerhutes aus Seenot!" Da soll noch einer sagen, in Alaska sei nichts los. Der Tag endet wie er begonnen. Herbold hatte das erste und hat jetzt das letzte Wort: „Ein schöner Sonntag...", klingt es aus seiner Koje. Recht hat er!

Zwischen Nacht und Morgen

Über dem schwarzen Wald drüben am anderen Seeufer liegt schon ein heller Streifen, die Nacht ist bald vorbei. Ich gehe beladen mit Rucksack, Sitzkissen, Fernglas, Gewehr und Paddel zum Seeufer hinunter und vermeide dabei jede Berührung mit dem langen, vom Tau nassen Gras. Am Ufer drehe ich das kieloben liegende Kanu um und schiebe es ins Wasser. Nur das Heck liegt noch auf dem Sand. Ich lege den Rucksack vor den Sitz, lade den Drilling und lege ihn griffbereit auf den Rucksack. Dann blase ich das Sitzkissen auf. Es ist so still und feierlich hier draußen, dass ich das Kanu fast behutsam ganz ins Wasser schiebe und beim Einsteigen jedes Geräusch vermeide. Mit dem Paddel stoße ich ab. Langsam gleitet das Kanu auf das schwarze Wasser hinaus. Der Himmel im Osten hat jetzt einen blassgelben Schein, aber noch glitzern die Sterne. Draußen auf dem See ruft der Loon: „Oooo – luu – leee!"

Ich paddele durch die Stille der beginnenden Dämmerung am Ostufer des Sees entlang. Das leise Eintauchen des Paddelblatts und das schwache Plätschern der Bugwellen stören die Stille nicht. Es ist kalt, und ich bin froh, dass ich statt des Hutes die Pudelmütze aufgesetzt habe. Langsam gleite ich durch die Enge. Mit dem Glas suche ich die Wasserfläche ab. Es ist noch zu dunkel, um etwas zu erkennen. Nachdem ich eine weite Bucht durchquert habe, kurve ich in die breite Mündung eines träge fließenden Baches. Am Schilfrand ragt ein toter Stamm aus dem Wasser. Dort lege ich an und mache das Kanu mit ein paar um die Mittelstrebe geschlungenen Schilfhalmen fest. Von hier habe ich gute Sicht bachaufwärts, auf den See hinaus und auch nach Osten auf das Moor. Genau vor dem Bug sehe ich die Umrisse einer großen Biberburg. Hier will ich auf das Licht und die Biber warten.

Der Himmel im Osten ist jetzt heller, und über das dunkle Moor kommt die Morgenröte – Aurora, die schöne Tochter der Nacht. Ich liebe diese Dämmerstunde, wenn die Nacht weicht, wenn die Eule über die Lichtung schwebt, wenn der Wind von den Bergen springt, wenn ringsum das Leben erwacht – die Stunde zwischen Nacht und Morgen.

Jetzt ist es so hell, dass ich durch das Glas deutlich die Wipfel der Bäume auf dem hohen Ufer und die Seerosenblätter auf dem Wasser sehen kann. Ein Schoof Krickenten streicht über den See heran. Die Vögel erkennen das helle Kanu, ziehen steil hoch und drehen ab. Hinter mir, nur ein Steinwurf vom Heck entfernt, klatscht es laut. Ein Biber hat wohl die Bewegung gesehen, als ich den Enten nachschaute, und mit dem Schlag seiner Kelle die Sippe gewarnt.

Der Himmel über dem Moor ist jetzt feuerrot. Am Horizont schiebt sich die Sonnenscheibe über den Kamm dunkler Berge. Ein Nebelschleier liegt zart und durchsichtig über dem See, die Bäume am Ufer werden farbiger, die Blätter der Seerosen glänzen im Licht.

Von Süden her treibt ein langer, armdicker Ast mit voll belaubten Zweigen über den See. Scheinbar von unsichtbaren Kräften getrieben schwimmt er mit leichter Bugwelle genau auf mich zu. Das Glas zeigt mir den Biber, der den Ast weit vorne zwischen seinen langen Zähnen hält und tief im Wasser liegend seine Transportarbeit durchführt. Er hat schon eine ansehnliche Menge solcher Äste an seiner Burg angehäuft. Die Spitzen der Zweige schauen aus dem Wasser, die dicken Enden der Äste sind auf dem Bachgrund verankert. Der Biber stört sich nicht daran, dass ich ihm bei der Arbeit zuschaue. Er schwimmt mit seiner Last an mir vorbei zur Burg, taucht und drückt den Ast dabei tief ins Wasser. Dann kommt er wieder hoch und rammt mit hüpfenden Bewegungen das vordere Ende des Astes unter Wasser in den Bodenschlamm. Quer über die Bucht kommt ein zweiter Ast, ein gelber Weidenast, heran gesegelt. Der Biber umschwimmt dabei geschickt die hinderlichen Seerosenfelder und kommt langsam näher. Er ist misstrauisch. Etwa 20m vor dem Kanu bleibt der Ast liegen. Der Biber schwimmt hin und her und beobachtet mich dabei ständig. Durch das Glas sehe ich die obere Hälfte seines Kopfes, die dunklen Augen und den Schnurrbart. „Guten Morgen, Herr Nachbar!", sage ich laut. Er schwimmt näher heran, taucht und ist plötzlich dicht neben dem Kanu. Als ich mich bewege, taucht er klatschend weg und schwimmt zu seinem Ast. Dort bleibt er still im Wasser liegen und lässt mich nicht aus den Augen. Ich will die beiden Binnenschiffer nicht länger von der Arbeit abhalten. Schließlich muss – bevor der See zufriert! – noch reichlich Wintervorrat eingebracht und gelagert werden. Behutsam ziehe ich das Kanu an den Schilfhalmen aus der Bachmündung heraus. Sofort setzt sich der gelbe Weidenast wieder in Bewegung und schwimmt auf die Burg zu.

Warm scheint jetzt die Sonne auf mich herab. Am Himmel segeln weiße Wolkenschiffe. Weit draußen auf dem See fischt das Ehepaar Loon. Die Berghänge am Westufer leuchten rot und gelb, und ihre Farben spiegeln sich im tintenblauen Wasser. An einem solchen Morgen ist mir immer als wäre Sonntag, so feierlich ist es und so still. Langsam paddele ich zurück. Aus dem Schornstein der Hütte steigt ein blauer Rauchfaden kerzengerade in die Höhe – Herbold macht Frühstück. Ich lege an, ziehe das Kanu auf das Ufer und gehe den Pfad hinauf. Die kleine Birke mit dem verkrüppelten Stamm dort drüben hat noch immer kein gelbes Blatt. Sie ist hier um die Hütte der einzige Baum, der noch sein volles, grünes Laub trägt. Wir hängen manchmal unsere Beute – Fische und Wasserwild – an ihre untersten Äste. Wenn ich mich morgens oder mittags rasiere, hält sie mir den Spiegel. Das hat ihr Selbstbewusstsein mächtig gestärkt, und nun grenzt sie sich von ihrer Verwandtschaft ab und behält ganz einfach ihr grünes Kleid an. Ihre Schwester neben ihr ist vor Neid schon ganz gelb. Und ihre Tante, die alte hohe Birke am Rand der Lichtung, ist darüber so wütend, dass ihr die letzten Blätter abfallen. Ich habe neulich einen Pappteller an ihrem dicken Stamm befestigt und einen Revolver eingeschossen. Zugegeben, das war nicht gerade die feine Art, denn die Geschosse sind tief in das Holz eingedrungen. Aber ihre kleine, grüne Nichte hat darüber im Abendwind spöttisch geraschelt. Da hat die Alte böse mit den Ästen geknarrt und ist über Nacht vor Wut fast kahl geworden. Auch jetzt ächzt und knarrt sie wieder bedrohlich, als ich in ihre Nähe komme. Die Kleine aber winkt mit ihren grünen Ästen in der Morgenbrise fröhlich zu mir herüber. Und da gibt es Leute, die behaupten, Bäume hätten keine Seele...

Am Talachulitna

Am Südhang des Beluga Mountain entspringt der Talachulitna River. Er fließt 20km nach Süden, wendet in einer riesigen Schleife, gewinnt durch Aufnahme zahlreicher Bäche immer mehr an Breite und Tiefe und fließt schließlich nach Norden – dem mächtigen Skwentna River entgegen. In etwa 15km Entfernung kommt er im Osten am Trinity Lake vorbei. Aus der Luft habe ich die Windungen, Stromschnellen, Kiesbänke und bewaldeten Ufer des Flusses mehrmals gesehen. Vor zwei Jahren habe ich in einem seiner Nebenbäche eine Nacht auf einer Kiesbank verbracht. In diesem Herbst will ich ihn auf dem Landweg besuchen, denn er lockt mich wie ein dunkles Geheimnis. Seit Tagen denke ich über einen Marsch dorthin nach, studiere die grobe, nicht sehr genaue Karte, prüfe den vom Nachtfrost harten Moorboden und bin in Gedanken schon unterwegs nach Osten.
Als ich Herbold meine Absicht erkläre, warnt er mich vor so einem weiten Marsch allein durchs Moor. Meinen „Trümpfen" – beständiges Wetter, durch die anhaltende Trockenheit gut begehbares Moor, beruflich bedingte gute Orientierung und Marschleistung, genügend Erfahrung als „Waldläufer" – hat er jedoch zuletzt nichts mehr entgegenzusetzen. Als hätte ich nur auf seine Zustimmung gewartet, beginne ich sofort mit den Vorbereitungen für den Marsch. Trockener wird das Moor nicht mehr, und das Wetter kann umschlagen. Ich will daher keine Zeit verlieren und morgen in aller Frühe aufbrechen.
Meine Aufgabe ist mir längst klar: 15km Luftlinie zum Fluss – davon zunächst 10km feuchtes, teilweise sumpfiges Gelände mit eingestreuten, bewaldeten Hügeln, dann noch 5km Wald – die sicher notwendigen Umwege werden vielleicht 3km ausmachen – zwei Nächte in einem Lager am Fluss – Rückweg weiter südlich am Talachulitna Creek entlang, dann durch den Wald und über das Moor zurück zum See – insgesamt knapp 50km, teilweise schwieriges Gelände – auf dem Rückmarsch muss ich vor Anbruch der Dunkelheit zurück sein.

An Ausrüstung werde ich wegen der Länge der Marschstrecke und des sicher nicht einfachen Geländes nur das Notwendigste mitnehmen: Packboard mit Wechselbekleidung, Verpflegung, ein kleiner Satz „Erste Hilfe", Angelschnur mit Haken und Blinker, eine kleine Kaffeekanne und ein leichter Schlafsack. Bei der Wahl der Waffe bedenke ich das zu erwartende schwierige Gelände und verzichte auf ein Gewehr. Ich entscheide ich mich für einen schweren 44er Revolver und zwei Dutzend Patronen im Revolvergürtel, dazu ein großes Messer und ein kleines Fernglas. Karte und Kompass brauche ich nicht – die Sonne, die Berge und die Gewässer reichen zur Orientierung vollkommen aus. Herbold hält diese Ansicht für „bodenlosen Leichtsinn" – wahrscheinlich hat er Recht.
Am nächsten Morgen bin ich vor Beginn der Dämmerung vor der Hütte. Sternenhimmel, Windstille, 5° unter Null. Wir frühstücken. Herbold sucht sein

Angelzeug zusammen. Der Himmel über dem Moor jenseits des Sees steht schon in Flammen und am Horizont schiebt sich die Sonnenscheibe blutrot über die Scherenschnitt-Fichten. Herbold bringt mich mit dem Kanu über den See. Ich entlasse den Fährmann mit „Petri Heil!" und gehe durch einen schmalen Waldstreifen nach Osten. Das Moor ist gefroren, die kleineren Moorseen sind mit Eis bedeckt. Bei der guten Sicht ist es leicht, sich zurechtzufinden. Ich wähle einen auffallenden Berg am Horizont als Richtungspunkt und halte die Richtung so gut es geht. Das Moor ist wie ausgestorben. Kein Lufthauch, keine Vogelstimme, keine Bewegung. Hinter mir stehen am Horizont erhaben und unnahbar die schneebedeckten Gipfel der Alaska Range.

Ein Habicht ist das erste Lebewesen, das mir begegnet. Dann und wann zwingt mich trügerischer Boden oder ein kleiner See zu Umwegen. Das Gelände steigt leicht an. Hier stehen Birken und kleine Fichten und bald auch niedriges Erlendickicht. Ich folge einem Elchwechsel. Vor mir gleitet ein dunkler Schatten durch das braune Gebüsch – leise Schritte auf weichen Sohlen, kaum hörbar. Bevor ich mehr erkennen kann verliert sich der Schatten zwischen den Erlen – ein Schwarzbär.

Ich komme aus den Erlen wieder in offenes Gelände mit einzelnen, kleinen Pappelwäldchen. Die Sonne scheint warm aus dem wolkenlosen Himmel. Ein Flug Seidenschwänze bringt ein paar Farbtupfer in die kahlen Pappeln. Aus der Höhe ruft der Kolkrabe. Seit einer guten Stunde marschiere ich durch das weite Moor. Die Sonne hat längst den Reif von den Gräsern und Sträuchern geleckt, der Boden ist weich geworden. Auf federndem Grund gehe ich am Ufer eines Sees entlang. Ich komme jetzt langsamer voran, höchstens noch 3km in der Stunde. Der Talachulitna liegt noch immer gut 10km vor mir – irgendwo dort im Osten vor dem Beluga Mountain. Sumpfige Senken, kleine Seen und dichtes Gebüsch zwingen mich immer wieder zu Umwegen. Manchmal bringt mich ein Elchwechsel gut über morastige Stellen. Vor mir wartet ein böses Hindernis, ein ausgedehntes Erlendickicht – grünbraun, dicht wie eine Bürste und abweisend wie eine hohe Mauer. Eine Umgehungsmöglichkeit gibt es nicht. Also Angriff!

Das Dickicht erweist sich als eines der übelsten Hindernisse, welche die nordische Vegetation zu bieten hat: Bösartige Stachelgewächse, verborgene Wasserlöcher, rutschige Bodenwellen, lange, messerscharfe Blätter, teuflische Schlingpflanzen, unnachgiebiges Astwerk – und kein Ende in Sicht. Eine Hindernisbahn ist gegen dieses Stück Alaska eine Strandpromenade. Mein Gepäck ist nicht allzu schwer, trotzdem behindert es mich sehr. Ich brauche meine ganze Kraft, um vorwärts zu kommen. Die Richtung halte ich nach der Sonne, die durch die Erlen blinzelt. Zweimal stolpere ich über im Gras verborgen Äste und klatsche der Länge nach auf den feuchten, schmierigen Boden. Dann stoße ich auf einen schmalen Bachlauf. Obwohl er nicht ganz in meine Marschrichtung führt, steige ich ins niedrige Wasser und nutze den Bach als „Wanderweg" – so komme ich leichter vorwärts. Endlich wird es vor mir heller. Nass von innen und außen, zerkratzt und blutig erreiche ich eine Lichtung. Ich trinke aus dem Bach und setze mich in die Sonne. Alaska belohnt mich für meinen klaglosen Kampf gegen die Erlen mit einer wunderschönen Libelle, die auf meiner Stiefelspitze landet und sich ausgiebig bewundern lässt.

Plötzlich höre ich von rechts dumpfen Lärm – Geräusche wie Stampfen und Schnauben. Der helle Klang aufeinander schlagender Geweihe löst das Rätsel: Kämpfende Elche, vielleicht 150m entfernt. Ich pirsche sofort in Deckung darauf zu und spüre einen leichten Wind im Nacken – also schlecht! Umgehen kann ich nicht. Rechts ist das Erlendickicht, links ein See. Die Jagd hat mich gelehrt, dass der Jäger manchmal auch bei schlechtem Wind unerklärliches Glück hat. Ich habe es heute nicht. Als ich den Turnierplatz erreiche, ist die Bühne leer. Die Ritter haben sich empfohlen. Nur tiefe Fährten, ausgerissene Grasbüschel, eine niedergedrückte Fichte und frische Elchwitterung künden noch vom Kampf der schwarzen Recken.

Ich hole mein Packboard und marschiere weiter. Bald beginnt der Wald, der sich westlich des Talachulitna hinzieht. Mir wird bewusst, dass ich hier – zumindest streckenweise – der erste Mensch bin, der seinen Fuß auf diesen Waldboden setzt... ein seltsames Gefühl.

Ich orientiere mich wieder nach der Sonne und komme gut voran. Der Wald will kein Ende nehmen. Als er endlich lichter wird, höre ich leises Plätschern... das Ziel, der Fluss! Die letzten Fichten... Wasser... ich bin enttäuscht: Nicht der Fluss liegt vor mir, sondern eine große Wasserfläche, aus der abgestorbene Bäume ragen. Diese Baumleichen und eine Biberburg verraten, wer die Überschwemmung herbeigeführt hat. An ein Durchkommen ist nicht zu denken – also umgehen! Ich entschließe mich für einen Umweg nach links. Er ist genauso schwierig wie der Weg nach rechts. Überall gestürzte alte Bäume, dafür junge Weiden und Erlen, Wasserlöcher und die Kanäle der Biber. Auch Elchfährten sehe ich und frische Losung.

Nach einem knappen Kilometer klettere ich über eine riesige, vom Sturm gefällte Pappel und stehe völlig unerwartet vor dem Talachulitna. Ich bin am Ende der Welt. Niemals vorher, so geht es mir durch den Sinn, war ich an einem einsameren Ort. Ich setze mich auf die Uferböschung. Die Nachmittagssonne gießt ihr mildes Licht über das Tal, der Fluss fließt gemächlich dahin, im Wasser spiegeln sich die Uferfichten. So war es hier schon vor zehn Jahren, vor hundert Jahren, vor tausend Jahren. Es ist so still, so unglaublich still – Alaska streichelt mich...

Der Fluss hat nach dem trockenen Sommer wenig Wasser, lange Sandbänke liegen trocken. Im Sand stehen die Spuren von Bär und Wolf. Eine ziemlich frische Elchfährte führt von der Böschung geradewegs in den Fluss. Im seichten Wasser liegt ein sterbender Lachs. Ich will hingehen und ihn mit einem Stich in den Nacken erlösen. Aber dann tue ich es doch nicht. Seit Urzeiten sterben hier die

Lachse nach dem Laichen. Sie brauchen mich nicht dazu. Ich habe nicht das Recht, mit meinem anerzogenen „Humanismus" der Natur ins Handwerk zu pfuschen. Ich habe nicht das Recht, hier irgendetwas zu ändern.
Plötzlich habe ich ein unbestimmbares Gefühl. Irgendwas ist anders. Irgendwas ist da, was vorher nicht da war. Ist es eine Gefahr, die ich nicht erkenne? Oder narrt mich die Einsamkeit? Ich lausche auf jedes Geräusch und achte auf jede Bewegung. Alles bleibt ruhig. Vor mir glitzert der Fluss in der Sonne, hinter mit steht reglos der Wald. Alaska lächelt still und geheimnisvoll. Ich bin mir nie irgendwie bedeutend vorgekommen – für Alaska bin ich völlig unbedeutend, nicht mehr wert als ein Elch, ein Fuchs oder eine Birke. Hier bin ich nur gerade so viel wert, wie mein Kopf, meine Beine, meine Lunge und vielleicht mein Revolver. Ob der Lachs dort hinten auf der Kiesbank stirbt, ob die Erle dort drüben im Sturm fällt, ob ein Elchkalb von Wölfen gerissen wird oder ob mich das Moor verschluckt, ist hier ohne jede Bedeutung und Alaska ganz und gar gleichgültig – Gedanken, wie man sie daheim im warmen Wohnzimmer nie hat. Gedanken, die vielleicht alle einmal gedacht haben, die seit Jahrtausenden in diesem wilden Land gelebt und gejagt haben. Gedanken, die hier draußen nicht schrecken.
Ich gehe flussaufwärts. Ein Bärenpass erleichtert das Vorwärtskommen. An einer schattigen Stelle gehen im tiefen Wasser Fische nach Fliegen auf. Nach einigem Suchen finde ich einen guten Lagerplatz, einen ebenen Grasfleck auf dem hohen Ufer, davor tiefes Wasser, dahinter Fichtenwald und viel trockenes Holz für mein Feuer. Ich gehe gleich daran, das Lager einzurichten: Zuerst baue ich ein niedriges Schutzdach aus ein paar armdicken Ästen, angelehnt an einen Stamm und abgedeckt mit Fichtenzweigen. Das genügt gegen den Tau. Dann, gut 40m vom Schlafplatz entfernt, ein paar Steine und Erdklumpen für die Feuerstelle, darüber ein Dreibein aus Weidenästen für die Kanne und einen schrägen Ast zum Trocknen meiner nassen Kleider – fertig! Ich schneide eine passende Rute und befestige daran die Angelschnur und einen Blinker. Mit dieser einfachen Angel versuche ich mein Glück zuerst an der tiefen Stelle, wo ich vorhin die Fische gesehen habe. Ich werfe den Blinker weit hinaus und ziehe ihn immer wieder kreuz und quer durch das Wasser – ohne Erfolg. Auch an einer flachen Stelle, an der das Wasser rasch über den steinigen Grund plätschert, und wo eigentlich Forellen stehen müssten, habe ich keinen Biss. Nicht jeder Jagdtag ist Fangtag, sagt eine alte Jägerweisheit.
Bei Sonnenuntergang gehe ich zum Lager zurück und mache Feuer. Der Rauch steigt kerzengerade nach oben. Dann decke ich den Tisch und trage auf: Brot, geräucherte Forelle, Entenbrust, ein Apfel, Schokolade, dazu Tee mit viel Zucker. Der Abend kommt den Fluss herunter, über dem Wasser bildet sich feiner Nebel, die Umrisse der Bäume am anderen Ufer verschwimmen. Fast unhörbar leise gluckst und plätschert der Fluss. Sonst ist es vollkommen still – keine Eule ruft, kein Wolf heult, kein Biber klatscht. Im letzten Licht schwimmt

etwas über den Fluss. Vielleicht ein Bisam oder ein Otter. Ich sitze rauchend neben dem kleinen Feuer und lege immer wieder ein Stück Holz nach. Mit einem Feuer kann man sich stundenlang beschäftigen, ohne dass es langweilig wird. Würde einer daheim immer wieder am Drehknopf eines Heizkörpers herum spielen, man würde ihm einen guten Psychiater empfehlen. Mit dem Feuer ist das anders: Feuer lebt – Feuer ist Gesellschaft – am Feuer ist man nicht allein. Ich werde müde. Meine Vorräte hänge ich in eine Fichte, dann lösche ich die Glut und krieche in mein Fichtenheim. Hinter mir im Wald ruft der Uhu.

Ich habe tief und traumlos geschlafen und wache erst auf, als mir die aufgehende Sonne genau unter mein Schutzdach scheint. Über dem Fluss liegt ein dünner Dunstschleier. Ich wasche mich im eisigen Wasser. Nach dem Frühstück überprüfe ich meine schwindenden Vorräte. Ich brauche unbedingt Fische. Mit meiner einfachen Angel klappt es ohne Spule und Kurbel allein mit dem Blinker wohl nicht. Da Forellen und Äschen auf Lachslaich ganz wild sind, ändere ich meine Taktik. Zunächst brauche ich Lachseier. An einer flachen Stelle schwimmen Lachse gegen die Strömung. Die Weibchen sind von den roten Männchen leicht zu unterscheiden: Sie sind dunkelgrün und meist auch kleiner. Mit dem Revolver schieße ich ein dickbäuchiges Weibchen hinter die Kiemen. Es legt sich sofort auf die Seite und ist leicht zu greifen. Jetzt habe ich reichlich Lachslaich, der nach Farbe und Größe reifen Maiskörnern ähnelt. Über eine in den Fluss gestürzte Fichte komme ich auf eine Sandbank, die von tiefem Wasser umgeben ist. Ich biete aufs gerade Wohl einen mit drei Lachseiern gespickten Haken an. Der Haken fällt ins Wasser und wird von der Strömung abgetrieben. Sofort habe ich einen Biss und – Sekunden später – eine stramme Äsche. Ich löse sie vom Haken und stolpere plötzlich über meine eigenen Füße. Ringförmige Wellen laufen von meiner kleinen Insel in den Fluss hinaus. Die ganze Sandbank wackelt wie ein Pudding, ein Windstoß fährt über mir durch die Baumkronen, die Uferböschung kommt in Bewegung. Ich bin so verdattert, dass es lange dauert, bis ich begreife: Ein Erdbeben! Ich weiß nicht, ob ich über die Fichte zurück zum Ufer kriechen oder auf dem Wackelpudding bleiben soll. Ich bleibe auf der Sandbank. Die ersten Erdstöße waren am stärksten, vielleicht sieben Sekunden lang, aber noch nach einer Minute zittert der Boden – ich sehe es deutlich an den Wellen. Solche Erdbeben sind in Alaska nicht ungewöhnlich, aber ich habe damit keine Erfahrung. In dieser wilden Urlandschaft wird mir wieder bewusst, wie klein, hilflos und unbedeutend der Mensch unter dem wieten Himmel Alaskas ist.
Die Erde hat sich nun doch beruhigt. Von der Sandbank aus fange ich noch zwei mittlere Forellen und gehe zurück zum Lager. Ich mache Feuer, nehme unten am Fluss die Fische aus, wickele sie in Alufolie und gare sie im eigenen Saft in der Glut. Nach einem fürstlichen Mahl sitze ich in der Sonne und rauche. Ein Flug Meisen fällt in einer Birke ein. Hoch oben im Blau ziehen zwei schwarze Kreuze

enge Kreise: Kolkraben interessieren sich für mein Lager. Es ist so warm, dass ich mein Hemd ausziehe – mein altes, heiß geliebtes Waldläuferhemd. Es ist so schäbig und dünn geworden, dass ich einen schweren Entschluss fasse: Ich werde es verbrennen. An meinen alten Sachen hänge ich so sehr, dass ich mich nur schwer von ihnen trenne – eine Einstellung, die schon mein Vater und mein Großvater gegen den Widerstand ihrer Ehefrauen beharrlich gepflegt haben. Dieses Hemd ist mir besonders ans Herz gewachsen. Stoff, Schnitt und Farbe sind keineswegs außergewöhnlich, aber wie viele glückliche Stunden haben wir gemeinsam erlebt – auf der Jagd, im Sattel, im Kanu. So alt und verschlissen es auch ist, ich könnte es nicht einfach in einen Mülleimer werfen oder zu einem Putzlappen herabstufen. Das Tal des Talachulitna ist ein würdiger Ort. Hier trenne ich mich von meinem alten Hemd und verbrenne es. In einem frischen Hemd suche ich nach einer flachen Furt, um über den Fluss zu kommen – vergeblich. Ich ziehe mich aus und schnüre Kleider, Schuhe, Revolver und Fernglas zu einem festen Bündel zusammen, nehme es wie die Frauen in Afrika auf den Kopf und wate an einer breiten Stelle durch den Fluss. Das Wasser reicht mir manchmal bis an die Brust. Den Nachmittag verbringe ich ostwärts des Flusses. Hier ist der Boden fest und trocken. Ich gehe in einem großen Bogen zu einer entfernten Höhe. Lange sitze ich dort oben und schaue über das unendlich weite Land, dessen Konturen sich mit wachsender Entfernung im Flimmern der Luft auflösen. Die Farben des *Indian Summer* sind unbeschreiblich. Die Stille ist überwältigend.
Auf dem Rückweg sehe ich weit entfernt eine Bewegung zwischen den gelben Weiden. Ich pirsche bei gutem Wind langsam auf eine kleine Lichtung zu. Viel früher als ich erwartet habe, steht auf 80m ein starker Elch vor mir im hohen Gras. Er äugt bewegungslos zu mir her. Durch das Glas kann ich jede Einzelheit erkennen – die starken, weit ausladenden Schaufeln, den massigen Rumpf, den schweren Kopf mit der Ramsnase und dem Kehlbeutel. Ruckartig setzt er sich in Bewegung und zieht lautlos schräg von mir weg, bis ihn das Dickicht aufnimmt.
Für das Abendessen fange ich noch einmal zwei Forellen. Darf man so viel Fisch ohne Schaden überhaupt essen? Misstrauisch betrachte ich meine Hände – von Schuppen ist noch nichts zu sehen. Argwöhnisch befühle ich meinen Hals – noch keine Kiemen... nur Bartstoppeln.
Die Sonne sinkt, das Licht schwindet und die Dämmerung kommt. Ich setze mich an eine Flussbiegung mit weitem Blickfeld nach beiden Seiten. Es ist keinen Augenblick langweilig: Biber und Otter, Reiher und Säger, Stachelschwein und Fledermäuse unterhalten mich. Ein Schoof Krickenten streicht pfeilschnell dicht über dem Wasser heran. Als die Vögel mich erkennen, ziehen sie steil nach oben und drehen ab. Im letzten Licht schwimmen, nur einen Steinwurf von mir entfernt, zwei Kojoten durch den Fluss. Schließlich geben mir zwei winzige Käuzchen zu verstehen, dass der Tag zu Ende ist. Ich gehe zum

Lager zurück, blase die Glut an, lege Holz nach und hänge die Kanne über das Feuer.

Gegen Morgen werde ich plötzlich wach: rechts hinter meinem Lager bricht es leise im Wald – Elch oder Bär? Ich spüre den kalten Stahl meines Revolvers neben mir. Es ist wieder ruhig. Nach einer Weile klatscht ein Biber im Fluss. Ich bin jetzt so wach, dass an Schlaf nicht mehr zu denken ist. Also: Raus aus dem Schlafsack, rein in Hose und Schuhe! Mit Anorak, Rauchutensilien, Fernglas und Revolvergürtel krieche ich ins Freie. Im Osten liegt bereits ein heller Streifen über dem dunklen Land. Ich setze mich dicht an der Uferböschung unter eine Fichte und schaue auf das schwarze Wasser unter mir. Es ist windstill und angenehm warm. Das leise Plätschern der Wellen ist das einzige Geräusch. Ich stopfe die Pfeife und lausche auf das, was der Talachulitna mir erzählt. Ich verstehe zuerst nicht viel und muss genau hinhören. Aber bald schon höre ich deutlich, was er mir sagt. Von schwarzhaarigen Jägern raunt er, die schon vor vielen tausend Jahren mit Speer und Pfeil das Caribou in der Tundra und den Elch im Moor jagten. Bärtige, weiße Männer beschreibt er, die in das stille Land kamen und mit der Waschpfanne im Sand der Flüsse und Bäche nach Gold suchten. Von Fallenstellern berichtet er, die im Sommer an seinen Ufern Hütten aus Steinen und Fichtenstämmen bauten, im Winter mit Schlitten und Hundegespann die endlosen Wälder durchstreiften und Wolf, Luchs, Biber und Marder fingen.
Im Wald hinter mir ruft eine Eule – einmal, dann noch einmal. Der Fluss schweigt, als lausche er dem Ruf des Nachtvogels. Nach einer Weile klingt es wie Seufzen, als er mir zuflüstert, dass weiße Männer in die tiefen Wälder und einsamen Täler vordrangen, den Indianern Alkohol und Krankheiten brachten, ihnen ihr Land, ihre Kultur und ihre Selbstachtung nahmen. Der Fluss schweigt. Ich zünde die erloschene Pfeife an. Das aufflammende Streichholz blendet mich. Aus der dunklen Tiefe klingt helles Plätschern, und heiter plaudert der uralte Geselle weiter von heftigen Sommergewittern und riesigen Waldbränden, von der Wanderung der Lachse und vom Zug der Gänse, von der Hetzjagd der Wölfe und vom Balztanz der Kraniche.
Der Morgen ist warm, zu warm – das kann schlechtes Wetter bedeuten. Der Rückweg liegt mir ein wenig auf der Seele. Schon gegen zehn Uhr breche ich auf. Gut 1.000m gehe ich am Ufer entlang flussabwärts und komme im dichten Uferbewuchs nur recht mühsam voran. Schließlich
erreiche ich die Mündung des Talachulitna Creek. Auch hier stehen viele Fährten und Spuren im Sand. Ich folge dem Bach nach Südwesten. Dichter Wald reicht bis ans Ufer. Es zeigt sich, dass dieser Weg nicht leichter ist als vorgestern der Hinweg durch den großen Wald. Der Himmel bewölkt sich rasch. Wo der Talachulitna Creek nach Süden abknickt verlasse ich den Bach und gehe genau nach Westen weiter. Nach der Karte sollte ich hier in offenes Gelände kommen, aber der Wald wird eher dichter – vermutlich ist es derselbe Wald, den ich schon

einmal durchquert habe und jetzt eigentlich umgehen wollte. Ich kann nur noch ahnen, wo die Mittagssonne so ungefähr steht und marschiere „grob West". Nach schweißtreibendem Marsch lichtet sich schließlich der Wald, die letzten Fichten bleiben zurück, und das Moor beginnt. Der Himmel ist jetzt vollkommen bedeckt. Ohne Sonne kann ich die Himmelsrichtung nicht genau feststellen, aber noch sind die Berge jenseits des Trinity Lake zu erkennen – das reicht zur Orientierung. Der Boden macht mir mehr Sorgen, er ist heute viel weicher. Ich muss mehr Umwege machen, manchmal auch ein Stück zurückgehen, um kleine Seen und bodenlose Senken zu umgehen. Das kostet viel Zeit. Ich komme an einen Bach – es muss der Bach sein, den die Biber weiter nördlich gestaut haben. Wenn das so ist, bin ich ein gutes Stück zu weit nach Süden gekommen. Wichtiger als die genaue Richtung ist aber erst einmal, einen Weg durch das versumpfte Gelände beiderseits des schmalen Baches zu finden. Ich muss immer wieder zurück und immer größere Bogen schlagen. Von einer Bodenwelle erkenne ich 1.000m weiter südlich einzelne Fichten in Bachnähe – wo Fichten stehen, ist es trockener! Tatsächlich komme ich dort auf trockenen Boden und dann auch gut über den Bach, bin aber weit von meiner Marschrichtung abgewichen. Ich ahne, dass mein Rückweg ein Wettlauf gegen die Zeit wird. Die warme Witterung scheint die Moskitos noch einmal aufzurütteln, sie leisten mir anhängliche Gesellschaft. So lange es warm bleibt, ist wenigstens kein Nebel zu befürchten. Der Boden wird jetzt fester. Ich versuche, die Abweichung von der Hauptrichtung auszugleichen, und marschiere so schnell es geht. Flache, bewaldete Hügel nehmen mir zeitweise die Sicht auf meine Richtungspunkte. Als ich an einen kleinen, nierenförmigen See komme – ich glaube, ihn wieder zu erkennen! – ist es schon ein wenig dämmrig. Noch etwa vier Kilometer. Ich marschiere mit voller Kraft. Trotzdem scheine ich, auf der Stelle zu treten – der schwarze Berg, vor dem der Trinity Lake liegt, kommt nicht näher. Ein kalter Wind von den Bergen weht mir entgegen. Es ist fast dunkel, als ich endlich die beiden großen Moorseen erreiche – noch 1.000m bis zum Seeufer. Ich leiste es mir, meine Tasse aus dem Gepäck zu holen, und trinke das kalte Wasser langsam und Schluck für Schluck. Ich bin durstig, als wäre ich durch die Wüste marschiert. Weiter! Dann der schmale Wald, der See. Ich stehe genau an der Stelle, wo mich Herbold vorgestern abgesetzt hat. Auf meinen Revolverschuss hin kommt auffallend schnell die Antwort: Herbold hat mich besorgt erwartet. Ich bin tropfnass und fröstle im kalten Wind. Endlich gleitet das Kanu aus der Nacht über das schwarze Wasser auf das Ufer zu. Ich winke Herbold ein. Er ist als passionierter Reserveoffizier immer für eine militärische Einlage zu haben, und so melde ich: „Spähtrupp Heimbach zurück. Aufklärungsziel erreicht. Keine Feindberührung!" Er lacht. Ich reiche ihm mein Packboard, steige vorne ins Kanu und nehme das Paddel auf.
In der Hütte habe ich gerade noch Zeit zum Waschen und Umziehen, dann serviert Herbold liebevoll das Abendessen: Elchfleisch, Salzkartoffeln und Rot-

kohl, dazu Bier. Zum Nachtisch Ananas. Wir räumen gemeinsam ab. Dann stecken wir bei Tee und Zigarren die Köpfe über der Karte zusammen, und ich berichte von meinem Marsch ans Ende der Welt. Herbold schildert seinen Alltag: Bootssteg ausgebessert, Forellen gefangen und geräuchert, drei Waldhühner geschossen, Hüttenarbeiten. Wir rauchen und reden über Alaska. Meine Gedanken wandern immer wieder zurück zum Talachulitna. Mir wird es in der Hütte zu eng und zu heiß. Draußen wartet eine Nacht, die den bunten Tagen des *Indian Summer* nicht nachsteht. Wie so oft in Alaska hat sich das Wetter rasch geändert: Es ist wieder klar und kalt. Hoch über den schwarzen Fichten steht der halbe Mond. Nordlichter geistern über den Himmel: Lange, grüne Lanzen stechen vom Horizont in die Höhe und lösen sich auf. Dann segeln blassgelbe Schäfchenwolken heran. Sie verschwinden wieder, und weiße Schleier wallen hoch über See und Wald. Gelbe, grüne und weiße Karos, Streifen und Flächen flammen auf und vergehen. Drüben am anderen Seeufer heult ein Kojote. Von weit her kommt lachend und klagend vielstimmige Antwort. Herbold kommt aus der Hütte. Er hat die angenehme Gabe, im rechten Augenblick nichts zu sagen. So stehen wir schweigend in der kalten Nacht und schauen und lauschen. Ich spüre, dass ich längst ein Stück Alaska geworden bin.

Herbstregen

Ein klarer, kalter Morgen. Heute bricht Herbold alleine auf. Er will mit dem Kanu zur Nordspitze des Trinity Lake, von da zum Movie Lake und dann weiter auf einem der vielen kleinen Wasserwege nach Norden – „.... mal nachschauen, wie's dort oben aussieht...", sagt er. Eine, vielleicht zwei Nächte will er draußen bleiben. Während er das Kanu belädt, decke ich den Tisch und mache Kaffee. Er hält sich am Frühstückstisch nicht lange auf, zeigt mir aber noch auf der Karte, wo er hin will. Bei leichtem Rückenwind schiebt er das Kanu ins Wasser. Bevor er in der nächsten Bucht verschwindet, winken wir uns noch einmal zu. Ich werde jetzt ein wenig aufräumen und mein Tagebuch auf den neuesten Stand bringen. Nachmittags werde ich dann mit leichtem Gepäck hinaufsteigen in den Bergwald und versuchen, mit meiner Minolta ein paar gute Bilder vom Herbst in Alaska zu machen. Als ich gegen Mittag noch eine Kleinigkeit esse, bezieht sich plötzlich der Himmel. Ein kühler Wind schiebt von Süden her dicke, dunkle Wolken über den See. Dann fängt es an zu regnen. Erst fallen ein paar kleine Tropfen, dann treibt der Wind heftige Schauer vor sich her, und bald gießt es ununterbrochen wie aus Eimern. Ich denke an den Kameraden. So ein Pech! Sorgen muss ich mir nicht machen: Entweder kommt er zurück oder er findet dort oben in einer der beiden Hütten Unterschlupf.
Es regnet den ganzen Nachmittag. Das Wetter legt sich mir allmählich aufs Gemüt – immer nur Essen, Lesen, Rauchen, Aufräumen, Schlafen, Essen, Rau-

chen, Lesen. Auch die ganze Nacht hindurch regnet es. In der Morgendämmerung gehe ich vor die Hütte. Unglaubliche Wassermengen stürzen vom Himmel. Der Wind jagt tief hängende, graue Wolken über den See, die Wellen haben weiße Schaumkronen. Am Hang suchen sich zahllose kleine Bäche ihren Weg hinunter zum Ufer. Missmutig gehe ich wieder ins Trockene, mache Feuer und decke lustlos den Frühstückstisch. Was soll ich bei diesem Wetter unternehmen?

Die Überschrift über einem Artikel in einer alten Zeitung – *Lost in the Mountains* – bringt mich auf einen Einfall: Ich werde eine Geschichte schreiben! Etwas Besseres kann ich bei diesem Wetter gar nicht tun. Eine Alaskageschichte muss es werden – das ist klar! Eine Geschichte vom Land, von der Wildnis, von einer Hütte, von Indianern... nicht vom Herbstregen! Ich bin plötzlich bester Stimmung. Voller Arbeitseifer hole ich mir Papier und Bleistift aus dem alten Schrank, dann noch eine Karte von den USA und eine von Alaska. Sogar ein altes, vergilbtes Lexikon finde ich – das muss genügen. Jetzt stelle ich erst einmal eine neue Kanne mit Kaffeewasser auf den Herd, hole einen Arm voll Holz herein und stopfe die Pfeife. Dann suche ich auf der Alaskakarte einen „Tatort" und fange an zu schreiben. Es ist nicht die erste Geschichte, die ich schreibe, aber der Text fließt mir selten so leicht aus der Feder. Vielleicht ist es das herrliche Land, in dem ich seit drei Wochen lebe, das meine Phantasie beflügelt, vielleicht ist es die warme, gemütliche Hütte unter den grauen Regenwolken – ich weiß es nicht. Ich brauche nur in mich hineinzuhorchen, und schon kommen die Gedanken. Ich schreibe, von kurzen Unterbrechungen abgesehen, den ganzen Tag und die halbe Nacht. Als Herbold am nächsten Mittag nass wie eine ersäufte Katze zurückkommt – er hat tatsächlich in einer Hütte übernachtet – und mich fragt, was ich denn bei dem Sauwetter so gemacht habe, zeige ich auf den Tisch, auf dem ein dicker Stapel handbeschriebenes Papier liegt – die fertige Geschichte:

Hasaquoia

Gary McLane hatte als junger Mann hoch oben im Norden Alaskas ein Erlebnis, das ihn tief erschütterte und für sein ganzes Leben nicht mehr losließ. Alles hatte im amerikanischen Bundesstaat Maine inmitten von Bergen, Wäldern und Seen begonnen. Gary's Vater war im Sommer 1945 wenige Wochen nach Kriegsende aus Europa zurückgekommen und aus der Armee entlassen worden. Noch im selben Jahr war er mit seinen beiden Söhnen Doug (14) und Gary (12) von North Carolina hinauf nach Maine gefahren. Sie hatten drei herrliche Wochen tief im Wald in einer Hütte an einem See verbracht. Dort hatten sie gefischt und gejagt. Mit dem Kanu waren sie auf kleinen Seen und Flüssen durch Wald und Moor gepaddelt. Einmal hatte der Vater draußen im Wald seinen Söhnen gezeigt, wie

man aus Ästen und Zweigen ein Schutzdach baut, und dann hatten sie darunter übernachtet. Alles war neu und aufregend, und der Vater war ein guter Lehrmeister. Ende September waren sie zurückgekommen.
Nach diesem Erlebnis hatten die beiden Brüder nicht mehr viel anderes im Kopf als Jagen, Fischen und Kanufahren. Der Vater sah es mit viel Freude, die Mutter mit ein wenig Besorgnis. Im nächsten Frühjahr kaufte der Vater seinen Söhnen ein Kanu, das sie bald mit großer Geschicklichkeit und Ausdauer über die Flüsse und Seen der näheren Umgebung paddelten. Sie gingen in jeder freien Stunde zum Fischen, und im Herbst jagten sie mit ihrem Vater wilde Truthähne und Weißwedelhirsche. Als Vater McLane ein Geschäft gründete und immer weniger Zeit für seine wilden Söhne hatte, zogen sie alleine los.
So vergingen die nächsten Jahre. Nach dem Collegeabschluss, trat Doug in den väterlichen Betrieb *McLane's Gardening Center* ein. Vom Vater unterstützt entschied sich Gary für ein Studium. Für ihn waren die drei Wochen damals in Maine ein Erlebnis gewesen, das großen Einfluss auf seine Einstellung und seine Berufswahl hatte. Es war die immer noch lebendige Erinnerung an die Wälder und Seen des Nordens, die seinen Entschluss bestimmte. Er ging an die University of Alaska in Fairbanks, um Forstwirtschaft zu studieren. Dort begegnete er Professor Steve Robbins, der dem Norden genauso verfallen war wie er selbst. Gary schätzte Robbins sehr, und der Professor mochte den aufgeweckten und wissbegierigen Studenten. Bei einem Gespräch über Alaska, bot der Professor Gary für die Semesterferien seine Hütte im Norden an und machte ihm auch gleich einen Vorschlag für die Anreise: Mit dem Auto bis Circle am Yukon, von da mit dem Buschpiloten Jim Welker hinauf zum Porcupine River, dann noch ein paar Meilen den Coleen River entlang nach Norden zu einem kleinen See – „... wenn Jim dich dort rausgeworfen hat, trägst du dein Gepäck eine halbe Meile zum Fluss. Dort steht meine Hütte, mitten im Paradies." Gary war begeistert. Er „buchte" die Hütte sofort.

Mitte August saß Gary in Jim Welker's Cessna auf dem Flug nach Norden. Sie überflogen den breiten Porcupine genau an der Einmündung eines kleineren Flusses – *„Coleen River"*, sagte der Pilot und folgte dem Fluss in niedriger Höhe. Plötzlich zeigte er mit dem Daumen nach unten: *„Your cabin, Sir."* Gary erkannte gerade noch eine Blockhütte zwischen den Bäumen nahe am Fluss, dann zog Jim die Maschine steil nach oben, flog eine Rechtskurve und ging in Sinkflug über. Sekunden später setzte die Cessna auf dem See auf. Jim wendete die Maschine, legte mit laufendem Motor am Ufer an, sprang auf den rechten Schwimmer und hielt die Cessna am Ufer fest. In zwei Minuten hatte Gary seine Sachen an Land gebracht. Jim kletterte flink wie eine Katze zurück in die Maschine, rief noch *„Have a good time!"* und schon jagte er mit dröhnendem Motor über das hoch aufspritzende Wasser davon. Gary saß auf seinem Seesack und schaute der Maschine nach. Als das Motorgeräusch verstummte, war es so

still, dass er seinen Herzschlag hörte. Er teilte sein Gepäck in zwei Traglasten, nahm zu erst die leichtere und marschierte durch eine sumpfige Senke zum Fluss. Schon von weitem konnte er die Hütte auf einer kleinen Lichtung sehen. Sie gefiel ihm auf den ersten Blick. Erst als er dicht an der Hütte war, sah er den Fluss unter einem hohen Ufer. Der Coleen war breit und klar, weiter flussaufwärts blitzte das Weiß kleinerer Stromschnellen. Jenseits des Flusses stieg das Gelände zu einer Kette niedriger Hügel an. Die Hänge waren über und über mit Fireweed bewachsen und leuchteten in sattem Lila in der Mittagssonne. Weit hinter der Hügelkette standen höhere Berge, im blauen Dunst gerade noch erkennbar. Die Sonne schien warm aus einem wolkenlosen Himmel, es war vollkommen still, und über dem Land lag eine eigenartige Schwermut, von der Gary nicht wusste, woher sie kam. Er konnte die Melancholie der nordischen Landschaft fast körperlich spüren. Schließlich riss er sich los von dem geheimnisvollen Zauber, der langsam von ihm Besitz ergriff, und ging zurück zum See, um das restliche Gepäck zu holen. Erst als das geschafft war, besichtigte er die Hütte. Die Wände waren aus mächtigen Stämmen gefügt, darüber ein flach abfallendes Grasdach, aus dem ein gemauerter Schornstein herausragte. Die Fenster waren mit schweren Läden verschlossen. Zum Fluss hin war auf dem abfallenden Hang eine auf Pfählen ruhende Veranda vorgebaut, über die man die Hüttentür erreichte. Die wuchtige Tür war durch eine Hebelkonstruktion aus Holz gegen Bären gesichert. Gary ging in die Hütte und öffnete die drei Fensterläden. In dem Raum standen Eckbank, Tisch und Stühle, ein doppelstöckiges Bettgestell aus Holz und ein grob gezimmerter Küchenschrank. An der Rückseite war eine offene, gemauerte Feuerstelle. Neben dem Küchenschrank stand ein gusseiserner Herd, dessen Ofenrohr zum Kamin führte. Ein paar Kleiderhaken, Stangen zum Trocknen der Kleidung, eine Gewehrhalterung über der Bank und ein Wandregal vervollständigten die einfache Ausstattung. Im Anbau hinter der Hütte fand Gary alles, was der Professor aufgezählt hatte: Äxte, Sägen, Seile und allerhand Werkzeug, die in der Wildnis unentbehrliche *blue fly* (eine leichte Plane), dazu Paddel und Angelruten. Etwas abseits lag unter einer Fichte auf einem niedrigen Holzgestell kieloben ein Kanu. Alles war in gutem Zustand. Er legte seine mitgebrachte Ausrüstung und Verpflegung auf der Veranda aus, bevor er sie verstaute: Bekleidung, Gummistiefel, Schlafsack, Waschzeug, Verpflegung für zwei Wochen, ein Satz „Erste Hilfe", drei Bücher, Schreibpapier, ein Fernglas, ein großes Messer, eine 12er Flinte und Munition. Er hatte alles, was er brauchte, und vermisste nichts.
Gary fühlte sich sofort daheim. Er begann, das einfache Leben eines Waldläufers zu leben – mit einer Umsicht und Fertigkeit, als hätte er nie anders gelebt. Das Wetter meinte es gut mit ihm, und so war er den ganzen Tag draußen, paddelte im Kanu den Fluss hinauf und hinunter, angelte Forellen und Äschen, und schoss Enten und Waldhühner. Manchmal zog er das Kanu irgendwo ans Ufer, stieg auf einen Hügel und schaute über die endlosen Wälder. Am Abend saß er

auf der Veranda, die in beide Richtungen einen weiten Blick über den Fluss gewährte, hatte eine große Kanne Tee vor sich und rauchte eine Zigarre.
Das gute Wetter ließ ihn den beginnenden Indian Summer in seiner ganzen Schönheit erleben. Die Nächte waren sternklar und kalt. Morgens lag ein rosiger Dunst über dem Fluss, der sich auflöste, wenn die Sonne höher stieg. Die Mittagsstunden waren gleißend hell, heiß und träge, das Abendlicht weich und geheimnisvoll. Wenn die Nacht aus den Wäldern ins Tal des Coleen kam, glitzerten die Sterne am stahlblauen Himmel, viel heller als unten im Süden, und der Mond hing als blutrote Scheibe über den schwarzen Hügeln. In den hohen Fichten sang der Uhu sein dunkles Lied, und von jenseits des Flusses kam der ferne Ruf eines Wolfes. Gary nahm die Farben, die Gerüche, die Stimmen und Stimmungen der Wildnis mit einem offenen und dankbaren Herzen auf. Er fühlte sich so frei, so ausgeglichen und so stark wie nie zuvor. Er empfand sich mit dem weiten, stillen Land in vollkommenem Einklang und war glücklich.

Nach einem ausgedehnten Pirschgang am Fluss entlang saß Gary eines Morgens auf der Veranda und frühstückte. Er hatte bisher keine Menschenseele gesehen und auch nicht mit einer solchen Begegnung gerechnet. Umso mehr staunte er, als er flussaufwärts einen dunklen Punkt auf dem Wasser sah – kein Bär und kein Elch, soviel konnte er mit bloßem Auge erkennen. Er nahm das Glas und sah ein Kanu, einen Mann und die gleichmäßige Bewegung eines Paddels. Gary wunderte sich. Er hatte die ganze Zeit auf den Fluss geschaut und hätte das Kanu viel früher sehen müssen. Es war wie aus dem Nichts aufgetaucht. Durch das Glas beobachtete er den einsamen Paddler, der rasch näher kam. Er bewunderte das Gleichmaß seiner Bewegungen: Der Indianer – sicher war es ein Indianer! – paddelte ohne sichtbare Anstrengung und doch mit seinem ganzen Körper. Plötzlich setzte er das Glas ab, rieb sich die Augen und murmelte: „Das gibt's doch gar nicht... eine Frau..."
Tatsächlich paddelte da eine Frau ein Kanu aus Birkenrinde, wie Gary es nur von Bildern her kannte. Er stand auf und ging langsam hinunter ans Ufer. Jetzt war das Kanu heran. Die Frau zog es geschickt mit einem Konterschlag herum und setzte den Bug mit zwei schnellen Schlägen genau vor Gary auf den Sand.
„I'm Hasaquoia from Bonnet Plume... just ten miles downriver", sagte sie in merkwürdigem Englisch und lächelte. Vor ihm saß eine junge Indianerin in einem hellbraunen, kurzärmeligen Lederkleid, das ihre kräftigen Arme freigab und bis über ihre Knie hinunter reichte. Sie trug derbe, mit bunten Perlen bestickte Mokassins.
„I am Gary, Gary McLane from North Carolina. Welcome to my place!", sagte er ein wenig verwirrt. Er sah sich das Kanu an und staunte über den hochgezogenen Bug und die sauber eingezogenen Spannten und Querstreben. Die Sitze bestanden aus Holzrahmen, die kreuzweise mit Lederriemen bespannt waren. Auf dem Boden lagen eine einfache Angel, ein paar Lederbeutel und eine Win-

chester älterer Bauart. Die Frau sah seiner Inspektion belustigt zu. „Mein Vater hat es gebaut, in unserem Dorf baut er die besten Kanus", sagte sie. Gary befühlte die am Dollbord sauber vernähten Rindenstücke der Seitenwände. Als hätte sie seine Frage erraten, sagte sie: „Wir nähen die Kanus mit den fadenähnlichen Wurzeln der Lärche zusammen."

Gary empfand seine Neugier plötzlich als unhöflich und lud die Frau ein wenig verlegen zu einer Tasse Tee ein. Sie bedankte sich, legte das Paddel ins Kanu und sprang leichtfüßig ans Ufer. Jetzt sah er den mit Perlen verzierten, schmalen Gürtel und ein breites Messer in einer Lederscheide. Der Messergriff war mit Leder überzogen. Die Frau packte das Kanu am Bug, hob es an und zog es höher auf den Sand. Als sie sich ihm zuwandte, wurde ihm plötzlich bewusst, was für eine schöne Frau da vor ihm stand. Sie war groß und schlank und hatte ein fein geschnittenes Gesicht mit den hohen Wangenknochen ihrer Rasse. Ihr volles, tiefschwarzes Haar war mit einem roten Lederband im Nacken locker zusammengebunden. Am meisten fesselten ihn ihre großen, ausdrucksvollen Augen. Er schätzte ihr Alter auf etwa zwanzig.

Während sie auf der Verandabank saß und er in der Hütte am Herd hantierte, beobachtete er sie durch die offene Tür. Sie war so ganz anders als alle Frauen, die er kannte. Er fühlte sich von ihr angezogen, spürte aber dabei etwas, das wie ein Schleier oder eine Wand zwischen ihnen war. Sie war ihm auf unerklärliche Weise vertraut und fremd, nah und zugleich unerreichbar fern. Ihre Augen schienen ihm unergründlich und geheimnisvoll, fast ein wenig unheimlich. Wie sie so da saß und auf den Fluss schaute, schien sie weit, weit weg zu sein.

Er stellte Teekanne, Becher und einen großen Teller mit Keksen, Cookies und Waffelgebäck auf den Tisch und goss Tee ein. Hasaquoia lächelte ihn an, nahm sich ein Waffelröllchen und drehte es, wie es schien, verwundert zwischen den Fingern. Gary wollte sich nicht auf die schmale Bank neben sie setzen und damit aufdringlich erscheinen. Er holte einen Stuhl aus der Hütte und nahm ihr gegenüber am Tisch Platz. So konnte er sie besser sehen. Er fragte sie, wo sie Englisch gelernt hatte. Ihr schönes Gesicht nahm einen traurigen Ausdruck an, als sie sagte: „Das ist eine lange, traurige Geschichte. Die Regierung der Weißen hat die Kinder aus den Dörfern geholt und in der großen Stadt am Tanana in Schulheime gesteckt. Ich war auch dort, und meine Schwester und mein Bruder auch. Sie zogen uns schwere, kratzende Kleider an und schnitten den Jungen das lange Haar ab. Sie gaben uns hässliche weiße Namen, obwohl wir von unseren Eltern schöne Namen bekommen hatten. Mich nannten sie Josephine. Wir durften das Heim nicht verlassen. Wer über den hohen Zaun kletterte, wurde eingesperrt. Nur ganz selten durften wir hinaus, wo die Weißen wohnten. Sie brachten uns die Sprache der Weißen bei. Unsere Sprache, das Athabasca, durften wir nicht mehr sprechen, auch unsere Lieder durften wir nicht mehr singen. Mein Bruder Kis'ka, er war ein Jahr jünger als ich und hieß jetzt Thomas, hatte sich eine Trommel gemacht. Dafür sperrten sie ihn ein. Auch einen Gott, der an einem Kreuz hing, mussten wir anbeten. Sie sagten, er wäre der Gott aller Menschen, aber unser Gott war es nicht. Er hat sich nicht um uns gekümmert, und wir konnten mit ihm nichts anfangen. Wir hatten immer Heimweh. Wozu das alles gut war, weiß ich nicht. Wir redeten Englisch und hießen David, Barbara, Jacob oder Lucy, aber unser Haar blieb schwarz und unser Herz war traurig. Ein paar Kinder starben, obwohl sie nicht krank waren. Vielleicht wäre ich auch gestorben, aber mein Onkel hat mich und meine Schwester Siso'ka zufällig in der Stadt getroffen und heimlich zurückgebracht in den großen Wald. Als mein Bruder später aus der Schule entlassen wurde, war er ein anderer geworden. Er wollte nicht mehr zurück zu uns. Ein Verwandter aus Burnt Paw hat meinem Vater gesagt, dass Kis'ka im Hafen arbeitete. Wir haben dann nichts mehr von ihm gehört. Meine Mutter glaubt, dass er tot ist..."

Hasaquoia schwieg und schaute auf den Fluss. Gary hatte ihr ungläubig zugehört. Er hatte einmal gelesen, dass die Regierung früher versucht hatte, mit solchen Zwangsmaßnahmen aus Indianern, wenn auch nicht amerikanische Bürger, so doch „zivilisierte Menschen" zu machen – aber das war doch schon so lange her...! Er nahm sich vor, einmal über diese Dinge nachzulesen. Um das Thema zu wechseln, erzählte er von seinem Studium in Fairbanks und von Professor Robbins, der ihm die Hütte überlassen hatte. Hasaquoia hörte ihm zu, schien aber mit dem, was er sagte, nicht viel anfangen zu können. Sie widmete sich dem Teller mit Gebäck und verzehrte mit sichtlichem Vergnügen ein Stück nach dem anderen.
Als zwei Singschwäne über den Fluss flogen, schaute sie ihnen mit traumverlorenen Augen lange nach. Wieder hatte Gary das Gefühl, dass sie mit ihren Gedanken ganz weit weg war, und dass er sie jetzt nicht stören durfte. Er empfand ihr Schweigen nicht als unangenehm oder peinlich. Er deutete ihren verschleierten Blick als Ausdruck einer tiefen Trauer. Obwohl ihre Gedanken, vielleicht sogar ihre Seele offenbar wo anders waren, was ihn ein wenig verwirrte und hilflos machte, empfand er ihre Nähe als wohltuend. Sie war ihm ein Rätsel. Er hatte nicht viele Erfahrungen mit Frauen – ein paar unschuldige Treffen mit jungen Mädchen daheim in Rocky Mount, ein paar Nächte mit einer Frau, die doppelt so alt war wie er selbst, ein paar Verabredungen mit Studentinnen in Fairbanks. Das alles war nicht so gewesen, wie er sich die Liebe vorgestellt hatte. Und jetzt diese schöne Frau, die neue, unbekannte Gefühle in ihm weckte, die ihm so nah gegenüber saß und doch so unerreichbar weit weg war. Dann schien sie zu ihm zurückzukehren. Sie lächelte ihn freundlich an. Er fragte nach der Art und Fertigung der Perlenstickerei auf ihrem Gürtel und ihren Mokassins. Seine Frage schien ihr zu gefallen. Sie sagte lebhaft: „Wir verwenden dazu die Stacheln vom Stachelschwein. Sie sind hohl und lassen sich in kleine Ringe schneiden oder nach dem Kochen in ihrer ganzen Länge flach drücken zu einem Band. Meine Mutter zieht sie immer durch die Zähne, um sie geschmei-

diger zu machen. Die kleinen Ringe werden dann mit Sehnen angenäht und ergeben die Perlenmuster. Die flach gedrückten Stacheln werden wie Bänder durch gestochene Löcher geflochten. Für die bunten Stickmuster färben wir die Stacheln. Wenn man sie mit den Blütenblättern vom Sonnenhut kocht, werden sie gelb. Von wilden Trauben werden sie schwarz, von Büffelbeeren rot. Je länger man sie kocht, desto dunkler wird die Farbe. Bei uns erlernt jedes Mädchen die Kunst der Perlenstickerei." Und mit einem schelmischen Lachen fügte sie hinzu: „Ich mag Sticken nicht... meine Mutter meckert manchmal mit mir, weil ich lieber draußen bin – auf dem Fluss, im Wald und in den Bergen."

Gary hatte nur mit halbem Ohr zugehört und sie immer nur angeschaut. Sie hatte so liebenswürdig und natürlich erzählt, dass ihm das Herz warm wurde. Mit einem spitzbübischen Blick auf den fast leeren Teller sagte sie: „Jetzt musst du armer Kerl verhungern." Gary wollte den Teller noch einmal füllen, aber Hasaquoia wehrte ab. Ihr Gesicht hatte wieder den traumverlorenen Ausdruck angenommen. Leise sagte sie: „Ich muss jetzt weiter, ich hab' noch einen weiten Weg..."
„Hasaquoia, ich würde dich gerne einmal in Bonnet Plume besuchen, vielleicht morgen?"
Sie schaute ihn erstaunt an, und Gary sagte rasch: „Aber vielleicht bist du verheiratet oder hast einen Freund...?" Jetzt lachte sie: „Weder noch! Bei uns gibt es nicht mehr viele junge Männer, nur alte..." Und schelmisch fuhr sie fort: „Wenn du jemals nach Bonnet Plume kommen solltest, pass auf, dass du an der *big city* nicht vorbeifährst. Ich wohne gleich im ersten Haus auf der linken Seite, wo die umgestürzte Pappel liegt."
Sie spielte gedankenverloren mit den Fransen am Ärmel und sagte bekümmert: „Es wäre schön, wenn du mich besuchen könntest...", und dann nachdrücklich: „Du musst morgen hier sein!"
Gary verstand nichts von dem, was sie meinte, aber bevor er weiter fragen konnte, stand sie entschlossen auf, ging über die Veranda und dann hinunter ans Ufer. Gary folgte ihr. Er pflückte drei der kleinsternigen blauen Astern, die auf der Uferböschung wuchsen, und gab sie ihr. Sie betrachtete die Blumen lange und steckte sie in den mit einem dünnen Lederriemen verschnürten Ausschnitt ihres Kleides. Er schaute in ihre dunklen, unergründlichen Augen. Sie erwiderte seinen Blick und sagte leise: „Danke, Gary! Es war so schön bei Dir." Sie hatte ihn zum ersten Mal bei seinem Namen genannt, und Gary hatte das Gefühl, dass sie ihm nie so nahe war wie in diesem Augenblick. Am liebsten hätte er sie in den Arm genommen, aber er wurde sich schmerzlich seiner völligen Unkenntnis indianischer Sitten und Tabus bewusst. Er wollte auf keinen Fall ihre Gefühle verletzen und streckte ihr daher nur höflich die Hand hin. Sie übersah seine förmliche Geste, fasste seine Arme mit beiden Händen und stellte sich so dicht vor ihn, dass er ihre festen Brüste unter dem Kleid spürte. Sie beugte sich zu ihm

und legte ihre Stirn an seine Stirn. Ihre Nasen berührten sich, und er spürte ihren Atem auf seinem Mund. Er gab dem heißen Gefühl nach, das ihn jäh durchströmte, und suchte ihre Lippen. Ihre Finger tasteten nach seinem Gesicht. Im letzten Augenblick löste sie sich von ihm, schaute ihn traurig an und flüsterte: „Ich muss gehen." Dann drehte sie sich rasch um und schob das Kanu ein Stück ins Wasser. Sie stieg ein, nahm das Paddel auf und setzte sich auf den Rücksitz. Gary schob das Kanu rückwärts ins Wasser und stieß es hinaus in den Fluss. Sie hielt das Heck mit leichten Steuerschlägen auf der Stelle bis die Strömung den Bug herum schwang. Mit ein paar kräftigen Schlägen glitt das Kanu in Richtung Flussmitte davon. Wieder bewunderte er sie, wie sie gewandt und scheinbar mühelos den Fluss hinunter paddelte. Sie entfernte sich sehr schnell. Gary hoffte, dass sie sich noch einmal umdrehte. Er rannte hinauf, holte sein Fernglas aus der Hütte und schaute ihr von der Veranda aus nach. Durch das Glas sah er das Kanu über die Stromschnellen tanzen und im Schatten der Bäume am Ufer verschwinden. Dann glitt es wieder ins Licht und war auf dem hellen Wasser gut zu sehen. Hasaquoia stand im Kanu und winkte ihm zu. Es war kein lebhaftes Winken. Er empfand die langsame Bewegung ihres Armes wie ein trauriges Lebewohl. Sekunden später war die Wasserfläche leer. Wo sich gerade noch die Silhouette des Kanus mit der aufrechten Gestalt Hasaquoias deutlich abhob, war nur noch blendende Helligkeit – es war als hätte sich das Kanu auf dem glitzernden Fluss aufgelöst. So wie sie am Morgen aus dem Nichts gekommen war, war Hasaquoia jetzt im gleißenden Licht verschwunden. Gary starrte noch lange auf den Fluss. Er glaubte, noch ihre Stimme zu hören und ihre Hände und ihren Atem zu spüren. Hatte er das alles erlebt, oder hatte ihn die Einsamkeit und Melancholie dieses stillen Tales genarrt? Aber da standen die Tassen und der leere Teller auf dem Tisch, da führte im Sand die breite Schleifspur des Kanus ins Wasser, daneben die Abdrücke von flachen Mokassinsohlen. Nie vorher hatte er so eine seltsame Begegnung.

Gary räumte bedrückt den Tisch ab. Es gelang ihm nicht, die traurige Stimmung abzuschütteln, die ihn ergriffen hatte, und er ahnte, dass Schmerz und Einsamkeit das Nachtlager mit ihm teilen würden. Er versuchte, zu lesen, ging aber schon bald ins Bett, schlief unruhig und träumte schwer. Von einem glitzernden Fluss träumte er, von einem Kanu weit vor ihm, das er nicht einholen konnte, so verzweifelt er auch paddelte...
In der Nacht hatte er im Halbschlaf dieses Bild noch deutlich gesehen, aber als er in der Morgendämmerung wach wurde, war es nur eine verschwommene Erinnerung. Er stand auf, frühstückte ohne Verlangen, paddelte danach ziellos ein Stück den Fluss hinauf, angelte unaufmerksam, fing nichts, kehrte schon bald zurück und setzte sich auf die Veranda. Er dachte an Hasaquoia – so wie gestern Abend, wie in der Nacht und wie heute Morgen.

Das Motorgeräusch eines Flugzeugs riss ihn aus seinen trüben Gedanken. Eine Cessna flog niedrig von Süden her über dem Fluss heran, wippte auf Höhe der Hütte zweimal mit den Tragflächen, zog über die Bäume am rechten Ufer und ging in den Gleitflug über. Durch die Bäume konnte Gary sehen, wie sie auf dem kleinen See aufsetzte. Es konnte die Cessna sein, die ihn hierher gebracht hatte, aber er war sich nicht sicher. Er machte sich sofort auf den Weg zum See. Auf halber Strecke kam ihm schon Jim Welker entgegen. Er brachte schlechte Nachricht: Gary's Bruder Doug hatte ihn angerufen: Der Vater war als Beifahrer bei einem Verkehrsunfall schwer verletzt worden und lag auf der Intensivstation eines Krankenhauses in Durham, NC. Die Ärzte hatten Doug wenig Hoffnung gemacht. Doug hatte Jim angerufen und ihn gebeten, Gary zu benachrichtigen und ihn, wenn möglich, gleich zurückzubringen.

Gary entschloss sich sofort zum Rückflug. Jim half ihm, das Gepäck von der Hütte zu holen. Die Nachricht vom Unfall seines Vaters war für Gary ein Schock. Düster dachte er an Hasaquoias Worte: *Du musst morgen hier sein!* War sie eine Seherin? War sie eine Priesterin, der die Liebe zu einem Mann verboten war? War ihr Verhalten deshalb so rätselhaft gewesen? Gab es so etwas im 20. Jahrhundert überhaupt noch?

Sie packten Gary's Sachen zusammen und brachten die Hütte in Ordnung. Auf dem Gang zum Flugzeug sagte Gary, er wolle, um keine Zeit zu verlieren, gleich nach Fairbanks fliegen. Jim war einverstanden. Da er gerade keine anderen Aufträge hatte, stimmte er auch Jim's Bitte zu, ihn auch noch nach Anchorage wieter zu fliegen. Jim bestellte noch während des Flugs über Funk ein Taxi an das Ufer des Tanana River, wo sie wassern würden. Nach ruhigem Flug machte Jim die Cessna in Fairbanks am Flussufer fest, wo bereits das Taxi wartete. Gary brachte sein Gepäck mit dem Taxi ins Studentenheim, wo er wohnte, duschte sich, zog sich um und rief seine Mutter an. Es meldete sich niemand. Dann ließ er sich zurück an den Tanana fahren. Jim hatte inzwischen getankt und den Flug nach Anchorage angemeldet. Sie starteten sofort. Das Wetter war gut, Alaska lag in seiner ganzen bunten Schönheit unter ihnen. Gary war nicht nach Reden zumute, er dachte an seinen Vater, an die Hütte am Coleen, an Hasaquoia. Jim ließ ihn in Ruhe. Noch bei gutem Licht erreichten sie Anchorage. Über dem Wasserflugplatz Lake Hood kreisten mehrere Flugzeuge. Jim sprach über Funk mit der Flugüberwachung, flog noch eine weite Schleife, bekam Landeerlaubnis und brachte die Cessna aufs Wasser. Noch im Flugzeug schrieb er eine eindrucksvolle Rechnung aus. Danach lieh er von einem Freund dessen Wagen und fuhr Gary zum International Airport. Sie kamen zu spät, die letzte Maschine nach Süden war vor 20 Minuten gestartet. Gary buchte bei *Alaskan Airways* einen Flug nach Edmonton in Alberta/Canada für 06.45 Uhr am nächsten Morgen. Er merkte jetzt erst, dass er seit dem Frühstück nichts mehr gegessen hatte. Da auch Jim erst am nächsten Tag zurückfliegen konnte, gingen sie zusammen ins Airport Restaurant zum Essen und übernachteten in einem Motel gleich am

Airport. Am Morgen brachte Jim seinen Dauerkunden zum Flughafen. *„I'll be back next spring..."*, sagte Gary noch zum Abschied und begann eine Reise, die ihn dank seiner *Visa Card* und seiner eisernen körperlichen Verfassung trotz langer Flugstrecken und ermüdender Wartezeiten auf den Flughäfen ohne weitere Schwierigkeiten quer durch Nordamerika und schließlich nach Charlotte, North Carolina, brachte.

Sein Bruder Doug holte ihn vom Flughafen ab. Er brachte eine gute Nachricht mit: *„Dad is out of the woods..."*, sagte er strahlend. Nach einer Fahrt von knapp 150 Meilen kamen sie spät abends nach Durham, nahmen ein Motelzimmer und tranken noch ein paar Bierchen auf die baldige Genesung ihres Vaters. Am nächsten Morgen sprachen sie mit dem Chefarzt, der ihnen in der Geheimsprache der Medizinmänner bestätigte, was Doug seinem Bruder laienhaft mitgeteilt hatte: Der Vater war schon kurz nach dem Unfall im Koma mit dem Hubschrauber eingeliefert worden. Diagnose: Polytrauma. Nach einer gründlichen Untersuchung, bei der ein Schädel-/Hirntrauma, ein stumpfes Bauchtrauma, eine Milzruptur, eine Rippenfraktur mit Einspießung in die Lunge und Prellungen am Oberkörper diagnostiziert worden waren, wurde in einer Notfalloperation u.a. die Milz exstirpiert. Der Patient hatte die Operation gut überstanden. Gestern, am sechsten Tag nach seiner Einlieferung, war der Vater aus dem Koma erwacht. „Es sieht gut aus. Er ist zäh wie Büffelleder. In höchstens zwei Wochen könnt ihr ihn abholen", schloss der Arzt seine Auskunft und erlaubte den beiden einen kurzen Besuch. Dann standen sie in einem hellen, freundlichen Zimmer am Bett ihres Vaters. Er war ungewohnt blass, aber er lächelte und freute sich über den Besuch seiner Söhne. Er wirkte müde und hatte offensichtlich Schmerzen, sagte davon aber kein Wort. Seinen Humor hatte er nicht eingebüßt: „Der Teufel hat mich wieder ausgespuckt – zu dürr, zu zäh und zu viele Gräten...", sagte er grinsend.

McLane's Gardening Center – Lawn Mowers, Irrigation Equipment, Garden Tools - Sale and Repair – war ein gut gehendes Familienunternehmen. Vater McLane hatte es praktisch aus dem Nichts aufgebaut, und Doug sollte es einmal übernehmen. Jetzt war der Firmenchef außer Gefecht gesetzt, und es war fraglich, wann er wieder voll ins Geschäft einsteigen konnte. Gary konnte Doug jetzt nicht allein lassen. Er bat bei der Universität in Alaska telefonisch um Freistellung vom Herbstsemester. Mit Unterstützung von Professor Robbins hatte er Erfolg. Gary konnte nun zuhause bleiben und seinen Bruder und seine Mutter im Geschäft unterstützen. Er hatte schon früher ausgeholfen, wenn Not am Mann war, und stets... *that fucking paperwork...* nicht gerade fröhlich, aber zuverlässig erledigt. Der Vater wurde nach zwei Wochen aus dem Krankenhaus entlassen und wollte sich gleich in die Arbeit stürzen. Die Söhne verordneten ihm energisch eine Schonfrist, und die Mutter achtete streng auf ihre Einhaltung. Der

Genesende spielte den Kraftmeier, der sich knurrend fügte, freute sich aber insgeheim – die Fürsorge seiner Familie und ihr vorbildlicher Zusammenhalt taten ihm gut. Gary musste seinen Eltern und Doug immer wieder von Alaska erzählen, vom Studium, von Land und Leuten und von der Hütte am Coleen River. Gary berichtete dann immer begeistert von *„Upper One"*, und sie hörten ihm aufmerksam zu. Der Vater, der alte Waldläufer, der es nie bis Alaska geschafft hatte, lauschte geradezu andächtig, wenn Gary von dem stillen Land mit seinen Gebirgen, Gletschern, Wäldern und Seen erzählte. Mit keinem Wort erwähnte Gary die Begegnung mit Hasaquoia. Um so mehr dachte er an die geheimnisvolle Schöne. Schließlich schrieb er ihr einen Brief. Er erklärte ihr, warum er sie nicht besuchen konnte, und versprach, schon im nächsten Frühling an den Coleen zurückzukommen und den Besuch in Bonnet Plume nachzuholen. Nach einigem Überlegen schloss er den Brief mit: „... ich freue mich auf ein Wiedersehen!! Zieh' dich warm an und bleib' gesund." Der letzte Satz kam ihm ziemlich albern vor, aber es fiel ihm nichts Besseres ein und so ließ er ihn stehen. Da er keine Anschrift hatte, schrieb er auf den Umschlag:

To Hasaquoia
Bonnet Plume on the Coleen River
Alaska

Gary klammerte sich an die Hoffnung, dass Hasaquoia seinen Brief beantworten werde, aber die Wochen vergingen, ohne dass ein Brief aus Alaska kam. Drei Wochen vor Weihnachten schrieb er einen zweiten Brief, diesmal schon kühner: „... Du glaubst gar nicht, wie sehr ich mich darauf freue, Dich endlich wieder zu sehen!!! Ich denke sehr oft an Dich (eigentlich immer!). Ich wünsche Dir und Deiner Familie ein schönes Weihnachtsfest..." Hier fiel ihm ein, dass die Indianer von Bonnet Plume vielleicht gar nicht Weihnachten feiern. Er schrieb einen neuen Brief ohne Weihnachtsgrüße. Er schloss jetzt: „Ich freue mich auf die schöne Frau, die den Fluss herunter kam und einem einsamen Burschen den Kopf verdreht hat." Diesen Schluss hielt er für gelungen. Den Umschlag adressierte er diesmal in Erinnerung an Hasaquoias Hinweis:

Mrs. Hasaquoia
Bonnet Plume on Coleen River
(last house to the right upstream)
Northeastern Alaska

Zu Gary's Kummer blieb auch dieser Brief unbeantwortet, aber seine Sehnsucht nach der geheimnisvollen *River Woman,* wie er sie in Gedanken nannte, war eher größer geworden.

Es war Mitte Mai, als Jim Welker zwei Stunden vor Sonnenuntergang wieder am Ufer des kleinen Sees im hohen Norden anlegte, und Gary seine Siebensachen ins Gras warf. Die Hütte hatte den Winter gut überstanden, alles war in Ordnung. Auf den Bergen jenseits des Flusses lag noch Schnee, aber das Tal war grün, und im Wald war ein Singen und Klingen, dass Gary das Herz leicht und weit wurde. Er zog in die Hütte ein, und es war, als wäre er von einer langen Reise heimgekommen. Er verstaute alles und überprüfte Kanu, Paddel und Angelzeug. Es dämmerte bereits, als Gary Feuer machte, etwas aß und danach alles für den nächsten Morgen zurecht legte. Als er durch die offene Tür Kojoten hörte, ging er hinaus und setzte sich auf die Veranda. Ein halbes Dutzend mochten es sein. Halb lachend, halb klagend klang ihr schriller Chor über den Fluss herüber. Flussabwärts klatschte laut ein Biber. Dann hörte er den Ruf des Loon. Mit einer leichten Gänsehaut lauschte er dieser Stimme, die wie das Klagen und Wimmern einer verdammten Seele klang, die auf ewig ruhelos durch Wald und Moor irrt – wie in den Geschichten, die man manchmal in alten Büchern findet. Es war ein Pärchen, das ausdauernd rief. Weiter entfernt antwortete ein anderes Paar. Ihre klagenden Rufe klangen in der Dunkelheit noch schauriger. Ein Uhu schwebte lautlos über die Lichtung und fiel in einer der hohen Fichten hinter der Hütte ein. Hinter den Bergen jenseits des Flusses schob sich der halbe Mond in den dunkelblauen Himmel. Der einsame Mann auf der dunklen Veranda war wieder daheim.

Als Gary am nächsten Morgen vor die Hütte trat, ging die Sonne gerade über dem Moor auf. Tau glitzerte im Gras und auf den Zweigen. Ich hab' alles verlernt..., dachte er, als er die Wasserperlen auf den Sitzen des Kanus sah – er hatte am Abend vergessen, es umzudrehen. Nach kurzem Frühstück trug er Paddel, Fernglas, Angel, Gewehr, Kaffeekanne und Verpflegung hinunter zum Kanu und wischte die Sitze trocken. Er hatte es plötzlich eilig. Ob Hasaquoia meinen Besuch erwartet...?, ging es ihm durch den Kopf. Er freute sich sehr darauf, sie wieder zu sehen, und spürte doch eine unbestimmte Angst davor. War er dort überhaupt willkommen? Schließlich hatte sie ihm nicht geschrieben. Er ging noch einmal in die Hütte. Er hatte für Hasaquoia Cookies und Waffelröllchen mitgebracht, fast hätte er sie vergessen.
Gary paddelte den Fluss hinunter. Er fühlte das glatte Holz des Paddels, hörte das leise Plätschern am Bug, spürte die Kraft seiner Arme. Er hielt sich in Flussmitte. Manchmal musste er einem in den Fluss gestürzten Baum oder einem Fels ausweichen. Einmal hörte er das Rauschen einer Stromschnelle hinter einer Biegung. Er paddelte das Kanu durch die Innenkurve, beurteilte die Schnelle, versetzte das Kanu mit kräftigen Ziehschlägen und schoss auf der Stromzunge zwischen weiß schäumenden Wellen hindurch.
Es war eine schöne Fahrt. Die Sonne schien warm, das Wasser glitzerte, und um ihn herum sang der Wald sein wildes Lied: Kraniche trompeteten irgendwo im

Moor hinter den Uferbäumen, Frösche quarrten in den Tümpeln und Senken, Vögel sangen, hoch vom Himmel klang der Ruf des Raben. Hinter einer Biegung sah er einen Bären am Ufer, der ihn kaum beachtete. Einmal stieß ein Falke pfeilschnell aus der Höhe herab und verfehlte einen Häher um Haaresbreite. Weit vor ihm schwamm eine Elchkuh gefolgt von ihren beiden Kälbern über den Fluss. Sie zogen aus dem Wasser die Uferböschung hinauf und schüttelten sich, dass die Wassertropfen im Sonnenschein sprühten und glitzerten.
Gary legte auf einer kleinen Insel eine Pause ein. Er kochte Kaffee und aß eine Tafel Schokolade. Er hielt es nicht lange auf der Insel aus. Rasch packte er seine Sachen wieder zusammen, löschte sorgfältig das Feuer und schob das Kanu ins Wasser. Bald näherte er sich dem Eingang des Canyons, den Hasaquoia beschrieben hatte. Jetzt waren es noch zwei Meilen bis zum Dorf. Nach der Durchfahrt des Canyon wich die frohe Stimmung, mit der Gary die Fahrt begonnen hatte, einer rätselhaften Unruhe, die größer zu werden schien, je näher er seinem Ziel kam.

Gary's Kommen blieb im Dorf nicht unbemerkt. Noch bevor er das erste Haus erkennen konnte, bellte ein Hund, und kurz darauf weiter entfernt ein zweiter. Dann sah er auf dem linken Ufer ein Kanu. Eine dünne Rauchsäule stieg zwischen den Bäumen auf. Er suchte nach dem umgestürzten Baum, den Hasaquoia ihm als Anhalt genannt hatte. Bald konnte er unter den hohen Pappeln und Fichten mehrere Holzhäuser erkennen und merkte, dass er schon zu weit gefahren war. Er wendete und paddelte dicht am Ufer ein Stück zurück. Jetzt sah er zwischen den Bäumen eine Bewegung: ein alter Mann schabte Fleischreste vom Fell eines Schwarzbären, das über ein Gestell gespannt war. Gary legte an und zog das Kanu auf das Ufer. Er ging zu dem Indianer und fragte nach Hasaquoias Haus. Der Mann schaute ihn an, als hätte er ihn nicht verstanden, zeigte dann aber auf ein weiter vom Fluss entfernt stehendes Haus, von dem nur der Giebel zu sehen war. Gary folgte einem schmalen Pfad. Vor dem Blockhaus lagen zwei Huskies im Schatten und beobachteten ihn misstrauisch. Das Birkenrindenkanu konnte er nirgends entdecken. Durch die offene Haustür kam eine alte Frau. Sie hielt sich aufrecht, hatte weißes Haar, ein Gesicht voller Runzeln und wache, gütige Augen. Gary schätzte sie auf über achtzig. Sie schaute ihn freundlich an und gab ihm gleich die Hand – so als hätte sie seinen Besuch erwartet. Er nannte seinen Namen und fragte, ob Hasaquoia hier wohne. Sie sagte ein paar Worte, die er nicht verstand, zeigte auf eine Bank und einen Tisch vor dem Haus und machte ihm durch Zeichen klar, dass er hier warten solle. Dann ging sie zwischen den Bäumen davon. Gary setzte sich auf die Bank. Einer der beiden Huskies kam schweifwedelnd heran und legte sich neben ihn. Nach kurzer Zeit kam die Alte zurück, und mit ihr eine junge Frau in einem engen, roten Pullover, Jeans und Cowboystiefeln. Gary stand auf, aber die alte Frau bedeutete ihm, wieder Platz zu nehmen. Die junge Frau setzte sich zu ihm an den Tisch. *„Hello*

Gary!", sagte sie freundlich, *"I am Skwana. I come from Matanuska near Anchorage... visiting my folks up here... Can I help you... as a sort of village interpreter?"*
"I am Gary McLane from North Carolina... looking for a girl by the name of Hasaquoia..."
Die alte Frau brachte eine Kanne, drei Tassen und einen Teller mit Bannocks (eine Art Kuchen aus Hafer- oder Maismehl mit verschiedenen Zutaten), dann goss sie Kaffee ein. Sie unterhielten sich eine Weile über das schöne Wetter, den zeitigen Frühling, die genauso zeitigen Moskitos und das ausbleibende Flugzeug, das die bestellten Waren und die Post bringen sollte. Skwana übersetzte. Die alte Indianerin schien etwas Englisch zu verstehen – als Gary sagte, dass er die beiden um Alaska beneide, drückte sie ihm freundschaftlich den Arm. Trotz seiner wachsenden Unruhe fragte er nicht noch einmal nach Hasaquoia.
Die alte Frau schenkte Kaffee nach, ging danach ins Haus und kam mit zwei Briefen zurück. Es waren Gary's Briefe an Hasaquoia, beide waren ungeöffnet. Er schaute verwirrt von einer Frau zur anderen. Die alte Frau sah ihn mitfühlend an und drückte wieder seinen Arm. Dann sprach sie ruhig und schaute Gary dabei unverwandt an. Skwana übersetzte Satz für Satz:
„Ich bin Siso'ka. Als das Flugzeug deinen zweiten Brief brachte, wusste ich, dass du eines Tages kommen wirst. Du hast Hasaquoia sicher irgendwo am Fluss getroffen – sie kommt manchmal den Fluss herunter. Du hast ihr gefallen, sonst wäre sie nicht zu dir gekommen. Du kannst Hasaquoia nicht besuchen. Sie ist nicht hier. Ich sage dir jetzt, warum: Es war das Jahr, das die Weißen mit zwei Kreisen schreiben (1900) – bei uns heißt es: Das Jahr, in dem der Fluss ins Dorf kam. Wir hatten ein schlimmes Hochwasser. Der Coleen war zu einem breiten, wilden Strom geworden. Hasaquoia war meine Schwester, meine Zwillingsschwester. Wir waren damals zwanzig Jahre alt. Sie war mit unserem kleinen Bruder Toka'la am Fluss, um die Kanus höher auf die Uferböschung zu ziehen. Toka'la war auf einen Baum geklettert, der schräg über dem Wasser hing. Der Baum stürzte in den Fluss, und Toka'la versuchte verzweifelt, an Land zu schwimmen. Hasaquoia sprang sofort in den Fluss, um ihn aus der reißenden Strömung zu retten. Sie sind beide ertrunken, aber das ist schon so lange her..."

Mit dem Leihwagen von Anchorage zum Yukon

Als Herbold und ich zum zweiten Mal nach Alaska geflogen waren, hatten wir gleich nach der Ankunft auf dem Flughafen einen Leihwagen gemietet. Wir wollten uns diesmal ein wenig im „besiedelten" Alaska umschauen, bevor wir wieder in der Wildnis verschwanden.
Ich erinnere mich noch gut daran, dass es gar nicht so leicht war, einen Leihwagen zu bekommen. Wir standen in der Halle des Flughafengebäudes vor einer

Reihe von bunten Reklameschildern: *Avis Rent a Car – National Car Rental – Klondike Rentals & Leasing – Havings – Hertz Rent a Car – Miller Machinery*. Bei *Avis* und bei *Havings* sagte man uns, dass kein Wagen verfügbar wäre, aber *Hertz* hatte einige Wagen frei. Am Schalter fragte uns ein bildschönes Mädchen, dessen Vorfahren wenigstens teilweise Indianer gewesen sein mussten, freundlich nach unseren Wünschen. Das Geschäft scheiterte an der Aufforderung: *„Your card, please!"*. Wir machten die bittere Erfahrung, dass in Amerika ein Mensch, der zwar Dollarscheine in der Tasche hat, aber keine Kreditkarte vorweisen kann, kein vertrauenswürdiger Mensch ist. Herzlose Firma, dieses *Hertz*! Immerhin schickte uns das Mädchen zu *Payless* – *„... just down the hall to the left!"* Bei dem Autoverleih mit dem verheißungsvollen Namen – *pay less*: Zahle weniger! – gerieten wir an eine freundliche und fröhliche junge Dame. Wieder Schwierigkeiten: Pappenheim konnte keine Firma angeben, bei der er beschäftigt war – *„Farmer"* genügte nicht. Meine Firma – *„The German Army"* – brachte uns dem Geschäftsabschluss auch nicht näher. Das Mädchen war sehr entgegenkommend und, wie wir, neu in Alaska – da hält man zusammen. Sie rief ihren Chef an und beschrieb Aussehen, Auftreten und Wunsch der beiden Herren aus Germany ausführlich und zwinkerte uns zu. Ihre Personalbeschreibung, das muss ich sagen, war ein einziges Kompliment. Wir erfuhren, dass wir äußerst seriöse und vertrauenswürdige Gentlemen sind. Das überzeugte schließlich auch den Chef, und so bekamen wir nun ganz ohne Kreditkarte ein gelbes Formular und damit Zugang zu einem weißen Ford Escort mit dem Kennzeichen *Alaska 16876*. Zu erwähnen wäre noch, dass *Payless* seinem Namen gar keine Ehre machte: Wir mussten genauso viel zahlen, wie auch die anderen Autoverleiher genommen hätten: 600 Dollar Vorauszahlung. Nomen ist eben nicht immer Omen. Einfach war die Übergabe des Wagens: Das Mädchen drückte Pappenheim lächelnd den Autoschlüssel in die Hand. Wir luden unser Gepäck ein und fuhren davon.
Von der Rundreise, die uns nach Norden bis zum Yukon und nach Süden bis Homer am südlichen Ende der Kenai Halbinsel gebracht hat, will ich berichten:

Wir hatten von Anchorage auf dem Weg nach Norden auf guten Straßen die Alaska Range überquert und waren nach rund 500km bis in die Gegend von Nenana gekommen.
Jetzt fahren wir gerade durch einen tiefen Canyon, den der Nenana River in die Felsen gegraben hat. Wie durch ein Tor geht es weiter nach Norden. Das Land wird flacher, Birken rechts, Pappeln links, ein Bach, ein paar Blockhäuser und die breite Asphaltstraße, die uns fast alleine gehört. Wir überqueren den Tanana River und lesen auf einem Verkehrsschild: *Fairbanks 51*. Das sind natürlich Meilen – 1.609 Meter für jede!
Die Stadt Fairbanks (33.000 Einwohner) ist vermutlich auch bei Sonnenschein eine hässliche Stadt. Heute scheint die Sonne nicht, und Fairbanks ist daher nur

schwer zu ertragen. Wir schlendern über die *Second Avenue*, kaufen Verpflegung und ergänzen die Ausrüstung. Überall das gleiche Bild: Graue Fassaden, schmutzige Straßen, bunte Reklameschilder, verwirrende Wegweiser und grelle Leuchttafeln. Einige Betonwände sind mit grünen Sommerlandschaften bemalt, andere mit schneebedeckten Gebirgen, wieder andere mit kämpfenden Elchen und fischenden Bären. Zwischen Hochhäusern und roh gezimmerten Holzwänden hat man den rührenden Versuch gemacht, mit einem Blumenbeet zu retten, was nicht zu retten ist. Wir sind von der alten Goldgräberstadt mit dem so wohl klingenden Namen arg enttäuscht und entschließen uns zum Rückzug. Vorher müssen wir uns aber schnell noch Angel- und Jagdlizenzen besorgen. Diese Genehmigungen gibt es in Alaska an jeder Ecke – z.B. bei *Penny's*. Es geht ganz einfach: Der Angestellte in der Waffenabteilung fragt und wir antworten: Name – Vorname – Anschrift – Geburtsdatum – Augenfarbe – Haarfarbe... alles ohne Probleme. Dann fragt der Mann nach dem Geschlecht. „Männlich", sage ich, und nach einem kritischen Blick ist er auch damit einverstanden. Dann die Körpergröße. „Einssechsundsiebzig", sage ich. Ungläubiges Staunen... dann Ratlosigkeit. Er schaut mich streng an und fragt noch einmal. Ich antworte wieder, diesmal genauer: „Ein Meter und sechsundsiebzig Zentimeter". Hilfloses Schulterzucken. Dann holt er Hilfe, aber die Kollegen und Kolleginnen bei *Penny's* können mit dem metrischen System offensichtlich nichts anfangen. Andererseits kann man einem Menschen, von dem man nicht weiß, wie groß er ist, doch keine Jagderlaubnis erteilen. Schließlich findet man einen jungen Mann aus der Eisenwarenabteilung, der als Soldat in Nürnberg stationiert war. Er ruft über die Regale hinweg die umgerechneten Angaben herüber, und der für die Erteilung meiner Jagdlizenz zuständige Angestellte trägt sie erleichtert ein. Jetzt habe ich es schriftlich, dass ich die sechs Fuß, die Hollywood jedem Filmcowboy zugesteht, nicht aufweisen kann.
„*Your weight?*" fragt der Mann hartnäckig weiter. „*Seventy-six kilograms*", antworte ich boshaft. Ach du lieber Himmel...!, denkt der Angestellte, und sein Blick schweift Hilfe suchend über die Regale hinüber zur Eisenwarenabteilung. Aber der kundige Nürnberger ist unsichtbar. Jetzt rechne ich selbst und mache dem ratlosen Mann ein Angebot. Er nimmt es dankbar an und macht seine Eintragung. Ich bringe jetzt stolze 167 amerikanische Pfund auf die Waage.
Jetzt kommt Herbold dran. Er verwirrt den guten Mann beim Ausstellen des Angelscheins mit seinem langen Namen: Herbold Rabe von Pappenheim – *strange folks, these Germans...!* Leicht verwirrt übernimmt der Angestellte die weiteren Angaben ungeprüft und trägt sie ein. Als wir zum Schluss wenigstens mit amerikanischen Dollarnoten bezahlen, ist er sichtlich erleichtert. „*Thank you very much!*", sagt er dankbar.
Duckstamps gibt es auf dem Postamt. Eine schwergewichtige, schwarze Lady klebt für $ 7.50 die Marken auf die Jagdlizenzen, und damit sind wir berechtigt, Wasserwild zu jagen. Nun wollen wir aber endlich die Zivilisation verlassen.

Auf der Fahrt durch die Stadt halten wir an einer roten Ampel. Eine Leuchttafel hoch über der Straße gibt uns Datum, Uhrzeit, Lufttemperatur und den Spruch des Tages mit auf den Weg: *If you do not know where you are sailing – no wind is the best wind.*

Wir wissen, wo und wohin wir segeln, der Wind weht frisch von Osten, und die Ampel zeigt grün. Also nichts wie raus aus Fairbanks!

Nicht weit hinter der Stadt stoßen wir bei Fox auf die Trans-Alaska Pipeline. Wir halten. Herbold interessiert sich mehr als ich für dieses technische Wunderwerk. Er bewundert die Pipeline von allen Seiten und fotografiert sie ausgiebig. Natürlich weiß ich, dass die Amerikaner die Ölreserven im Norden brauchen, und dass es bei Förderung und Transport des Öls nicht ohne Eingriffe in die Natur geht. Aber als ich vor dem ungeheuerlichen, silbrig glänzenden Stahlwurm stehe, denke ich nur daran, dass die Menschen unserer guten, alten Erde eine lange Wunde mehr zugefügt haben, und die unberührte Wildnis wieder ein Stück kleiner geworden ist.

Leider endet schon nach dreißig Kilometern die befestigte Straße, und die gelbbraune Schotterpiste beginnt: *Unpaved Road 45m.p.h.,* steht auf dem Schild. Von Norden jagt ein Pick-up in halsbrecherischer Fahrt heran und zieht eine dünne Staubfahne hinter sich her. Für eine Sekunde erkennen wir das Gesicht eines jungen Indianers, der mit diesem Höllentempo seine Verachtung gegenüber den Verkehrsschildern des Weißen Mannes zeigt. Ich selbst nehme den Fuß vom Gaspedal und stelle mich auf losen Schotter, Staub und Schlaglöcher ein.
Wir fahren jetzt auf der *North Slope Haul Road*, die 1974 in nur fünf Monaten durch die Wildnis hinauf zu den Ölfeldern von Prudhoe Bay gewalzt worden war. Sie war die Voraussetzung für den Bau der Pipeline und ermöglicht jetzt als einzige Landverbindung die Versorgung von Prudhoe Bay. Die Straße führt quer durch die Region *Interior* (das Landesinnere), von den Alaskanern liebevoll *The Great Interior* genannt. Diese Region macht ein Drittel der Gesamtfläche Alaskas aus, aber hier leben nicht einmal 20 % der Einwohner. Das *Interior* ist das Herzstück Alaskas zwischen den beiden gewaltigen Gebirgsketten Brooks Range im Norden und Alaska Range im Süden. Hier fließen die großen Flüsse Yukon, Porcupine, Koyukuk, Kuskokwim und Tanana durch Wald und Tundra. Die Sommer sind hier wärmer als anderswo in Alaska: bis 38° C. Die Winter sind klar, windstill und bis zu – 60° C kalt. Wald, Sträucher, Moos und Weite dämpfen hier die Geräusche und Stimmen. Es ist ein ernstes Land, durch das wir jetzt fahren: Sanfte Hänge und düstere Moore, Fichten- und Pappelwälder, klare Seen und ferne Berge, ein hoher Himmel und ringsum eine fast unwirkliche Stille.

Die Straße windet sich über Hügel und durch flache Senken. Sie besteht aus einem blanken, festen Packlager. Nur in den Kurven liegt nach außen geschobener loser Schotter. Ist man allein auf der Straße, ist das kein Problem, aber bei Gegenverkehr muss man hinaus auf das lose Geröll – nur dann nicht bremsen! Wir sind fast allein auf dieser Straße. Niemand überholt uns, und von Norden kommen uns stündlich höchstens zwei Pkw entgegen. Leider kommen auch Sattelschlepper von gewaltigen Ausmaßen. Die Fahrer dieser Ungetüme haben ihren Fahrstil den Verhältnissen angepasst: Unter Verzicht auf Bremsen donnern sie die Gefällstrecken hinunter und holen so Schwung, um ohne zu schalten die nachfolgende Steigung zu nehmen. Dabei wirbeln sie Staub und kleine Steine auf, die wie Schrotschüsse auf Haube, Kotflügel und Windschutzscheibe prasseln. Dem Klügeren, der es auf eine Kraftprobe nicht ankommen lassen will, bleibt nur der äußerste rechte Straßenrand, und das ist oft die Außenkurve mit dem losen Schotter – also: Augen zu und Gas! Sind dann der Lkw und seine Staubfahne überstanden, hat man wieder ungetrübte Sicht auf das weite Land. Immer wieder legen wir einen Halt ein und steigen aus. Die Hügel ringsum leuchten im satten Lila des blühenden *Fireweed* (Waldweidenröschen). Die Flüsse mit den indianischen Namen Chatanika, Tetalina und Tolovana River sind klar und tief. An ihren Ufern finden wir Spuren und Fährten von Bär, Fuchs, Biber, Wolf und Elch. Äschen und Forellen gehen nach Fliegen auf. Meisen, Hakengimpel und Seidenschwänze locken. Vom Himmel klingen die rauen Rufe der Raben.

Aber kein Glück ist vollkommen – die kleine Nadel der Tankuhr macht mir Sorgen. Sie zeigt auf eine Stelle, die mir gar nicht gefällt. Bei unserer eiligen Abfahrt von Fairbanks haben wir vergessen zu tanken, und einen Reservekanister hat uns *Payless* nicht mitgegeben. Ein Blick auf die Karte zeigt, dass Rettung eigentlich nur aus Livengood kommen kann. Laut Karte ist es die einzige Ortschaft an der gut 200km langen Strecke zwischen Fox und dem Yukon. Bis Livengood reicht das Benzin auf jeden Fall.

Am Hinweisschild biegen wir nach rechts ab und stehen nach 6km vor einer riesigen Halle mit drei großen Toren. Ringsherum viel Schrott. In diesem ehemaligen Versorgungslager aus der Zeit des Pipelinebaus treffen wir auf einen einzigen Menschen. Er verneint meine Frage nach einer Tankstelle und schickt uns zu einer Gebäudegruppe ein paar hundert Meter weiter. Am Hang stehen ein kleines Blockhaus, ein großes Holzhaus mit einem riesigen Elchgeweih über dem Eingang, zwei Wellblechschuppen und eine große Hundehütte, dazwischen viel Durcheinander, und über allem flattern die *Stars and Stripes*. Ich steige aus und gehe zu dem hellen Holzhaus mit dem Geweih. Dort sitzt an einem wuchtigen Holztisch ein untersetzter Mann unter seinem Hut und döst in der Sonne. Ich grüße höflich und bitte ihn, uns ein paar Liter Benzin zu verkaufen. Er rührt sich, blinzelt unter dem Hutrand hervor und murmelt etwas, das wie eine Absage klingt. Obwohl er noch mindestens einen Zahn im Mund hat, kann ich ihn nicht verstehen. Was ich höre, klingt nicht sehr englisch – mehr russisch, und mir kommt der Verdacht, dass dieser Methusalem schon eine ganze Weile hier sitzt und vielleicht noch gar nicht weiß, dass Alaska an die USA verkauft worden ist. Aber da weht doch die amerikanische Flagge an dem hohen Mast neben dem Haus! Vielleicht ist er doch Amerikaner? Auf einen Amerikaner üben die vier Worte *I need your help* eine wundersame Wirkung aus: Jeder Ami überschlägt sich vor Hilfsbereitschaft, wenn er so etwas hört. Also sage ich dem Oldtimer, dass wir ohne seine Hilfe nicht mehr bis zum Yukon kommen – und schon gar nicht zurück. Er kommt sofort unter seinem Hut hervor, lacht jetzt richtig amerikanisch, deutet auf einen der Wellblechschuppen und murmelt etwas von „*... tree to four gullon...*" Freudig verstehe ich das als Aufforderung zur Selbstbedienung und finde im Dämmerlicht des fensterlosen Schuppens tatsächlich einen alten, etwa halbvollen Kanister. Ich stelle ihn vor das Tor und schiele zu dem Alten am Tisch. Der nickt und döst weiter. Rasch trage ich die Beute zu unserem Wagen und hoffe inständig, dass das, was in dem rostigen Kanister schwappt, Benzin ist. Während Herbold den Tankverschluss aufschraubt, schicke ich ein Stoßgebet zu dem für das Verkehrswesen zuständigen Heiligen Christopherus und schütte den Inhalt entschlossen in den Tank.

„*How much?*", frage ich. „*Tree dullar*", brummt der Methusalem. Ich gebe ihm fünf. Wortlos dreht er denn Schein zusammen und schiebt ihn unter das Hutband. Zum Abschied tippt er mit unnachahmlicher Gelassenheit mit einem Finger an den Hutrand, räkelt sich auf seiner Bank, blinzelt in die Sonne und... wartet, bis wir wieder mal vorbeikommen.

Jetzt aber auf zum Yukon! Wir sind gespannt auf den legendenumwobenen Strom. Der Yukon kommt als schlichtes, blaugrünes Flüsschen aus ein paar Seen in Kanada, fließt in Alaska zwischen den Gebirgszügen Brooks Range im Norden und Alaska Range im Süden hindurch, erreicht dabei in einem großen Bogen den Polarkreis, wendet sich wieder nach Südwesten und mündet schließlich an der Westküste Alaskas in den Pazifischen Ozean. Mit seinen 3185 Kilometern ist er der fünftlängste Fluss Amerikas. Ergebnisse einer Messstation oberhalb der Mündung haben gezeigt, dass er pro Minute 188 Tonnen Schlamm mit sich führt und in jeder Sekunde 6.500.000 Liter Wasser in die Bering See schüttet. Das Tal des Yukon ist Heimat für Elch, Bär, Wolf, Kojote, Fuchs, Luchs und Biber. Seit Generationen leben Athabasca am Ober- und Mittellauf des Flusses, und Inuit am gemächlich fließenden Unterlauf.

Als 1898 Gold am Klondike River gefunden wurde, brachen in Kanada 28.000 Goldsucher in über 7.000 meist selbstgebauten Booten und Flößen vom Tagish Lake auf, um auf dem Yukon nach Dawson zu kommen. Mehr als 200 Raddampfer schaufelten sich ihren Weg flussauf und flussab noch bis in die Mitte des 20. Jahrhunderts.

Wir fahren zurück zur Hauptstraße und dann weiter dem Yukon entgegen. Es ist einer jener Spätsommertage voller Sonne und Farben. Und doch liegt bereits eine seltsame Schwermut über dem Land. Schweigsam rollen wir nach Norden bis wir am frühen Nachmittag auf einer Höhe halten und aussteigen. Vor uns liegt zwischen dunklen Hängen und endlosen Wäldern das Tal des Yukon. Der Strom glänzt silbern, die Luft flimmert, Hummeln summen, Libellen schwirren. Wir fahren hinunter an das steile, bewaldete Ufer. Gemächlich fließt der Yukon im Sonnenschein dahin – ein liebliches Bild. Fast alle Geschichten und Erzählungen, die um den Yukon kreisen, beschreiben ihn anders: Klirrende Kälte, verschneite Wälder, Nordlichter am schwarzen Himmel, hechelnde Schlittenhunde, ein Trapper auf Schneeschuhen im Dämmerlicht des kurzen Wintertags... so liest man es bei Jack London und anderswo. Und jetzt dieses anmutige, farbenfrohe, friedliche Bild. Fast bin ich enttäuscht.

Wir fahren über die Brücke. Der Belag ist aus Holz. Rechts neben dem Geländer führt die Pipeline über den Strom. Wieder ärgert mich die glänzende Riesenröhre. Obwohl wir es nur ihr verdanken, dass wir bis hier herauf und jetzt über den Yukon fahren können, stört es mich, dass der „Fortschritt" auch diesen urwüchsigen, bis dahin unüberbrückten Strom bezwungen hat.

Hinter der Brücke stehen auf einer großen freien Fläche ein paar unansehnliche Gebäude inmitten ausgedienter Baumaschinen und Pontons, alter Ölfässer und Schrott aller Art. Vor dem größten Gebäude stehen zwei Tanksäulen, an die ich heranfahre. Am Wrack eines Lkw spielen drei Kinder. Ein etwa neunjähriger Junge kommt und hilft uns beim Tanken. Die beiden anderen Jungs hören den seltsamen Akzent der beiden Fremden und kichern. Auf einem Schild an der Hauswand steht: *Gas – Repair – Store – Motel*. Ich frage den Jungen, wo denn die Werkstatt, der Laden und das Motel sind. Er wundert sich über so eine dumme Frage, deutet auf das windschiefe, düstere Gebäude und sagt: *„Right here!"* Wir brauchen nichts aus diesem Angebot und fahren unter der Pipeline hindurch auf einem Schotterweg am Nordufer des Yukon entlang bis der Weg im Wald endet. Bald steht unser Zelt auf einer kleinen Wiese am Waldrand. Vom Feuerplatz haben wir gute Sicht auf den Strom und die Berge am anderen Ufer.

Nach dem Essen erkunden wir die Umgebung. Die ganze „Ortschaft" – auf der Karte ist sie gar nicht verzeichnet – besteht tatsächlich nur aus den paar Gebäuden und den Schrotthaufen. Am Ufer stehen noch zwei offene Hütten, davor eine Feuerstelle mit Resten von Fischen. Wir gehen auf dem sandigen Ufer weiter flussabwärts. Das Wasser fließt schneller als es von der Brücke aus schien. Wir setzen uns auf die Uferböschung und rauchen. Unten am Wasser nimmt ein junger Indianer einen riesigen Lachs aus und wäscht ihn im seichten Wasser. Hinter ihm steht sein Mädchen. Die Beiden lachen in einem fort. Nach getaner Arbeit geht der Mann – die schlanke Schöne in der Rechten, den Fisch in der

Linken – zu seinem Pick-up. Beim Einsteigen lachen sie immer noch und lachend fahren sie an uns vorbei einen steilen Kiesweg hinauf.
Langsam kommt der Abend. Der Yukon fließt jetzt golden vor schwarzen Bergen dahin. Ein Motorboot jagt mit hoher Fahrt stromabwärts. Zwei Männer und eine Frau – auch Indianer – winken uns zu und fahren mit schäumender Bugwelle geradewegs ins Abendrot hinein.

Chitina

Auf unserer Fahrt zurück in den Süden Alaskas machen wir einen Abstecher in das Tal des Chitina River, der von den Gletscherfeldern an der kanadischen Grenze kommt. Dieser wilde Fluss braust und schäumt zwischen den Wrangell und den Chugach Mountains nach Westen und mündet bei Chitina in den Copper River. Die Wrangells, das Mekka der *sheep hunters*, jener harten Burschen, die hoch oben in den Bergen den weißen Dallwidder jagen, zeigen sich in diesen letzten Sommertagen bereits im Winterkleid. Die Wälder sind vom Raureif verzaubert, der Schnee reicht bis tief in die Täler, und die erstarrten Bäche glitzern in der Sonne. Wir fahren am breiten Copper River entlang nach Süden. Die Orte, die wir durchfahren, haben indianische Namen: Chistochina, Gakona, Gulkana. Ihre Einwohnerzahl ist im Ortsverzeichnis des *Alaska Almanac* mit NA – *not available* (nicht erhältlich, unbekannt) angegeben.
Immer wieder halten wir, um das weite Flussbett des Copper und seine gut 50m hohen Steilufer aus der Nähe zu betrachten. Das Fernglas holt die verschneiten Wälder und die Gletscher der Wrangells heran. Zwei Gipfel überragen die wilde Berglandschaft: Mount Drum (4.000m) und Mount Sanford (5.400m). Wir biegen nach Osten auf eine Nebenstraße ab – auf der Suche nach dem, was die Alaskaner voll Stolz *The last Frontier* nennen. Dieses Zauberwort steht auf den Nummernschildern der Autos, in Reisebeschreibungen und auf Ansichtskarten. *Frontier* ist ein Begriff aus der Zeit der Besiedlung des Wilden Westens. Er bezeichnete die Grenzlinie, an der das durch amerikanische Einwanderer besiedelte Gebiet endete, also die Zivilisation aufhörte, und das wilde, unerforschte Indianerland begann. Und tatsächlich: Wildnis finden wir überall – hinter dem letzten Haus einer Stadt, gleich neben dem Highway und unter jeder Brücke. Heute besuchen wir einen Außenposten der Zivilisation: Chitina am Westufer des Copper River gelegen, der Mündung des Chitina River genau gegenüber.
Die Sonne steht am höchsten Punkt ihrer Bahn, als wir nach Chitina hineinfahren. Eine breite Schotterstraße, ein- und zweistöckige Häuser, die schon bessere Zeiten gesehen haben, ein halbes Dutzend Bars und Saloons, von Gras und Gebüsch überwucherter Eisenschrott, ein paar klapprige Pick-ups, ein glasklarer Bach – das ist Chitina. Die Luft flimmert über der staubigen Straße. Unter einem Vordach liegt ein schlafender Hund. Keine Bewegung, kein Geräusch –

Chitina döst in der Mittagshitze. Es würde mich nicht wundern, wenn jetzt eine sechsspännige Kutsche die Straße herunterkäme, in einer Staubwolke vor dem großen Haus gegenüber hielte, und der Kutscher, die abgesägte Schrotflinte unterm Arm, vom Bock spränge, um sich erst die Füße zu vertreten und dann die Pferde zu wechseln. Aber die Kutsche bleibt aus, und auch vom anderen Ortseingang her kommen nicht Reiter in Staubmänteln auf schweißnassen Pferden heran galoppiert. Alles bleibt ruhig – viel zu ruhig, wie uns scheint.
Wir merken jetzt, dass die meisten Häuser unbewohnt sind, und in den Hotels und Saloons schon lange kein Steak mehr bestellt und kein Glas mehr geleert worden ist. Wir gehen den Hammerschlägen nach, die jetzt aus einer Seitenstraße klingen, und treffen eine junge Frau. Sie streicht eine Haustür, und auf dem Dach arbeitet ihr Freund. „Das Haus gehört niemandem", sagt uns die Frau, „wir haben es in Besitz genommen und richten es her." Auf einem Rundgang durch den Ort sehen wir noch einen Hund und zwei Katzen – keinen Menschen. An den Hängen hinter dem Ort stehen vereinzelt Hütten und Schuppen zwischen den Bäumen. Ein Toilettenhäuschen ist vom Ufer mitten in einen Bach gerutscht und hängt, zur Hälfte unter Wasser, schräg in der Strömung.

Wir gehen zurück zum Auto und fahren auf einem in die Felsen gesprengten Weg durch tiefe Schlaglöcher hinunter zum Copper River. Am Ufer stehen Pickups, Wohnwagen und Zelte. Auf den Kiesbänken sind Männer, Frauen und Kinder, die scheinbar alle mit seltsamen, an langen Stangen verankerten Holzkonstruktionen beschäftigt sind. Es sind zwei Dutzend solcher „Maschinen", von denen sich die meisten wie Mühlräder in der Strömung des Flusses drehen. Wir fahren hinunter und stehen vor den berühmten *fish wheels*. Diese Fischräder haben zwei aus einem Holzrahmen und Draht gefertigte Netzschaufeln, die von der Strömung angetrieben werden und die wandernden Lachse aus dem Wasser schöpfen. Die Fische rutschen von den Schaufeln auf eine schräge Rinne und von da in einen hohen Holzbehälter. Früher standen die Indianer auf einer an die Felsenufer gebauten Plattform und fingen die wandernden Lachse mit einem an einer langen Stange befestigten Netz. Weiße, denen die indianische Fangmethode zu mühselig oder zu gefährlich war, sollen die Fischräder zum ersten Mal um 1900 am Tanana River eingesetzt haben.

Wir sehen uns das Treiben aus der Nähe an. Ein zahnloser Oldtimer legt gerade seine „Mühle" still. „Ich hab' jetzt hundert – genug für den Winter. Ich hau' ab", sagt er lachend. Ein junger Mann erklärt uns die Arbeitsweise der Fischräder. Er will über Nacht hier am Fluss bleiben – „... weil über Nacht am meisten gefangen wird." Ich verabrede mich mit ihm für 06.00 Uhr am nächsten Morgen. Wir fahren wieder Richtung Ortschaft und richten unser Lager auf einer Grasfläche unter hohen Pappeln ein. Es ist so warm, dass ich ohne Hemd arbeite. Nach dem Essen entdecken wir, dass ein Hinterreifen kaum noch Luft hat – Reifenwechsel!

Auf dem Notreifen fahren wir nach Chitina hinein und fragen nach einer Werkstatt. Freundliche Leute zeigen uns den Weg. Sie lassen auf ihren Mechaniker nichts kommen: *„He is a good guy!"*, rufen sie uns nach. Dann stehen wir vor einer windschiefen Bretterbude inmitten von Autowracks, Ölfässern, Schrott und verrosteten Kanistern. Eine rote Schrift auf einem weißen Schild – *Tire Repairs!* – zeigt uns, dass wir hier richtig sind. *Enter – It's open!* lädt uns ein anderes Schild ein. So weit – so gut! Fehlt nur noch der *„good guy"*. Er ist nirgends zu finden, und so fahren wir zurück zum Lager. Wir machen einen ausgedehnten Marsch am Fuß der Berge entlang und dann hinunter zu einem Bach, der aus Richtung der Chugach Mountains kommt und eine halbe Meile unterhalb der Fischräder in den Copper mündet. Sein Mündungsdelta ist so groß, dass man ein deutsches Dorf von tausend Einwohnern leicht hineinstellen könnte. Die riesigen Kiesbänke und die angeschwemmten Baumriesen lassen ahnen, was sich hier, wo wir stehen, zur Zeit der Schneeschmelze abspielt. Auf dem Rückweg schauen wir noch einmal bei den Fischrädern vorbei. Nur noch zwei sind in Betrieb, in den Holzbehältern zählen wir drei und acht Lachse. Der Abend ist warm und windstill. Große und kleine Eulen rufen aus den hohen Bäumen über unserem Lager. Im Dämmerlicht der Spätsommernacht gehen wir schlafen.
Um 05.30 Uhr stehe ich auf. Herbold schläft weiter. Als ich zum Fluss gehe, rufen die Eulen noch immer. Es ist ein kühler Morgen, und der wolkenlose Himmel verspricht einen schönen Tag. Der junge Mann, sein kleiner Sohn und ihr struppiger, schwarzer Hund sind die einzigen Lebewesen am Ufer. Der Mann trägt große Behälter von seinem Pick-up zu einem wackligen Holztisch neben dem Fischrad. *„Hello! Twenty-seven Silvers, one King!"*, begrüßt er mich. Neben dem Tisch liegen die 28 strammen Burschen im Gras, die Ausbeute der Nacht.
„It's the easiest way to get fish...", sagt das Söhnchen fachkundig. Sein Vater wetzt ein langes Messer und erklärt mir dabei, wodurch sich die fünf Lachsarten Alaskas unterscheiden – Chum, Pink, Red, Silver und King Salmon. Dann nimmt er die Fische aus und filetiert sie. Er arbeitet mit dem Messer sehr geschickt – es ist eine Freude, ihm zuzusehen. Dabei beantwortet er meine Fragen und erzählt mir die Geschichte von Chitina: Der Ort war einst Haltepunkt an der Eisenbahnstrecke, die von der *Kennicott Mines Company* 1911 fertig gestellt worden war und von Cordova an der Pazifikküste hinauf zu den Kupferminen am Kennicott Gletscher führte. Chitina war damals ein wichtiger Versorgungspunkt und quirliger Handelsplatz. 1938 wurden die Minen stillgelegt und die Bahn aufgegeben. Seitdem schläft Chitina einen Dornröschenschlaf. Ein Prinz, der es wachküssen könnte, ist nicht in Sicht.
„Wie viele Einwohner hat Chitina?", frage ich.
„Genau weiß das niemand", sagt der Mann, „... keine hundert und im Winter ein paar weniger."
„Wovon lebt ihr hier?", will ich wissen.

„Gute Frage. Arbeit gibt's kaum. Ich hab' gerade wieder mal keine. In Anchorage, in Valdez oder sonstwo will ich nicht arbeiten. Weit weg von der Familie – da spielt man nur Karten und trinkt zu viel. Manchmal arbeite ich drunten in Lower Tonsina am Flugplatz, manchmal bei einer Straßenbaufirma. Wir brauchen hier nicht viel. Holz gibt es genug. Meine Frau hat einen kleinen Garten. Wir fangen in jedem Herbst 500 Lachse. Ich jage Gänse und Enten und nächste Woche schieße ich meinen Elch... so ist das."

Strahlend geht die Sonne über den Bergen im Osten auf. Der Junge wirft immer wieder ein Stück Tau über einen Graben, und der Hund namens Blacky bringt es zurück. Dabei lässt Blacky einen Kolkraben nicht aus den Augen, der gemessenen Schrittes herumstolziert und immer wieder versucht, einen Lachskopf zu ergattern. Der Hund geht dann jedes Mal mit wütendem Bellen auf den Vogel los. Der Rabe streicht ab, fliegt aber nur ein paar Meter und marschiert wieder auf die Fischabfälle zu, während Blacky das Tau holen muss. Wir lachen, und auch dem Raben scheint das zu gefallen. Dann meldet der Junge den Fang von drei weiteren Lachsen, die in der Kiste zappeln. Ich bringe sie zum Tisch.

Die Fischräder – alles Eigenbauten aus Treibholz, Drahtresten und Brettern aller Größen und Stärken – haben Nummern. Ich frage nach ihrer Bedeutung. Der Mann erklärt mir, dass Lachsfischen mit Fischrädern nur denjenigen Alaskanern erlaubt ist, die den Fang *„for subsistence"* brauchen – zum Lebensunterhalt. Der Staat Alaska vergibt die Lizenzen und kontrolliert den Fang. Der Verkauf der Fische ist verboten.

Blacky ist inzwischen nicht nur hinter dem Tau und dem Raben her, er muss jetzt auch noch die schlechten Absichten einer großen Silbermöwe durchkreuzen. Er schafft auch das, und der Junge ist sehr stolz auf seinen Hund.

„Das Leben ist einfach in Chitina", fährt der Mann fort, „die Kriminalität ist gleich Null. Wir leben ein freies Leben, und niemand redet uns in unsere Angelegenheiten hinein. Wir sind viel besser dran als die Leute in der Stadt." Er lacht, und ich glaube es ihm. Ich helfe ihm, die Behälter mit den Fischen auf die Ladefläche des Pick-ups zu bringen. Er legt das Fischrad still und reinigt den Tisch und das Messer. Dann gibt er mir eine ordentliche Portion Lachs und wünscht mir schöne Tage in Alaska. Ich gehe am Fluss entlang zum Lager. Hinter dem Zelt steigt Rauch auf, und der Geruch von gebratenem Speck zieht mir entgegen. Herbold hantiert mit Kanne, Pfanne und Tellern. Auf ihn ist immer Verlass!

Nach dem Frühstück brechen wir das Lager ab und fahren zu der Bretterbude mit dem Schild *Tire Repairs*. Diesmal haben wir Glück – der Meister ist da. Gestern war er auf der Jagd. Während Herbold den Reifen flicken lässt, gehe ich zum Postamt, einem winzigkleinen, weiß gestrichenen Holzhäuschen, über dem die amerikanische Flagge weht. Unter dem einzigen Fenster ist ein Blumenbeet, davor steht ein Briefkasten. Ich gehe durch die Tür mit der Aufschrift: *US Post*

Office Chitina/Alaska. Hinter dem Brett, das als Schalter dient, kugeln in etwa gleicher Anzahl Kinder, Pakete und junge Hunde durcheinander. Die hübsche Posthalterin gibt mir die gewünschten Briefmarken „... *for letters to Germany*" und greift mit ruhigen Worten in das Geschehen hinter ihr auf dem Boden ein, wenn es allzu wild zugeht. Auch sie wünscht mir einen schönen Urlaub in Alaska. Ich zahle und gehe zur Werkstatt zurück. Der „*good guy*" hat den Reifen wieselflink und fachlich einwandfrei geflickt, sagt Herbold. Wir zahlen sieben Dollar und fahren ab. Der Abschied von Chitina fällt richtig schwer...

Auf der Kenai Peninsula...

... sind wir jetzt unterwegs. Diese Halbinsel ragt südlich von Anchorage zwischen dem Cook Inlet und dem Gulf of Alaska 250km in den Pazifischen Ozean hinein. Sie ist dünn besiedelt, und es gibt nur wenige Straßen. Landschaftlich ist sie mit ihren Bergen, Fjorden, Eisfeldern, Seen und Flüssen ein kleines Abbild des großen Alaska.

Gestern schlenderten wir bei strahlendem Wetter durch die kleine Hafenstadt Seward am Ende der Resurrection Bay. Wir zählten die Kirchen – es waren mindestens sieben! – wir bestaunten die alte Feuerglocke, besuchten den Jachthafen und sahen außerhalb der Stadt große Tanker das Öl übernehmen, das die Pipeline von Prudhoe Bay herunter bringt.

Heute Morgen ist es bedeckt, die Luft ist warm, und die Berge haben eine Nebelhaube aufgesetzt. Wir fahren über den Moose Pass zurück und biegen auf den Sterling Highway nach Westen ab. An den Hängen der Kenai Mountains sehen wir immer wieder weiße Flecken. Das Glas zeigt Schafrudel – Dallschafe mit ihren Lämmern äsen und ruhen dort oben. An der Nordspitze des Kenai Lake halten wir. Sein Wasser ist leuchtend hellblau. Auf einer Ansichtskarte würde man es für eine den Tourismus fördernde Fehlfarbe halten. Die fast unwirklich blaue Färbung wird durch im Wasser in der Schwebe gehaltenen Steinstaub hervorgerufen, den Gletscher von den Felsen gerieben und Bäche in den See gespült haben. Wir sind in einer Hochgebirgslandschaft. Dabei liegt die Straße nur gerade mal 200m über Meereshöhe. Die Berge ringsum bringen es auf 1.600m, die Baumgrenze liegt bei 300m.

Weiter geht es nach Westen. Wir durchfahren das 1941 eingerichtete ca. 7.000km² große Naturschutzgebiet *Kenai National Moose Range*. Hier gibt es keine Siedlungen. Die Landschaft wird zum Schutz der Tierwelt im Urzustand erhalten. Nur wenige Trails zweigen vom Highway ab und gewähren dem Wanderer, Reiter und *Musher* (Hundeschlittenführer) Zugang zu diesem wilden Land. Obwohl hier auf Kenai oft 50 oder 70 Kilometer zwischen den winzigen Ansiedlungen liegen, gehört die Halbinsel zu den am dichtesten besiedelten Gebieten Alaskas. Sie hat gleich vier „größere" Städtchen: In Seward (2.800

Einwohner) waren wir gestern. Jetzt fahren wir durch Soldatna (3.900 Einwohner), eine Viertelstunde später erreichen wir Kenai (7.500 Einwohner). Hier hat die US Army gleich nachdem die USA 1867 Alaska gekauft hatten, eines ihrer ersten Forts im neuen Territorium errichtet: Fort Kenai mit einer Batterie des 2. Artillerieregiments als Garnisonstruppe. Das Fort ist noch vollkommen erhalten. Etwas abseits träumt das alte, von den Russen gebaute Kenai von längst vergangenen Zeiten.

80km weiter südlich mündet ein kleiner Fluss ins Cook Inlet. An seiner Mündung liegt auf einem Hügel das Dorf Ninilchik. Die weit verstreuten Häuser leuchten bunt in der Sonne. Der aktuelle *Alaska Almanac* gibt für diesen Ort, wie bei den meisten Siedlungen auf der Kenai Halbinsel, die Einwohnerzahl mit NA an: *not available*. Wir fahren eine steile Schotterstraße hinunter und schauen uns den Ort an. Kein Haus gleicht dem anderen. Mitten drin steht eine hölzerne russische Kirche mit einem Zwiebelturm und dem griechisch-orthodoxen Kreuz auf der Spitze. Ein bunt gemischtes Völkchen hat sich vor ca. 100 Jahren hier niedergelassen und die Siedlung gegründet: Russen, Kreolen, Aleuten und Indianer – Jäger und Trapper. Die Einwohner leben noch immer vom Fischfang, von der Fischverarbeitung und von der Jagd.

Wir fahren auf der Küstenstraße weiter nach Süden und erreichen am späten Nachmittag bei aufklarendem Himmel die Stadt Homer (5.400 Einwohner) am Eingang der Kachemak Bay. Homer ist eine typische amerikanische Kleinstadt – breite Straßen, locker hingestreute Häuser aller Größen und Baustile, ein paar Bäume dazwischen, Supermarkt, Lagerhallen, Tankstellen, Behörden und Kirchen – ohne Mittelpunkt, ohne Gesicht. Im *Liquor Shop* kaufen wir eine Kiste Budweiser. Das Bier und das Lächeln einer schönen Frau sind alles, was wir aus Homer mitnehmen. Wir rollen hinunter zum Strand. Eine 6km lange aber nur 100m breite Landzunge ragt in die Bucht hinein. Wir rätseln, wie dieses seltsame Gebilde wohl entstanden sein mag, und schieben es Ebbe und Flut „in die Schuhe". Auf einer guten Straße fahren wir bis zum Ende der Landzunge. Hier liegt Homer Spit, der Fischerhafen der Stadt. Wir sind jetzt am südlichsten Punkt unserer Rundfahrt durch Alaska, etwa auf der Höhe von Stockholm – also immer noch ganz schön nördlich! Homer Spit besteht aus dem Hafen mit einigen hundert Fischkuttern, Jachten und Segelbooten und aus zwei Dutzend Häusern: Geschäfte, Läden mit Schiffszubehör, Fischverkauf, Hafenkneipen, Schuppen. Hier werden vor allem Lachs, Heilbutt und Clams, eine große Muschelart, aus dem Meer geholt und verkauft.
Am äußersten Ende der Landzunge liegt ein lang gestrecktes Holzhaus – *Land's End Inn* – Hotel und Motel. Da wir heute hier in Homer Spit bleiben wollen, beschließen wir, wenigstens eine Nacht dem amerikanischen Fremdenverkehrsgewerbe zu gönnen und im Motel zu übernachten. Irgendwie erwische ich den

falschen Eingang, verfehle das Motel und bevor ich den Irrtum richtig mitkriege, habe ich ein Doppelzimmer für $ 48,-- im Hotel gebucht, Herbold trägt meinen Missgriff mit Fassung, und wir ziehen ein. Uns erwartet ein sehr sauberes, gemütlich eingerichtetes Zimmer mit Balkon, Toilette, Dusche, Fernseher und Zeitung. Das Allerbeste aber ist die Aussicht. Wir schauen nach Süden auf die Kachemak Bay. Gegenüber Berge, Schluchten, Gletscher. Der Pazifik singt sein wildes Lied, seine Wellen rollen auf den Strand, Enten streichen tief über die Schaumkronen, Seehunde wiegen sich im Wasser. Es gibt wohl nicht sehr viele Hotels am Meer, die einen solchen Ausblick zu bieten haben. Die 48 Dollar sind vergeben und vergessen. Wir duschen, ziehen uns, so gut es eben geht, fein an und bummeln durch den Hafen. Segler kommen von ihren Booten, meist junge, kernige Burschen und muntere Mädchen. Kutter legen an, und Fischer gehen zu zweit und zu dritt von ihren Booten zu den Kneipen. Ein riesiger Hund zieht ein kleines Mädchen an der Leine hinter sich her über die Planken.

Irgendwo zwischen Motorbooten und Segelschiffen ertönt der Ruf: *"Hello, German guys, step right in und have a drink with us!"* Wir sind erkannt und klettern gehorsam in die Kajüte eines schlanken Segelbootes. Drinnen stehen zwei grinsende Seemänner in dicken Rollkragenpullovern, neben ihnen auf dem Tisch eine große Flasche. Die Beiden haben gerade festgemacht und wollen noch einen nehmen. Da kommen wir ihnen gerade recht. Donald leitet das Lufttaxi-Unternehmen *Maritime Helicopters* in Homer, Ed ist Pilot bei der *PanAm*. Donald war als Soldat in Deutschland, Ed hat ein *"Frollein"* in Berlin. Wir gehen der großen Flasche Wodka beherzt zu Leibe, wobei die seefahrenden Langstreckentrinker erheblich mehr „leisten" als die Waldläufer. Die Stimmung ist prächtig, und die Unterhaltung sprudelt nur so. Draußen legt sich die Dämmerung auf den Hafen. Die Zeit vergeht und das Feuerwasser wirkt. Nach einem eindrucksvollen Sieg über die Flasche lässt uns Donald noch über Funk den Wetterbericht für morgen zukommen: *„... cloudy skies, wind, rain and snow flurries in the afternoon..."*
Wir verabschieden uns von den freundlichen Seemännern und schaukeln – *rolling home!* – unserem Hotel zu. Wie die Murmeltiere schlafen wir bis weit in den Morgen hinein.

Am Russian River

Heute haben wir Homer und der Zivilisation wieder den Rücken gekehrt. Wir sind weit, weit weg von Städten und Siedlungen – dort, wo Alaska am schönsten ist. Unser Lager liegt an einem grasbewachsenen Platz oberhalb der Mündung des Russian River in den Kenai River – gerade so weit von der Straße entfernt wie wir mit unserem Leihwagen fahren konnten. Wagen und Zelt stehen in guter

Deckung in einem dichten Weidengebüsch. Von hier haben wir einen herrlichen Ausblick auf beide Flüsse. Wie gestern vom Wetterbericht angedroht, ist es etwas ungemütlich. Es ist kalt geworden, und der Sturm jagt tief hängende Wolken an den Berghängen entlang. Während ich die Schlafsäcke an die Luft hänge und aufräume, macht Herbold das Frühstück: Eier mit Schinken. Wir wollen heute hier am Russian River bleiben und uns ein wenig in den Bergen umsehen. Mit leichtem Gepäck brechen wir auf. Ein geschotterter Weg wird zu einem schmalen Trail und führt am Fluss entlang durch den Wald nach Süden. Auf dem leicht ansteigenden Pfad erkennen wir alte Hufspuren – vermutlich sind hier Jäger in die Berge geritten. Wir kommen auf eine riesige Lichtung, über die der Sturm faucht. Sie ist durch einen Brand entstanden. Überall stehen tote Bäume und verkohlte Baumstümpfe, aber Birken, Weiden und langes Gras haben die Brandfläche längst wieder in Besitz genommen. Eine Holztafel weist darauf hin, dass im Juni 1969 ein unbeaufsichtigtes Feuer einen Waldbrand verursachte, dem 2.570 acres (ca. 1.040 ha) zum Opfer fielen.
Es ist warm. Längst haben wir Anorak und Hemd geöffnet. Wir überqueren einen kleinen Bach und steigen einen Bergrücken hinauf. Hier springt uns der Sturm von vorne an. Er biegt die Büsche und jungen Bäume und drückt das lange Gras zu Boden. Am Hang über uns reißt der Sturm einen alten Baum aus einer Gruppe von Fichten. Mit berstendem Knall stürzt die Fichte zu Boden. Ich muss dauernd meinen Hut festhalten – der Sturm will ihn unbedingt haben.
Wir gehen durch eine wilde Berglandschaft knapp unterhalb der Baumgrenze. Rechts unterhalb von uns fließt von Bäumen verborgen der Russian River, dessen Tal wir folgen. Nach eineinhalb Stunden erreichen wir einen kleinen Wasserfall und dahinter den Lower Russian Lake. Auf dem gut 2,5km langen See herrscht ordentlicher Seegang. Der Sturm schiebt hohe Wellen mit weißen Kronen zum Nordufer, dem wir bis zur Einmündung des „Russenflusses" in den See folgen. Im Windschatten eines Felsens setzen wir uns mit dem Rücken an einen Baum. Der Hang auf der anderen Seite des Flusses ist windgeschützt und gut einsehbar. Dort erkennen wir weiße Flecken – Dallschafe. Drei Rudel ziehen über Geröllfelder oder äsen auf grünen Matten. Ein Schwarzbär erntet eifrig Beeren, ein zweiter, kleinerer Bär klettert zwischen großen Felsen den steilen Hang hinauf. Über dem Bergwald segeln zwei Adler im Aufwind.

Herbold hat sich vor ein paar Tagen das Knie verdreht und spürt heute Schmerzen. Er will zurück zum Lager und im Russian River angeln. Ich beschließe, dem Trail weiter nach Süden bis zum Upper Russian Lake zu folgen. Wir trennen uns, und ich gehe bergauf in das Halbdunkel eines Fichtenwaldes hinein. Über mir singt und heult der Sturm in den Bäumen, unter mir treiben Nebelfetzen. Der Trail führt jetzt dicht am Fluss entlang. Es ist ein Fluss wie tausend andere in Alaska: Glasklar, kalt und wild. Tote Lachse liegen am Ufer, eine Elchfährte führt über den Trail hinunter zum Wasser. Am Hang stehen mächtige Hemlocktannen. Ohne Rast marschiere ich weiter – manchmal hoch oben über dem Tal in den Felsen, dann wieder, wenn der Fluss sich schäumend durch einen schmalen Canyon zwängt, dicht am Ufer entlang. Offene, grasbewachsene Hänge wechseln mit düsteren Fichtenwäldern, und immer jagt der Sturm Wolken dicht über mich hin. Am Hang jenseits des Flusses beobachte ich immer wieder Schafe und einzelne Schwarzbären. Wohl hundert Schafe habe ich heute schon gesehen.

Mitten auf dem Trail liegt Bärenlosung, und im Schlamm stehen die mächtigen Trittsiegel eines Braunbären. Die Losung besteht vor allem aus unverdauten roten Beeren. Sie ist frisch – nicht mehr warm, aber frisch. Der Grizzly hat den Trail benutzt, auf dem ich stehe. Sicher ist er längst über alle Berge und schläft irgendwo im windgeschützten Dickicht. Aber allein seine Hinterlassenschaft ist beeindruckend und weiter vorne führt der Trail um einen Felsvorsprung herum. Hier auf einem Bärenpass mit frischer Losung wäre mir jetzt wohler, wenn ich einen 44er im Revolverholster an der Hüfte hätte.

Diese Stelle da vorne, wo der Trail scharf um den Felsen biegt, genau diese Stelle ist manchmal in einschlägigen Büchern beschrieben worden. Da kommt immer der Bär auf den Jäger zu und greift sofort an und dann steht da im Buch immer: „... das ist die Sekunde, in der sich Männer von Knaben unterscheiden..." oder so ähnlich. Schöne Aussichten!

Ich gehe weiter, der Bär kommt nicht, und ich erreiche eine parkähnliche Landschaft, einen lichten Wald mit uralten, mächtigen Pappeln. Ein Waldhuhn fliegt vor mir auf und setzt sich auf einen niedrigen Ast. Ich gehe langsam auf den Vogel zu und strecke ihm die Hand bis auf einen halben Meter entgegen. Dann erst flattert das Huhn einen Ast höher und schaut auf mich herab. Ich bewundere das schöne Federkleid und rede freundlich mit dem Huhn, es hört mir mit schiefem Kopf aufmerksam zu.

Jetzt geht es steil abwärts. Der Pfad ist von langem, gelbem Gras überwachsen. Der Wald wird lichter, ich höre das Rauschen von Wellen und stehe dann am Ufer des Upper Russian Lake. Der Wellengang ist hier nicht so stark wie auf dem unteren See, aber der Wind bläst mit unverminderter Stärke von den Bergen herunter. Hier will ich rasten. Von meinem Platz unter einer Pappel kann ich einen Hang einsehen, der im Windschatten eines steilen Bergrückens liegt. Durch das Glas beobachte ich dort ein kleines Rudel Schafe und dicht dabei einen starken Grizzly. Der Bär pflückt Beeren, und die Schafe scheinen ihn gar nicht zu beachten. Ich bin aber sicher, dass sie ihn nicht aus den Augen lassen. Immer wenn er ihnen zu nahe kommt, weichen sie ohne Hast aus bis der Abstand zu ihm wieder ungefähr zehn Meter beträgt.

Nach meiner bescheidenen Brotzeit – Brot, geräucherte Forelle und Apfel – gehe ich hinunter zum Fluss. Auch hier liegen am Ufer tote Lachse. Sie sind nach uraltem Gesetz aus dem Cook Inlet in den Kenai River geschwommen, dann in den Russian River, haben sich gegen Strömung und Stromschnellen bis hier herauf durchgekämpft, haben in den Buchten gelaicht und sind gestorben.

Für den 20km langen Rückweg zu unserem Lager habe ich noch gut vier Stunden Licht. Mit Rückenwind marschiere ich wieder nach Norden. Der Sturm legt sich, und die grauen Wolken bleiben zwischen den Bergen hängen. Im Wald ist es schon ein wenig dämmrig, und es sieht nach Regen aus. Der Rückmarsch ist eintönig, nur ein paar Waldhühner und eine Wasseramsel bringen ein wenig Abwechslung.
Da hätte ich ja gleich Infanterist werden können... so eine Strecke... und alles zu Fuß..., geht es mir durch den Kopf. Meine Waffengattung ist die Panzeraufklärungstruppe, die sich nach Aufgabe und Einsatz, aber auch nach Haltung und Gesinnung als Nachfolger der Husaren, der Leichten Kavallerie, versteht. Vor Jahren habe ich als frischgebackener Bataillonskommandeur in Ostwestfalen am „Hermannslauf" teilgenommen. Die Strecke führte 35km durch den Teutoburger Wald vom Hermannsdenkmal bis zur Sparrenburg bei Bielefeld. Ich bin die Strecke knapp unter drei Stunden gelaufen, aber danach habe ich mir geschworen, dass ich in Zukunft solche Entfernungen nur noch mit einem Pferd unter dem Hintern zurücklegen werde. Ein leeres Versprechen! Wenn ich demnächst im Lager ankomme, werde ich 40km Fußmarsch hinter mir haben, eine Schande für einen Kavalleristen!

Diese Überlegungen werden jäh unterbrochen, denn durch den lichten Pappelwald sehe ich eine seltsame Gestalt den steilen Pfad heraufkommen. Das Glas zeigt einen Mann mit großem Hut und einem Gewehr im Voranschlag... dann, 50m dahinter, zwei weitere Männer... ebenfalls bewaffnet... die Gewehre in der Armbeuge... der vordere sichert nach rechts, der hintere nach links. Ist das ein Spähtrupp oder die Spitze eines Stoßtrupps? Sie sind in Zivil und sehen eher wie Jäger aus. Wozu aber dieses kriegerische Gebaren? Am besten frage ich die grimmigen Krieger, gegen wenn sie zu Felde ziehen.
Ich stehe neben einer mächtigen Pappel im hohen Gras und warte. Der erste Jäger ist jetzt auf 30m heran und hat mich noch nicht gesehen. Ich rufe laut: *„Hello!"*, und winke. Der Mann fährt herum, das Gewehr schwingt mit, und ich will schon hinter dem dicken Baumstamm in Deckung gehen, da sieht er mich und senkt das Gewehr. Ich gehe auf ihn zu. Die beiden anderen Jäger schließen rasch auf. Es sind junge Leute. Alle tragen umfangreiches Rückengepäck und zusätzlich zu den Gewehren über dem Parka einen schweren Revolver am Patronengürtel. Sie sind – so viel sehe ich auf den ersten Blick – viel zu warm angezogen und schwitzen. Nun stehen wir uns gegenüber. Sie staunen mich an, als wäre ich ein Buschgespenst.
„Are you hunting sheep?", frage ich.
„Bears!", sagt der Vorderste mit wichtiger Miene.
Sehr seltsam, denke ich und frage die übliche Frage: *„Where are you guys from?"*
„From Los Angeles", sagt der Bärenjäger.

Ach du lieber Himmel!, denke ich, Los Angeles, Hollywood! Das erklärt alles! Sie starren mich immer noch an. Mir dämmert, dass sie sich nicht vorstellen können, dass ein Mann unbewaffnet im Bärenland herumläuft.
„Have you seen bears?", fragt jetzt einer.
„Yes, one grizzly and a couple of blackbears", sage ich. Jetzt wundern sie sich noch mehr.
Sie wollen wissen, woher ich komme. *„From Germany"*, sage ich.
Dann verabschieden wir uns. *Completely crazy* werden sie denken, und auch ich mache mir so meine Gedanken: Vielleicht muss man so herumlaufen, wenn man aus Los Angeles kommt...

Noch weit vor dem Lower Russian Lake fängt es an zu regnen – harmlose Tropfen zuerst, dann etwas mehr Wasser, und schließlich gießt es wie aus Kübeln. Erst werden die Schultern feucht, dann die Knie nass, dann die Arme, und endlich läuft das Wasser breitflächig über die Haut.
„Infanterie, du bist die Krone aller Waffen...", singe ich aus vollem Hals, und niemand hört mir zu. Vom Lower Russian Lake an muss ich immer öfter an unser Lager am Fluss denken: *das Zelt, warme Socken, zwei Liter Glühwein.*
Auf der Brandfläche holt mich die Dunkelheit ein. Dann kommt der Fichtenwald, dann der geschotterte Weg... Herbold – die treue Seele! – wartet hier mit dem Wagen auf mich und erspart mir den letzten Kilometer Fußmarsch. Er war Kavallerist und fühlt mit mir. Dann sind wir im Lager – das Zelt, trockene Socken und Glühwein, heiß und süß – alles wie erträumt. Es ist rabenschwarze Nacht, als wir in die Schlafsäcke kriechen. Auf dem Zeltdach trommelt der Regen einen wilden Wirbel.

Auf den Straßen Alaskas

Die Sonne ist untergegangen, nur auf den weißen Gipfeln im Süden liegt noch ein rötlicher Schimmer. Wir sitzen vor dem Zelt, die große, schwarze Kanne hängt über dem Feuer, und Forellen und Entenbrust liegen in Alufolie eingewickelt in der Glut. Wir waren uns schon vor Beginn unserer Rundreise darüber einig, dass wir ohne Rücksicht auf das Wetter im Zelt übernachten würden. Wir wollen die nicht billigen Hotels und Motels vermeiden. Vor allem aber wollen wir in diesem herrlichen Land der Natur so nahe wie möglich sein. Das kann man nur, wenn man am Feuer sitzt, die Fische an der Weidenrute brät, die Mücken mit Zigarre und Pfeife bekämpft, den Regen auf dem Zeltdach hört und nachts ab und zu von einer harten Wurzel unter dem Schlafsack geweckt wird.
Herbold holt die bauchige Flasche aus dem Kofferraum und stärkt damit ordentlich unseren Tee, der seiner Ansicht nach wieder einmal vor Schwäche kaum aus der Kanne kommt. Morgen geht unsere Rundfahrt zu Ende. Wir reden

über das Land, durch das wir gefahren sind, und über die Erfahrungen, die wir auf den Straßen Alaskas gemacht haben. Wir sind uns einig, dass die Amerikaner als Autofahrer allesamt die Note 1 verdienen. Wir haben sie ausnahmslos als disziplinierte und faire Verkehrsteilnehmer erlebt – fast möchte ich sie „ritterlich" nennen. Ob wir uns in Anchorage falsch einordneten, in Willow die Einbahnstraße falsch befuhren, ratlos mitten auf einer Kreuzung in Fairbanks standen oder zunächst mit dem *Four-Way-Stop* nichts anfangen konnten – immer haben wir nur freundliche, lachende Gesichter gesehen.

Auch im dichten Stadtverkehr fahren die Amerikaner sehr defensiv. Es muss Fahrdisziplin aus Einsicht sein – Polizeistreifen haben wir nie gesehen, Verkehrskontrollen nie erlebt. Auch jenen zudringlichen Typen, jenen „Oberlehrern", die einem in Deutschland durch Hupen, Winken und Blinken immer sagen, was man alles falsch macht, sind wir hier nirgends begegnet.

Über die wohltuende Gelassenheit und Höflichkeit der Amerikaner waren wir immer wieder erstaunt: Vor einer Baustelle irgendwo nördlich Anchorage hielt uns einmal eine junge Frau, eine Indianerin, mit einem tragbaren Stoppschild an. Sie kam zum Wagen und erklärte uns, dass wir wegen Sprengarbeiten etwa 20 Minuten warten müssten. Dasselbe tat sie bei den Fahrern, die hinter uns hielten. Als die Frau dann ihr Schild drehte und *„SLOW"* signalisierte, bedankten sich alle Fahrer im Vorbeifahren bei ihr und riefen ihr freundliche Worte zu. Nach wenigen Kilometern mussten wir wieder halten: Sprengarbeiten – 30 Minuten. Dann noch ein drittes Mal. Jedes Mal stiegen die Leute aus, gingen zum Bach hinunter, unterhielten sich oder schauten den Bauarbeitern zu. Nie sahen wir einen, der es eilig hatte oder gar ärgerlich wurde.

Die Amerikaner, das war deutlich zu sehen, fahren inzwischen kleinere Autos – jedenfalls in Alaska. Dem Benzin schluckenden Straßenkreuzer begegnet man kaum noch – der Mittelklassewagen beherrscht die Straße. Neben vielen japanischen Wagen sind VW-Käfer, Golf, VW-Bus und der Passat als Pick-up häufig zu sehen. Das äußere Erscheinungsbild der Wagen ist hier ziemlich einheitlich: Hier putzt kein Mensch dauernd seinen „Blecheimer". Man braucht ihn und man fährt ihn – basta! In Anchorage sahen wir, wie eine junge Frau beim Einparken ein hinter ihr parkendes Auto gehörig anrumste. Sie lachte, und ihr Beifahrer lachte auch – man stelle sich einen deutschen Ehemann in dieser Lage vor! Da es ziemlich laut rumste, lachten auch die Leute auf der Straße. Man konnte sich fast vorstellen, dass sogar der Besitzer des gerammten Wagens gelacht hat. In Alaska tragen viele Autos die Schrammen und Beulen solcher intimen Begegnungen.

Autoaufkleber fehlen fast völlig. Der von Botschaften wie „Neu Pumpelmoos grüßt den Rest der Welt", *„I love Jennifer!"*, *„We are the Champions!"* oder

„Vorsicht! Draufgänger!" gelangweilte Deutsche ist angenehm überrascht. Wenn schon einmal ein Wohnmobil ein *sticker* trägt, kommt es aus den *Lower Forty-eight – Upper One* klebt nicht! An zwei originelle Aufkleber kann ich mich erinnern: An einem Wohnmobil aus Kalifornien war zu lesen: *Retired! No clock – no phone – no address – no money*. Und an der Seitenscheibe eines uralten, rostigen VW-Käfers aus Utah klebte ein roter Zettel: *Don't laugh at my car! Your daughter might lie in it tonight...*

Die Bahnübergänge außerhalb der Ortschaften waren nur durch das einfache Schild *Railroad Crossing* (Bahnübergang) – oft auch *RR X-ing* – gesichert. Es gab keine Ampeln, keine Schranken, keine Warnbaken. Manchmal war ca. 300m vor dem Bahnübergang nur *RR* auf die Fahrbahn gemalt. „Wer das nicht sieht, ist zu viel auf dieser Welt", hat mir ein Alaskaner gesagt. Andererseits haben wir immer wieder Lkw- und Busfahrer gesehen, die vor einem Bahnübergang hielten, den Motor abstellten, beide Fenster herunterkurbelten und dann erst über die Gleise fuhren. Ganz sicher gibt es in Alaska auch nicht mehr Unfälle an Bahnübergängen als bei uns in Deutschland.

Vorbildlich ist das Verhalten der Autofahrer, wenn ein Schulbus hält. Der Busfahrer schaltet die Warnblinkanlage so lange ein, bis das letzte Kind ein- oder ausgestiegen ist und die Fahrbahn verlassen hat. Die Autofahrer halten ausnahmslos in großem Abstand.
Nicht selten sieht man Sattelschlepper oder Zugmaschinen, die ein ganzes Haus, eine Hütte oder eine Garage transportieren. Dieser Schwertransport mit Überbreite wird ganz „privat" durchgeführt, und vom Bruder und vom Schwager in ihren Pkw mit einem Schild *„Overseize Load"* vorn und hinten gesichert. Vor Kurven wartet der Fahrer des Transporters bis die Sicherungen vorne und hinten stehen, und fährt dann vorsichtig durch die Kurve. Alles geschieht sehr sorgfältig und ohne Polizei.

Recht locker hält es Alaska mit den Nummernschildern der Autos. Wem das vom Staat zugewiesene Polizeiliche Kennzeichen nicht gefällt, kann eine eigene „Nummer" vorschlagen. Ist sie noch nicht vergeben, wird sie großzügig genehmigt. Dann liest man *Jenny, Mountain Man, Rifle Joe, Blue Lady, Grizzly* oder einfach nur *Sue*.

Die Straßen sind, von ganz wenigen Ausnahmen abgesehen, sehr sauber. Die unübersehbaren Schilder *Littering $ 1.000 fine* (etwa: Wegwerfen von Müll $ 1.000 Strafe) stehen nicht nur so herum. Gegen Umweltverschmutzer greift der Staat unerbittlich durch. Wer nicht zahlen kann oder will, reinigt für ein paar Wochen unter strenger Überwachung 10 oder 15 Meilen der Straßenränder, die er verunreinigt hat.

Auf den langen Fahrten durch das weite, leere Land ist der Autofahrer auf Tankstellen und Motels angewiesen. Die Entfernungen zwischen den kleinen Ansiedlungen – Dörfer kann man sie kaum nennen – sind oft sehr groß. Da steht dann plötzlich mitten in der Wildnis ein malerisches Blockhaus, davor eine Tanksäule, daneben ein Schuppen, und dahinter vielleicht eine kurze Schotterpiste für die Buschpiloten. *„Lodges"* heißen diese Oasen, die oft klangvolle Namen haben: *Northern Light Inn – Beaver Lodge – Eagle's Nest Motel – Long Rifle Lodge – Call of the Wild.* Sie sind fast immer zugleich Tankstelle, Reparaturwerkstatt, Kneipe, Motel und Tante Emma-Laden. Der geräumige Hauptraum ist meist mit rustikalen Möbeln eingerichtet und mit Waffen, Geweihen, Wolfs- und Bärenfellen ausgeschmückt. Oft hängen uralte, vergilbte Fotografien an den Wänden – Bilder von Trappern, Bärenjägern, Goldsuchern, Indianern und Hundeschlitten. Es sind auch immer ein paar Leute da: Wohnmobil-Touristen aus dem Süden, Trucker, Jäger, Angler und Indianerkinder. Ein Halt an so einer Lodge lohnt sich immer!

Aussichtspunkte, Denkmäler und Gedenkstätten an oder abseits der Straße sind gut ausgeschildert. Oft informiert eine große Holztafel an einer landschaftlich schönen Stelle über die Umgebung, über die Geschichte und Erschließung des Landes, über Pioniertaten und berühmte Alaskaner. Aus dem Text sprechen Geschichtsbewusstsein, Liebe zum Land und Stolz auf die eigene Leistung. Und immer wieder überrascht die vorbildliche Sauberkeit. *Viewpoints, Campgrounds*, Parkplätze und Toiletten haben wir immer in mustergültigem Zustand vorgefunden – nirgends Müll, nirgends verschmierte Wände, nirgends zerstörte Einrichtungen. Auch in den Städten haben wir keine von Sprühdosen-"Kunst" verunreinigten Mauern, Hauswände, Türen oder Zäune gesehen.

Ich selbst halte mich für einen mittelmäßigen Autofahrer und ich fahre nicht besonders gerne. In Alaska hat Herbold mir das Lenkrad überlassen. Ich bin dort ca. 5.000km gefahren und jeden Kilometer mit Freude. Die geschilderten Umstände machten jede Fahrt zum Vergnügen. Freilich darf man nicht zimperlich sein. Oben am Yukon hatte ein Vater mit seinen beiden kleinen Söhnen unmittelbar neben der Straße Stellung bezogen. Vermutlich wollten die drei vor einem Jagdausflug eben noch mal rasch ein paar Kontrollschüsse abgeben. Die Bierdosen standen 5m neben dem Fahrbahnrand, als wir daran vorbeifuhren, und sprangen unter dem zusammengefassten Feuer lustig in die Höhe. Sie schießen halt gern, die Amerikaner, und die Fahrten über die endlosen Highways sind lang. Da kurbelt auch so mancher Trucker aus Langeweile schon mal die Scheibe herunter und leert im Vorbeifahren die Trommel seines Colts durch das Seitenfenster. Ich schätze, dass 90 % aller Verkehrsschilder Alaskas außerhalb der Städte 5 bis 55 Einschusslöcher aufweisen. Einmal sahen wir ein großes, weithin sichtbares, selbstgefertigtes Holzschild mit der Aufschrift: *No shooting – houses behind!* Die Schrift war kaum noch lesbar, so dicht lagen die Einschüsse. Um der Wahrheit die Ehre zu geben: Nie in meinem Leben habe ich ein Brett gesehen, das mehr Löcher hatte – Ehrenwort!

Der Knabe im Moor

Wir sind wieder am Trinity Lake und leben unser freies Waldläuferleben. Heute haben wir die Hütte für zwei Tage verlassen und paddeln aus dem See in einen kleinen Bach, der nach Süden fließt. Das angenehm tiefe Fahrwasser verdanken wir den Bibern – sie haben den Bach gestaut. Immer wieder müssen wir aussteigen und das Kanu über einen ihrer mächtigen Dämme ziehen. Einen Meter tiefer können wir dann weiterfahren. Am fünften Damm hat sich der Bach – sicher sehr zum Ärger der Baumeister – eine Umgehung gesucht. Das Wasser fließt am Damm vorbei. Wir sehen deutlich, dass die Stauversuche hier misslungen sind. Dann wird das Wasser seichter. Offensichtlich gibt es bachabwärts keinen weiteren Damm. Immer wieder flüchten Lachse mit gewaltiger Bugwelle vor dem Kanu stromab oder schießen an der Bordwand vorbei nach hinten. In einem toten Arm des Baches fliegen Enten auf. Ich erwische eine Krickente und dann noch einmal gleich zwei mit dem zweiten Schuss. Jetzt wendet sich der Bach nach Norden. An einer Kiesbank legen wir an – Mittagsrast. Im Sand steht das Trittsiegel eines Bären. Es ist lang und breit – gar nicht zu übersehen. Wir schauen uns beide unwillkürlich nach allen Seiten um.

Am Nachmittag geht es weiter. Der Bach wird immer seichter. Dann liegt ein Baum unverrückbar fest quer im Bach. Wir entladen, und Herbold zieht das Kanu über den Stamm. Einladen – weiter! Streckenweise müssen wir beide aussteigen, weil wir nicht mehr die sprichwörtliche Handbreit Wasser unter dem Kiel haben. Wir ziehen das Kanu und kommen nur langsam voran. Als die Sonne schon im Westen steht, und wir bereits nach einem Lagerplatz suchen, wendet sich der Bach wieder nach Süden und wird allmählich tiefer. Wir sind erneut im Revier einer Biberfamilie. In tiefem Wasser paddeln wir bis zum Damm und richten das Lager am Ufer unter hohen Fichten ein. Herbold angelt mit Blinker und hat sofort einen Biss. Eine starke Forelle kämpft und schlägt sich los. Aber Herbold gibt nicht auf – er will die Forelle unbedingt zum Abendessen servieren. Ich wünsche ihm „Petri Heil!", wate unterhalb des Dammes durch den Bach und pirsche durch das Moor auf die tief stehende Sonne zu.

Ich habe jetzt noch fast drei Stunden Licht. Bis auf einige Wasserlöcher und sumpfige Stellen ist der Boden ausreichend fest. Ich präge mir das Gelände für den Rückweg genau ein und komme nach ca. 4km an eine niedrige Bodenwelle. Von hier habe ich weite Sicht nach Westen. Das Gelände vor mir ist leer – kein

Elch, kein Bär, kein Vogel. Die Sonne steht am wolkenlosen Himmel vor mir jetzt knapp über dem Horizont, und es wird kälter. An den niedrigen Birken rührt sich kein Blatt. Ich überlege, ob ich noch weiter nach Westen oder zurückgehen soll, und sehe plötzlich weit vor mir eine Bewegung. Mit dem Glas leuchte ich die Fichtengruppe 500m vor mir ab, aber auch die siebenfache Vergrößerung bringt keine Klärung. Wahrscheinlich ist es ein Elch, der in der Fichtengruppe steht und im Gegenlicht nicht zu auszumachen ist, denke ich. Wieder eine Bewegung. Im Glas erkenne ich jetzt eine Gestalt, die sich von den Fichten löst, ein paar Schritte nach links geht und den Arm hebt, ein Mensch! Ein Mann! Ein Jäger! Er hat mich gesehen. Jetzt kommt er auf mich zu. Soll ich hier auf ihn warten? Ich werde ihm entgegen gehen! Mit großen Schritten gehe ich den Hügel hinunter und zwischen Wasserlöchern hindurch weiter in seine Richtung.

Kommt einem hier draußen in der Wildnis ein Wesen entgegen, das wie ein Mensch aussieht, dann kann man sicher sein, dass es ein Mensch ist. Kommt einem in New York, Rom oder Frankfurt auf einer menschenleeren Straße oder in einem verlassenen Park ein Wesen entgegen, das aussieht wie ein Mensch, so ist keineswegs sicher, ob es ein Mensch oder ein Unhold in Menschengestalt ist. Hier im Moor mitten in Alaska ist es ein Mensch – und ich bin natürlich gespannt, was für einer

Während wir uns immer näher kommen, schaue ich nicht mehr durch das Glas – er soll mich nicht für misstrauisch halten. Jetzt trennen uns noch 100m. Ich stehe vor einem grabenähnlichen Wasserloch und komme nicht recht weiter. Er kommt im Zickzack über den weichen Moorboden immer näher. Ich erkenne lange, blonde Locken, einen dunkelblauen Anorak, ein Gewehr, Jeans, er trägt keinen Hut und hat kein Fernglas, und er hat Turnschuhe an. Er trägt tatsächlich weiß-blaue Turnschuhe, die Hosenbeine sind nass bis zu den Knien, unter dem Anorak wird die Lederscheide eines langen Messers sichtbar, jetzt ist er heran und steht mir gegenüber. Zwischen uns liegt das knapp drei Meter breite Wasserloch. Der Jäger – fast ist es noch ein Junge – starrt mich ungläubig und ein wenig ratlos an.

„*Good evening*", sage ich.
Schweigen.
„Auf der Elchjagd?" frage ich.
Er starrt mich immer noch schweigend an.
„Hab' ich dich gestört?", frage ich jetzt sehr bestimmt.
„Nee, bin auf dem Rückweg..." Also reden kann er.
„Hast du schon einen Elch?" Ich weiß nicht, was ich sonst fragen soll.
„Nee..." Er guckt mich an, als wäre ich ein Gespenst.
„Du hast mich hier wohl nicht erwartet?"
„Nee, bestimmt nicht...", sagt er und grinst.

„Unser Lager ist dahinten am Bach – wir sind zu zweit – deutsche Jäger, verstehst du?"
Sein sympathisches Gesicht hellt sich etwas auf.
„Wie seid ihr dahin gekommen?", fragt er.
„Im Kanu – den Bach vom Trinity Lake herunter", antworte ich.
„Wirklich? Bei dem bisschen Wasser?", fragt er misstrauisch. Scheinbar glaubt er mir kein Wort.
„Die Biber haben den Bach gestaut. Es ging ganz gut", sage ich.
„Willst du einen Elch schießen?", fragt er.
„Nein", sage ich, „ich geh' hier nur spazieren."
„Wirklich? Nur so spazieren?" Er glaubt mir nicht.
Ich sage ihm daher, dass wir zwei in unserer Hütte am See mit einem ganzen Elch nichts anfangen könnten. Er glaubt mir immer noch nicht und kann es nicht fassen, dass einer hier in diesem einsamen Moor herumläuft und keinen Elch jagen will.
„Ich habe ein paar Enten geschossen, und mein Freund angelt gerade unser Abendessen."
Jetzt habe ich das Gefühl, dass er mir das abnimmt. Er will wissen, was ich für ein Gewehr habe. Ich entlade meinen Drilling, zeige ihm die Kugel- und Schrotpatronen. *„Catch it!"*, rufe ich und werfe ihm das Gewehr zu. Jetzt lacht er zum ersten Mal. Er fängt die Waffe mit einer Hand auf und betrachtet interessiert die drei Läufe.
„Ein deutsches Jagdgewehr – für Kugel- und Schrotschuss. Für Elch und Ente...", erkläre ich.
„*... sounds good...*", murmelt er und macht ein paar Probeanschläge.
Ich erkläre ihm den Umschalthebel und das bewegliche Visier. Er gefällt mir, wie er so da steht und das Gewehr in der Hand wiegt – ohne Hut, mit offenem Hemdkragen, ohne Handschuhe und mit nassen Hosenbeinen – bei einer Temperatur um den Gefrierpunkt.
„Wir sollten gehen", sagt er unvermittelt, „es wird rasch dunkel, und wir müssen über das Moor." Er wirft mir das Gewehr herüber, und ich lade es wieder,
„Du gehst sicher zu der Hütte drüben am Talachulitna Creek?"
„Ja", sagt er und staunt mich an, als wäre ich ein Hellseher.
„Ich habe die Hütte auf der Landkarte gesehen...", erkläre ich.
„Wirklich?"
„Komm gut zu deiner Hütte und sieh zu, dass du einen Elch kriegst..."
Jetzt lacht er, und ich glaube, er nimmt mir jetzt meine Geschichte ab.
„Sieh du zu, dass du dein Abendessen kriegst...", ruft er.
Dann gehen wir auseinander – er nach Westen, ich nach Osten. Nach 50m bleibe ich stehen. Auch er dreht sich noch einmal um, und wir winken uns zu. Ein feiner Bursche, denke ich und freue mich noch immer über diese Begegnung, auf die keiner von uns vorbereitet war.

Im letzten Licht wate ich am Biberdamm durch den Bach und gehe zum Feuer. Herbold hat die starke Forelle gefangen. Ich ziehe mir warme Sachen an, und der Koch schenkt einen Tee ein, der schon wieder verdächtig nach Feuerwasser schmeckt. In der Glut unseres Feuers beschließt die starke Forelle ihren letzten Tag. Beim Essen schildert Herbold ausführlich, wie es zu diesem vorzüglichen Abendessen kam: Die Forelle hatte noch einmal gebissen und sich noch einmal losgeschlagen. Als die Unersättliche noch ein drittes Mal anbiss, gelang der Fang mit dem Käscher. Sie hatte eine ansehnliche, noch unverdaute Forelle im Bauch.

Wir rauchen, schlürfen den kräftigen Tee und rücken dem Frost mit viel Holz zu Leibe. Über dem tiefschwarzen Nachthimmel geistern die ersten fahlgelben und blassgrünen Streifen – Nordlichter. Ich berichte von meiner Begegnung mit dem einsamen Jäger, der in Turnschuhen hinter den Elchen her ist – Gesprächsstoff genug für die nächsten zwei Tassen „Teeverschnitt".

Später im Zelt empfinde ich immer noch eine stille Freude über die unerwartete Begegnung. Ich werde die Erinnerung an diesen Jungen aus Alaska mitnehmen. Vielleicht wird man künftig an den Lagerfeuern und in den Hütten im Susitna Valley auch von mir erzählen – von einem *crazy German*, der im Moor herumläuft, keine Elche jagt und ein fremdartiges, bisher nie gesehenes Feuerrohr mit sich herumträgt...

Zwei Tage später legen wir unterhalb unserer Hütte an und laden aus. Herbold trägt einen Teil der Ausrüstung zur Hütte, ich mache „Klar Schiff!" und spüle aus dem Kanu, was sich so alles angesammelt hat – Zweige, Sand, Fichtennadeln, Fischschuppen, Blätter, Schlammklumpen, kleine Steine, Entenfedern, Schilfhalme.

„Wir hatten Besuch", ruft Herbold zu mir herunter. Er zeigt mir das frische Trittsiegel eines Schwarzbären mitten auf dem Pfad. Die Abdrücke der langen Krallen zeigen zur Hütte. Wir gehen hinauf – *Thanks God*, die Hütte steht noch! Die Spuren an der massiven Holztür verraten, dass der Bär versucht hat, die Tür zu öffnen. Da er auch nicht durch die mit schweren Läden verschlossenen Fenster eindringen konnte, hat er sich hinter der Hütte umgesehen. An unserem Waschplatz liegt die Aluminiumschüssel am Boden – sie hat drei Löcher, deren Durchmesser denen von Bärenzähnen entsprechen. Das große Stück Seife ist recht klein geworden und zeigt ebenfalls die Spuren von Zähnen – na, guten Appetit und wohl bekomm's! Ein Waschlappen ist völlig zerfetzt. Mein Handtuch und meine Handbürste bleiben trotz sorgfältiger Suche verschwunden. Was soll man dazu sagen? Auch Bären müssen sich den Pelz trocknen und die Krallen reinigen.

Am Feuer

A camp fire is the best meeting place of the world... Ich glaube, diese alte Cowboyweisheit trifft den Nagel auf den Kopf. So ein Feuer leuchtet, wärmt, trocknet, bringt das Kaffeewasser zum Kochen und macht zur Not sogar eine alte Schuhsohle essbar. Es kann noch viel mehr – es macht gesprächig. Am Feuer werden die spannendsten Geschichten erzählt, die besten Pläne geschmiedet, die ehrlichsten Bekenntnisse abgelegt, und möglicherweise die klügsten Gedanken entwickelt – vielleicht sollte man Politiker und Banker öfter einmal ans Feuer setzen.

Ich habe erlebt, dass selbst wortkarge Leute im Schein des Feuers erstaunlich gesprächig wurden. Ich habe mit eigenen Ohren gehört, wie Mitbürger, die niemals auch nur den Anflug einer Ansprache von sich gegeben hatten, am lodernden Lagerfeuer zum Redner wurden und von ihnen vorher nie vernommene Ansichten äußerten. Ich war dabei, als hohe militärische Vorgesetzte, die für ihre Schweigsamkeit bekannt waren, am nächtlichen Feuer mit jungen Soldaten ganz locker geredet, gescherzt und gelacht haben. Ich habe sogar davon gehört, dass ein ziemlich zerstrittenes Ehepaar eine Nacht irgendwo draußen am Feuer verbracht und dort die bisher scheinbar unlösbaren Probleme besprochen und schließlich gelöst hat.

Es muss also etwas dran sein an der Behauptung der Cowboys, dass so ein Lagerfeuer der beste Treffpunkt der Welt ist. Ein Abend unter dem Sternenhimmel am Feuer, wenn die Flammen züngeln, die Funken sprühen, der Teekessel summt, die Pfeife brennt, und die Geschichten von selbst aus dem Dunkel der Vergangenheit kommen... das ist schon was!

Ein solcher Abend ist es, ein windstiller, klarer Abend unter dem hohen Himmel Alaskas. Die rote Scheibe der sinkenden Sonne nähert sich dem „Sägeblatt" der Alaska Range. Der Bach, auf dessen steilem Ufer wir sitzen, liegt bereits im Schatten. Enten streichen mit pfeifendem Schwingenschlag das Tal entlang, Biber haben mit ihrer Nachtschicht begonnen. Die Teekanne über dem Feuer zischt leise. In der Glut braten die Forellen, die Herbold vom Kanu aus geblinkert hat. Unser Gespräch am Feuer kreist heute Abend um die Jagd und die Jäger. Wir haben uns gerade über eine gut organisierte Niederwildjagd im Münsterland unterhalten, an der wir beide vor Jahren als Gäste des kürzlich verstorbenen Baron von Kettelbusch teilgenommen hatten. Herbold, der den Baron viel besser kannte als ich, sagt zum Schluss: „Ja, ja, der alte Kettelbusch, der hat sein ganzes Leben lang nur gejagt, geritten, gesoffen und gevögelt..." Nach diesem kundigen Nachruf auf den glücklichen Baron von Kettelbusch holt Herbold die Rumflasche aus dem Kanu und macht damit dem schüchternen Tee etwas Mut.

„Ich kannte da zwei Herren", beginne ich, „die waren zur Jagd in Kanada, irgendwo in British Columbia. Ich hab' die beiden immer für schlappe Kerle gehalten, so richtige Weicheier, bloß keinen Schritt laufen, bloß keine frische Luft und jeden Abend hoch die Tassen und so. Da kamen die zwei zurück und zeigten mir tolle Bilder von ihrer Jagd, wilde Berglandschaft, ein Fluss, ein Canyon, ein Kanu, alles bestens. Jeder hatte einen Schwarzbären und einen schwachen Elch geschossen. Ich wollte schon innerlich Abbitte leisten, weil ich sie zu den Schlappis gerechnet hatte, da sagte doch der Jüngere zu mir: „Und wissen Sie, was das Schönste war? Wir standen jeden Abend pünktlich um sieben an der Hotelbar, hatten eine heiße Dusche und ein gutes Bett." „Weidmannsheil!" konnte ich gerade noch sagen, bevor es mir die Stimme verschlug. „Wenn ich unser Lager hier betrachte und diesen Sonnenuntergang, da kann ich nur sagen: Hatten die ein Jagdpech...!"

Es ist kalt geworden, das Wasser im Eimer hat bereits eine dünne Eisschicht. Der Abendstern glitzert. Auf dem Bach fallen Enten ein. Herbold reicht mir eine Zigarre und erzählt: „Von Jagdpech kann ich noch ein ganz anderes Liedchen singen. Ich war mit meiner Frau zu Gast bei Verwandten auf einem Gut in Mittelschweden. Wir fuhren damals jeden Herbst zur Elchjagd hin. Na, ich hatte dort eigentlich immer Weidmannsheil... Alttier, Kälber, Schmaltiere, Stangenelch... aber nie einen Schaufler. Der Jagdherr wollte mich nun unbedingt auf einen guten Schaufler, der in seinem Revier stand, zu Schuss bringen. Dazu holte er einen bekannten Elchhundeführer mit zwei guten Hunden aus 300km Entfernung. Dann ging's hinaus in das große Revier, Hochwald, Moor und Heide. Der Hundeführer fand auch bald eine starke Fährte und schnallte die Hunde. Die waren ziemlich rasch am Elch, hetzten ihn und stellten ihn schließlich in einem Fichtenwald nicht weit von der Reviergrenze. Wir konnten alles am Hetz- und Standlaut genau verfolgen. Jetzt fuhr die ganze Jagdgesellschaft, einschließlich meiner Frau, dorthin, also in die Nähe des gestellten Elchs, Elchjagd mit Publikum! Mir passte das überhaupt nicht, aber was sollte ich machen?
Ich pirschte also mit dem Hundeführer etwa 300m in den Fichtenwald hinein, immer auf den Standlaut zu. Wir kamen in guter Deckung bis auf 80m an den starken Schaufler heran. Der stand mit dem Spiegel gegen einen dicken Baum und schlug nach den Hunden. Ich ging in Anschlag... Rums!... der Schnee spritzte unter dem Elch auf, und ab ging die Post, der Elch voraus, die Hunde dicht hinterher geradewegs über die Reviergrenze zum Nachbarn. Später erzählte mir meine Frau, dass mein Gönner, als der Schuss brach, erleichtert zu ihr sagte: „Na, endlich!" Ich ging mit dem Hundeführer zurück. Der war ganz schön sauer. Da fiel ein Schuss nicht weit von uns entfernt im Nachbarrevier. Mir ist das jetzt auch egal – schlimmer kann's ja nicht mehr kommen. Alle warteten auf uns, ich hätte mich am liebsten eingegraben, aber der Boden war steinhart gefroren. Na

ja, alle standen herum wie auf der Beerdigung. Da kam ein Wagen auf dem Waldweg aus Richtung Nachbarjagd. Ein Jäger stieg aus und sagte: „Würdet ihr mal eure Hunde holen. Ich habe gerade einen starken Schaufler geschossen, und die Teufel lassen keinen an den Elch." Herbold bläst blaue Wolken in die kalte Luft, guckt durch den Rauch zu mir herüber und fragt: „Na, Euer Gnaden, ist das vielleicht nichts...?"

Die alte Hütte

Der *Indian Summer* ist vorbei. Die Laubbäume, die zwei, drei Wochen lang mit leuchtenden Farben geprahlt haben, sind jetzt kahl oder tragen nur noch ein unauffälliges Braun. Die Fichten stehen düster am Seeufer, das lange Gras ist gelb und nass. Wir gleiten im Nieselregen dicht am Ostufer des Sees nach Norden. Herbold paddelt das Kanu mit ruhigen Schlägen, ich sitze vorn und suche die Buchten und Seerosenfelder mit dem Glas ab, den Drilling griffbereit vor mir. Weit und breit keine Gans, keine Ente, kein Säger. Aus dem Moor kriechen Nebelschwaden heran und legen sich auf die Büsche und den Schilfgürtel am Ufer. Linker Hand weit vor uns fischen zwei Sterntaucher. Es ist still auf dem See – das leise Klatschen beim Eintauchen des Paddels und das Plätschern der Bugwelle sind die einzigen Geräusche. Nach Westen ist die Sicht noch gut. Zwei Singschwäne heben sich dort vom dunklen Uferstreifen ab.
„Achtung!", zischt Herbold, als wir an einer gelben Schilfwand entlang gleiten. Zwei... drei... fünf Löffelenten fliegen vor uns auf. Erst mit dem zweiten Schuss erwische ich die letzte. Der Nebel wird dichter. Herbold dreht den Bug nach rechts – das Kanu gleitet in die Bucht, an deren Ufer die alte Hütte steht. Noch ein paar Paddelschläge, dann rutscht der Bug knirschend auf den Sand. Wir steigen aus und gehen hinauf zur Blockhütte, die im Nebel dunkel und ein wenig geheimnisvoll unter hohen Fichten steht. Der Weg ist zugewachsen, die langen Grashalme von schweren Tropfen gebeugt. Kalte Nässe dringt an den Knien bis auf die Haut.
„Guter Elch", sagt Herbold und deutet auf das mächtige Geweih unter dem Giebel. Dann stehen wir vor dem Hütteneingang. Hier war schon lange kein Mensch mehr. Wir öffnen die unverschlossene Tür und gehen hinein. Der große Raum ist in chaotischem Zustand: Tische und Bänke sind umgestürzt, Töpfe, Geschirr und Büchsen aus den Regalen gefallen, Lampen zertrümmert, Decken und Matratzen zerfetzt, Zeitschriften zerrissen, ein Fenster samt Fensterkreuz herausgeschlagen. Hier hat der Bär eine Hausdurchsuchung durchgeführt.
Am Mittelpfosten hängt ein Stück Pappe. In ungelenker Schrift, die Wörter mit Bleistift teils mit großen, teils mit kleinen Buchstaben geschrieben, steht da gut lesbar:

THANK YOU for the use of the CaBIN we left Some fooD and coffie and sno-Seal for you. Your caBin was a mess when we came in diSHes broken etc etc Cleaned it UP best we could, DIDN'T even see a Moose or bear anywhere The fishing is GOOD by the beaVER dam.
Thank you

So wie es aussieht, und nach dem, was hier alles herumliegt, war die Hütte noch vollständig eingerichtet, als der Besitzer zum letzten Mal hier war.

Ein Science Fiction Film langweilt mich, ein Fernsehkrimi nach acht Uhr abends wirkt auf mich oft wie eine Schlaftablette, aber ein Schiffswrack, eine Burgruine, ein Stück mittelalterlicher Stadtmauer oder eine alte Hütte beflügeln meine Phantasie. Dazu der dunkle, nasse Wald, der Nebel, die Stille und das Dämmerlicht, da weiß man auf einmal nicht mehr, was Traum und Wirklichkeit ist, da sieht plötzlich alles ganz anders aus...

... weiß und reglos liegt der See in der hellen Nacht zwischen den verschneiten Hügeln. Blass und groß hängt der Mond über dem weiten, stillen Land. Der Schnee hat die niedrigen Weiden und Erlen am Ufer zu Boden gedrückt und hält sie fest. Einzelne kleine Fichten stehen wie dunkle Gestalten neben ihren Schatten. Am Hang heult lang gezogen und klagend ein Wolf. Von jenseits des Sees kommt die Antwort. Nordlichter, gelbe und hellgrüne Streifen und Bänder, geistern über den westlichen Himmel.
Von Süden kommen sie über den See. Vorne vor dem Leithund tritt der lange Billy Loggan, den sie 'Mountain Bill' nennen, die Spur in den tiefen Schnee. Dann das Gespann – vier, acht, zehn, zwölf Hunde. Hinter dem Schlitten stapft Allen 'Curly' McLeod, der kleine Texaner, in der Schlittenspur. Ein gutes Stück zurück folgt Jim Nungaya, der Athabasca Indianer, die Büchse in der Armbeuge. Das müde Gespann zieht den schweren Schlitten langsam über den See. Trotz der Anstrengung ist das Hecheln der Hunde ohne Geräusch, trotz der Kälte ist ihr Atem unsichtbar. Die Männer werfen unter dem hellen Mond keine Schatten. Zwei Elche, die an den Uferweiden äsen, blicken nicht einmal auf, als die Männer und ihr Gespann keine 30 Schritte an ihnen vorbeiziehen. Bill erreicht das Seeufer. Vor ihm liegt im Schatten hoher Fichten die alte Blockhütte. Die Hunde ziehen mit einer letzten Anstrengung den Schlitten die Böschung hinauf und legen sich vor der Hütte in den Schnee. Auf dem Hüttendach sitzt der Uhu. Ihm entgeht nichts – trotzdem dreht er nicht einmal seinen dicken Kopf, als die Männer unter ihm an den Schlitten treten. Bill beginnt den Schlitten zu entladen. Curly schiebt mit den Stiefeln den Schnee vor der Hüttentür beiseite und öffnet sie. Alles geschieht vollkommen still. Jim wirft den Hunden getrocknete Fische hin. Nur zwei Hunde fressen, die anderen liegen schon zusammengerollt im Schnee. Der Indianer prüft die Zugriemen und untersucht die Pfoten der Hunde.

Dabei redet er mit ihnen, aber es ist kein Ton zu hören. Die Männer arbeiten sicher, schnell und – lautlos. Nach wenigen Minuten ist der Schlitten leer. In sicherer Entfernung von den Hunden hängen jetzt ein Luchs und zwei Füchse am Dachbalken. Curly holt Feuerholz aus dem Anbau hinter der Hütte. Durch die offene Tür fällt jetzt der Schein einer Lampe auf den zertrampelten Schnee. Bald kräuselt dünner, heller Rauch aus dem Schornstein. Der Uhu auf dem Dach wird unruhig. Er schaut mit schiefem Kopf lange nach unten und streicht dann den Hügeln hinter dem See zu. Die Elche am Ufer äugen immer öfter zur Hütte. Das Alttier prüft den Wind mit hohem Windfang und spielt mit den Lauschern. Dann zieht es langsam ins Ufergebüsch, das Kalb folgt dichtauf. Unter der Hütte unterbricht das Wiesel die Mäusejagd, lauscht kurz und bringt sich mit schnellen Sprüngen vor den dröhnenden Schritten über ihm in Sicherheit. Hinter der Hütte stößt sich Curly den Kopf und flucht laut und unchristlich. Gleich darauf stolpert er mit einem Arm voll Holz in den Lichtschein. Bill schaufelt mit den Händen Schnee in einen großen Eimer. Jim schlägt mit einem kleinen Beil pfannengerechte Stücke aus einer Cariboukeule. Dann gehen sie in die Hütte, schließen die Tür, ziehen die schweren Pelzjacken aus, hängen Gewehre und Revolvergürtel an die Wand und kramen in Regalen und Schubladen.

Das Feuer prasselt, Fett schmilzt in der heißen Pfanne. Bill hantiert auf dem Tisch neben dem Ofen, Curly und der Indianer wischen mit Lappen die beschlagenen Waffen ab. Einer summt die Melodie von Sweet Betsy from Pike. Jetzt legt Bill das Fleisch in die Pfanne, stellt eine Flasche auf den Tisch, dazu drei Gläser, und gießt ein. Als jeder sein Glas in der Hand hält, macht er ein feierliches Gesicht, hebt das Glas und sagt: „Gentlemen, ich trinke auf Jim, den großen Jäger der Athabasca, der heute auf 30 Schritt den stärksten Wolf vorbeigeschossen hat, der zwischen dem Susitna River und den Bergen herumläuft – Cheerio!" Die Männer trinken aus. Bill lacht dröhnend und haut dem schwarzhaarigen, schlanken Jäger auf die Schulter. Der verzieht keine Miene, er sagt nur lächelnd: „Und ich wünsche dem Wolf mehr Glück auf der Jagd und ein langes Leben!" Bill übernimmt wieder den Küchendienst, Curly wischt die Waffen noch einmal ab, Jim sieht nach den Hunden. Dolly, die dunkle Hündin wedelt, als der Indianer aus der Tür kommt, und lässt sich mit hoch gestrecktem Kopf genüsslich die Kehle kraulen. Die anderen Hunde heben nur kurz den Kopf und rollen sich wieder zusammen. Es ist wärmer geworden und beginnt, leicht zu schneien.

Die Männer haben mit Heißhunger gegessen. Curly räumt ab und stellt eine dickbauchige Teekanne auf den Tisch. Bill holt eine Flasche Rum aus dem Regal. „Damit ihr den Tee nicht trocken hinunterwürgen müsst", sagt er. Sie rauchen, reden und trinken. Dann langt Bill die Gitarre von der Wand, Curly holt die Geige aus der Truhe, und Jim stimmt die Banjosaiten. Curly spielt eine kurze Melodie, die anderen nicken, und das Trio legt los, als wären sie sattelfeste Country Musiker. Red River Valley ist ihr erstes Lied, dann kommen in rascher

Folge Swanee River, Shenandoah, The Streets of Laredo und viele andere der alten Lieder aus den Tagen des jungen Amerika. Bill holt eine neue Flasche, Jim legt Holz nach. Die Stimmung steigt, die Gesichter glühen. Curly's neuer Vorschlag: Oklahoma wird freudig begrüßt und sofort in Musik umgesetzt. Voller Inbrunst klingt es aus rauen Kehlen:...*the everlasting hills of O – o – kla – ho – ma...*

Die Stunden verstreichen, Mitternacht ist nicht mehr weit. Schneller schlagen Gitarre und Banjo, heller jauchzt die Fiedel, rascher leeren sich die Gläser, lauter werden die Lieder, fester stampfen die Stiefel den Takt. Die Fenster beschlagen, und die Flamme flackert im Lampenschirm. Bill kramt lange in der Tischschublade und holt schließlich eine Mundharmonika heraus – winzig klein, mit nur acht Tönen. Er schiebt sie zwischen die Lippen, bläst ein paar Töne zur Probe und nickt zufrieden. Dann nimmt er seine Gitarre, zupft den ersten Akkord und fängt an, zur Gitarre freihändig auf der kleinen Harmonika zu spielen. „Das kann kein Mensch westlich des Missouri", hat er immer schon behauptet. Er spielt I came from Alabama with the banjo on my knees. Nach der ersten Strophe lässt er das kleine Instrument in der Backentasche verschwinden und singt die zweite Strophe, ohne dass ihn die Harmonika dabei stört: *It rained all time the night I left...* Danach bringt er die Harmonika – wieder freihändig! – zwischen die Lippen und spielt darauf die dritte Strophe. Curly und Jim schlagen sich auf die Schenkel vor Begeisterung. Dann kommt Curly's Auftritt. Er lässt die Fiddle jubeln, Gitarre und Banjo gehen mit. Er geigt und tanzt zur Melodie einen wilden Texas Stomp, dass die Gläser auf dem Tisch zittern, und das Wiesel hinter der Hütte zum zweiten Mal in dieser seltsamen Nacht die Flucht ergreift. So spielen die Männer und singen und stampfen und trinken und lachen, wie es die alte Hütte lange nicht mehr erlebt hat, bis die Flaschen geleert sind, das Feuer erlischt, die Gitarre müde klingt und die Geige mit einem letzten wehmütigen Ton verstummt...

Als Jim am Morgen als Erster aus der Hütte kommt, ist es schon lange hell. Es ist noch wärmer geworden, und Neuschnee bedeckt das stille Land. Die Hunde liegen unter zwölf weißen Hügeln. „Buster, Barky, Dolly, Buck...!", ruft der Indianer, und die Hunde kommen einer nach dem anderen aus dem Schnee, gähnen, schütteln und strecken sich und schauen Jim erwartungsvoll an. Er wirft ihnen getrocknete Lachse hin. Knurrend stürzen sie sich auf die Fische. Bill und Curly kommen mit Lederbeuteln, Bündeln und Waffen aus der Hütte. Die Männer beladen den Schlitten und schnallen die Schneeschuhe an. Jim überprüft die Zugleinen, geht hinter den Schlitten und ruft: *„Mush, Buster, mush...!"*, aber seine Stimme klingt seltsam leise. Die Hunde ziehen an, und der Schlitten gleitet den Hang hinunter auf den verschneiten See. Kein Bellen, kein aufgeregtes Jaulen, kein Hecheln, die Kufen ziehen keine Furchen, die Schneeschuhe hinterlassen keine Spuren. Ein Habicht streicht niedrig über den See auf das Gespann zu.

Der Vogel ändert die Richtung nicht, obwohl er Bill's Mütze fast mit der Schwinge streift. Lautlos ziehen die Trapper mit ihrem Gespann über den See und weiter am Hang entlang. Dann verschluckt sie der Nebel. Der See liegt weiß und still zwischen den verschneiten Hügeln wie gestern, wie vorgestern, wie vorvorgestern...

Die Jäger

Gegen Mittag sind wir auf dem Rückweg zur Hütte und paddeln vor grauen Regenwolken her nach Süden. Das Wetter war vor einer halben Stunde plötzlich umgeschlagen. Das letzte Stück Blau ist vom Himmel verschwunden, und der Wind bläst kräftig aus Norden – endlich einmal Rückenwind! Noch regnet es nicht – also: Lang der Arm und kurz die Pause! Und der Nordwind schiebt. Kurz vor der Bucht, in der die Hütte steht, sehen wir am Ufer vor uns große gelbe, grüne und braune Flecken zwischen den Weidenbüschen – Zelte! Wir haben Nachbarn bekommen. Ein Blick durch das Glas zeigt ein Hauszelt, ein Kugelzelt, einen Windschutz und allerlei Gerät: Ein Jagdlager. Von den Jägern keine Spur. Wir fahren an der „Siedlung" vorbei und kommen gerade noch trocken nach Hause. Als ich die Paddel hinter der Hütte abstelle, fallen die ersten Tropfen. Es ist merklich kühler geworden. Wir machen Feuer und kochen Kaffee. Draußen gießt es. Uns stört es nicht, wir sind beschäftigt: Rasieren – der Bart ist drei Tage alt! – Wäsche waschen, Waffen reinigen, Holz hacken, Enten zerlegen. Wenn der Regen einmal Pause macht, gehen wir zum See hinunter, schauen dem Loon beim Fischen zu oder hören uns die unflätigen Beschimpfungen an, die unser ewig unfreundlicher Nachbar, das Eichhörnchen, aus der Fichte zu uns herunterschnarrt. Dann treibt uns der nächste Schauer wieder in die Hütte. Wir kleben Gummistiefel, nähen Knöpfe an, schreiben Tagebuch, studieren Landkarten und trinken Tee – tagsüber, da sind wir eisern, ohne Rum! So vergeht der Tag, und es wird Abend. Langsam kommt die Dämmerung unter den triefenden Fichten hervor, schleicht um die Hütte und kriecht hinunter zum Seeufer. Draußen rauscht es unaufhörlich vom grauen Himmel, trommelt auf das Dach, klatscht gegen die Fenster. Wir denken an die Jäger im Lager hinter der Bucht. Wir waren zwei Tage draußen, sind müde und schlafen beim Lesen ein – Zapfenstreich!

Als ich am Morgen aufwache, dämmert es bereits. Irgendein Geräusch hat mich geweckt. Jetzt wieder... hinter der Hütte ist etwas... jetzt fällt die Waschschüssel aus Aluminium scheppernd vom Tisch. Ich nehme den Revolver von der Wand, schlüpfe in meine Gummistiefel und gehe zur Tür. Draußen ist es leidlich hell. Ein schwarzes, rundes, flinkes Kerlchen galoppiert auf dem Pfad vom See herauf an mir vorbei. Seine Mutter hat inzwischen eine große Plastiktüte mit einem Teil

unseres Brotvorrats aus dem offenen Anbau geholt und will gerade mit der Beute zum Waldrand. Dicht bei ihr ist noch so ein schwarzer Kobold. Frau Schwarzbär mit ihren Zwillingen beim Einkaufen.
„Ihr seid wohl verrückt, ihr schwarzen Teufel...", rufe ich ihnen zu. Die Bärin knurrt böse und lässt die Tüte fallen. Der eine Sprössling geht sofort im hohen Gras in Deckung, während der andere, ohne auf seine Mutter zu hören, die Tüte untersucht. Die Bärenmutter, die von antiautoritärer Erziehung nicht viel hält, gibt daraufhin dem unfolgsamen Bärenkind eine kräftige Ohrfeige. Es überschlägt sich zweimal und rollt mir fast vor die Füße, aber es nimmt nun die mütterliche Anweisung sehr ernst und klettert blitzschnell auf eine Birke. Dort wartet es jetzt so folgsam wie das andere Junge auf weitere Befehle. Ich klatsche mit der Hand gegen den Revolvergriff und rufe jetzt in versöhnlichem Ton: „Na, macht euch schon auf die Socken, ihr Räuber!" Die Bärin will anscheinend auch keinen Streit und entschließt sich zum Rückzug. Sie faucht wie eine Katze, das erste Bärchen kommt aus dem Gras hoch und stellt sich neben sie. Das zweite lässt sich katzengewandt aus der Birke fallen, und im Gänsemarsch ziehen sie davon. Herbold steht hinter mir. Wir lachen, holen die Tüte und machen Feuer. Es fängt schon wieder an zu regnen. Wir frühstücken, reden über die Bären und stellen fest, dass wir hier in der Hütte nun wirklich nichts mehr zu tun haben. Also wieder: Lesen, Rauchen, Teetrinken, Pinkeln, Lesen, Rauchen...

Auch mittags schüttet es noch wie aus Eimern. Alaska ist immer ehrlich: Wenn es regnet, dann gießt es. Wenn es nicht regnet, ist der Himmel blau und die Fernsicht zeigt uns die 170km entfernte Alaska Range in ihrer strahlend weißen Schönheit. Wenn es kalt wird, haben wir gleich 6° unter Null. Nein, Alaska kennt keine Halbheiten!
Dann hört der Regen plötzlich auf, und am Himmel zeigen sich sogar ein paar blaue Flecken. Wir können endlich mehr tun als Lesen, Rauchen, Teetrinken. Fast hastig suchen wir das Angelzeug zusammen und paddeln nach Süden hinein in den Trinity Creek. Wir haben unglaubliches Glück: In nur einer halben Stunde fangen wir acht stattliche Forellen und eine große Äsche. Kaum sind wir wieder daheim, kommt Wind auf – Nordwind. Mit dem Wind kommen die Gänse. Hoch über dem See fliegen Geschwader auf Geschwader nach Süden. Die Gans an der Spitze der keilförmigen Formation hält diesen Platz immer nur kurze Zeit. Dann lässt sie sich zurückfallen, reiht sich ganz hinten ein, und eine andere übernimmt die Spitze. Dabei halten sie ständig Stimmfühlung. Ihre Rufe verschmelzen mit dem Brausen des Windes und dem Klatschen der Wellen zu einer wilden Melodie.

Am späten Nachmittag bekommen wir Besuch. Plötzlich steht ein Mann in der Tür und füllt sie aus – ein Jäger. *„I smelled your smoke..."*, beginnt er und fragt dann, ob er für den Rest des Tages unser Kanu haben kann. Er kommt aus dem

Lager, das wir gesehen haben. Sie sind zu dritt und haben auf der anderen Seite des Sees einen Elch geschossen. Für den Transport des Wildbrets über den See haben sie nur ein kleines Schlauchboot, eines ihrer beiden Paddel ist zerbrochen. Nun brauchen sie unsere Hilfe. Natürlich bekommt er das Kanu. Draußen steht ein zweiter, ein kleiner, drahtiger Mann. Herbold sucht mit ihm Paddel, Seile und Eimer zusammen, dann gehen sie hinunter zum Seeufer. Ich zeige inzwischen dem Hünen unser Heim, und dann reden wir über die Jagd. Sie jagen schon zwei Tage drüben im Moor. Der Mann hat keinen trockenen Faden am Leib. Er ist bester Laune und erwähnt das Wetter mit keinem Wort. Er stellt Fragen und beobachtet mich aufmerksam während des Gesprächs. Irgendwie muss ich die „Prüfung" bestanden haben, denn plötzlich geht er auf mich zu, streckt mir seine Pranke entgegen und sagt: *„I'm Mike."* Dann schüttelt er meine Hand, dass ich den eisernen Griff noch in der Schulter spüre, und ich habe dabei das Gefühl, dass die wohlwollende Zuwendung dieses Riesen hier draußen mehr wert ist als die beste Lebensversicherung. Wir geben den Jägern fünf Forellen mit und schauen ihnen nach, wie sie mit harten Schlägen auf den aufgewühlten See hinausfahren. Es dämmert bereits, und der nächste Regenschauer geht nieder. Hoch über uns ziehen noch immer die Gänse. Wir gehen zur Hütte und sind voller Bewunderung für diese harten Burschen. Herbold serviert heute „Forelle blau". Ich staune, dass man vom Nichtstun so hungrig werden kann. Drei große Forellen und eine Äsche schaffen wir gemeinsam – die Äsche zum Schluss und mit letzter Kraft. Ich spüle das Geschirr, und Herbold gibt ein Bier aus. Wir gehen immer wieder einmal hinaus, um den Rufen der Gänse zu lauschen. Einmal sehen wir sogar ein Stück Sternenhimmel. Später trägt der Wind die Stimmen der Jäger über die Bucht. Irgendwann kommt der kleine Drahtige mit dem Kanu. Er trieft vor Nässe. Ich biete ihm zweimal an, ihn mit dem Kanu zum Lager zu bringen. Er lehnt entschieden ab, wünscht uns lachend einen schönen Abend und ist nach wenigen Schritten in der Dunkelheit verschwunden. Als der Regen nachlässt, verstehen wir trotz der Entfernung Bruchstücke ihrer Unterhaltung. Sie zerwirken das Wildbret und lachen. Und trinken werden sie auch, denn bald hören wir ihren Gesang:

Farewell to you my own true love,
for I must sail away.
I am bound for Califor – ni – a
and to you I will return some day...

Noch immer stürmt es, und noch immer ziehen die Gänse. Hunderte, Tausende jagen dort oben mit heiseren Rufen auf starken Schwingen durch die Nacht. Wind, Gänseruf und Gesang – noch als wir in der Koje liegen, hören wir den wilden Dreiklang.

Am Morgen zeigt das Thermometer -6° C. Beluga und Susitna Mountain sind weiß bis ins Tal. Bei uns am See liegt kein Schnee. Wir fahren noch vor Sonnenaufgang ein paar Buchten und Schilfgürtel ab und suchen Enten. Mit fünf Patronen erbeute ich zwei Moorenten und einen Gänsesäger. Auf dem Rückweg schauen wir bei unseren neuen Nachbarn vorbei. Schon aus der Ferne sehen wir Mike zwischen den Zelten – er ist wirklich nicht zu übersehen. Er wirft gerade Holz auf ein großes Feuer und hantiert mit Töpfen und Geschirr. Wir legen an und gehen zu ihm hinauf. Er freut sich sichtlich über unseren Besuch. Wir sehen mit einem Blick: Das Lager ist ordentlich und sauber, das Wildbret hängt, eingenäht in einen leichten, luftdurchlässigen Stoff, unter einer Plane zwischen zwei Fichten. Töpfe, Kannen und Küchengerät hängen an einem grob gezimmerten Gestell, die Zelte sind zum Lüften geöffnet, eine schwere Büchse steht griffbereit an einem Baum. Saubere Arbeit! Wir loben das ordentliche Lager, und Mike strahlt wie ein Putzeimer. Mit unverhohlenem Stolz sagt er: „*We have a tradition!*"

Dann erzählt er uns, dass die beiden anderen Jäger schon wieder hinter den Elchen her sind, und dass er heute Lagerdienst hat. Mit gekonntem Griff langt er in einer eleganten Drehung in das Holzgestell hinter sich und bekommt eine großkalibrige Flasche zu fassen. Mit der anderen Hand greift er drei Gläser. Er gießt ein, grinst von einem Ohr zum anderen und sagt doch tatsächlich: „Prost!" Herbold fragt ihn, ob sie nur Fleisch jagen oder auch hinter einer guten Trophäe her sind. „Ach wisst ihr", sagt Mike, „aus Hörnern kann man keine Suppe kochen."

Das ist alles, was dieser prächtige Jäger zum Thema Trophäenjagd zu sagen hat. Er gießt die Gläser noch einmal voll bis zum Rand, und wir trinken auf Alaska, seine Elche und seine Jäger.

Abschied vom See

Anfang Oktober. Unser zweiter gemeinsamer Aufenthalt im wilden Alaska geht zu Ende. Mit der letzten Nacht hier draußen am Trinity Lake hat sich Alaska eindrucksvoll von uns verabschiedet: Halbmond, Sternenhimmel, klirrende Kälte, Eulenruf und Wolfsgeheul, dazu ein großartiges Nordlicht. Bei Sonnenaufgang bin ich auf dem Wasser. Der See ist zu zwei Dritteln zugefroren, nur unser Ufer ist noch eisfrei. Es ist vollkommen still auf dem Wasser, Enten, Gänse und Taucher sind längst nach Süden gezogen. Die Reisigvorräte an den Biberburgen sind gewaltig angewachsen. Der Wind weht kalt von Nord – es wird Winter in Alaska.

Pünktlich um 14.30 Uhr ist die Maschine über dem See, die Werner Wiesinger für uns bestellt hat. Der Pilot fliegt angesichts der Eisdecke eine Erkundungsrunde. Dann bringt er von Süden her die zweimotorige „Widgeon" – Baujahr 1942! – in dem eisfreien Streifen auf das Wasser. Er gleitet an den Steg, Herbold macht fest. Der Pilot stellt sich als Oren Hudson vor. Einen Tag später hätte er uns nicht mehr holen können, sagt er, und deutet auf das Eis. Unsere gesamte Ausrüstung liegt bereit. Wir verladen sie in die geräumige Maschine, steigen ein und schnallen uns an. Oren startet dicht am Ufer gegen den Nordwind und fliegt eine weite Runde. Er zeigt uns noch einmal unseren See, das weite Moor und die Berge. Dann brausen wir mit 220km/h nach Südosten. Eine halbe Stunde später entladen wir vor Werners Bungalow auf Long Island und zahlen an Oren die fälligen 200 Dollar. Am späten Nachmittag verwöhnt uns Werners Frau Liesel mit einem lukullischen Essen. Wir sind beide ein wenig traurig, auch wenn wir nicht darüber reden. Obwohl unsere Gastgeberin rührend für die Heimkehrer sorgt, fühlen wir es jede Sekunde: Das freie Leben ist zu Ende – die Zivilisation bringt uns mit ihrem kaltem Griff wieder in ihre Gewalt...

In einem richtigen Bett...

... wache ich auf. Es ist ein seltsames Gefühl, in einem Bett, in einem Zimmer, in einem Haus mit festen Wänden aufzuwachen. Ich empfinde dabei eine Mischung aus Wärme, Geborgenheit, Wohlsein und – Sehnsucht nach einem Lager am See. Natürlich freue ich mich über eine warme Dusche, einen weiß gedeckten Tisch und die Fürsorge einer gastlichen Hausfrau. Aber die „Tuchfühlung" mit der Natur ist mit einem Mal weg. Dicke Wände haben Wind, Wellen und Wasservögel stumm werden lassen. Alles ist wieder geregelt: Kleidung, Verhalten, Benehmen, Tagesablauf. Um mich herum liegen hundert überflüssige Dinge, einige davon gehören mir. Mir wird plötzlich klar, dass ich wieder etwas besitze: Uhr, Geld, Flug- und Versicherungspapiere, Terminkalender, Adressbuch, Reisegepäck. Fast empfinde ich das alles als nutzlos und lästig, denn es stiehlt mir die Zeit. Draußen im Busch hatte ich keinen „Besitz" – von ein paar lebensnotwendigen Dingen abgesehen. Draußen hatte ich Zeit, so viel Zeit wie selten zuvor. Daheim in Deutschland „besitze" ich noch mehr – und habe noch weniger Zeit...
Wir haben zuhause angerufen, alles ist in Ordnung. Unsere Briefe, die wir mit einem Fünf-Dollar-Schein an die Hüttentür gesteckt hatten, sind angekommen. Die Familien freuen sich auf die Waldmenschen. Jetzt sitzen wir am Frühstückstisch – im Bungalow auf der Insel Long Island im Big Lake, eine Autostunde von Anchorage entfernt. Werner Wiesinger ist längst wieder bei der Arbeit auf dem Ölfeld oben in Prudhoe Bay. Seine Frau serviert zum Frühstück *„something real american"*, eine Art Waffeln, die wir mit Ahornsirup bestreichen. Wir essen alles, was in Raten aus der Küche angeliefert wird, und trinken dazu starken, heißen Kaffee. „Wir hauen wieder einmal rein wie die Ortsarmen", meint Herbold, und Liesel verwirft den Gedanken, die Waffelproduktion einzustellen.

Aber auch das beste Frühstück endet einmal. Draußen scheint die Sonne, das Thermometer vor dem Fenster zeigt 10° unter Null, die schneebedeckten Chugach Mountains leuchten herüber. Was könnten wir dort draußen hinter den sieben Bergen an so einem Tag alles unternehmen! Aber wir sind „Gefangene" auf Long Island. Werner hat uns eine Kiste Zigarren hinterlassen. Die stellt seine Frau jetzt vor uns auf den Tisch, dazu die *Anchorage Daily News*. Der Artikel ganz oben auf der ersten Seite befasst sich nicht mit innen- oder außenpolitischen Vorgängen, nicht mit Konjunktur und Zinspolitik, sondern mit dem Wetter – *„Blizzard hits Circle"*, steht da. Der erste Schneesturm des einsetzenden Winters war tags zuvor über das 90-Einwohner-Dorf Circle am Yukon hergefallen, hatte zwei Flugzeuge zu Notlandungen gezwungen, Lkws auf den Straßen unter meterhohem Schnee begraben, den Hafen lahmgelegt und mehrere Schuten von ihren Liegeplätzen losgerissen. Der letzte Trucker, der mit seinem Kenworth-Sattelschlepper Circle erreichte, hatte für 250km über sieben Stunden gebraucht. Nun war Circle abgeschnitten. Nach Begriffen wie Schneekatastrophe, Krisenstab, Alarmbereitschaft oder Notstand sucht man in dem Artikel vergebens. Die Armee ist nicht im Einsatz, der „Regierungspräsident" von Interior kreist nicht im Hubschrauber über dem „Krisengebiet", und der Gouverneur von Alaska hat seinen Wochenendurlaub nicht abgebrochen. Die Zeitung berichtet, was die Betroffenen zu dieser Entwicklung sagen:
Gordon Petersen (31) aus Fort Yukon: *„I think, this snow is going to stay..."*
Kathy Markley (41) aus Circle: *„Yes, winter is here. It's time for hot chocolate, sitting in a warm bed and reading all those newspapers and magazines we've never had a chance to get to this summer."*
Und hätte sich nicht Andrew Perala von der *Daily News* zufällig in Circle aufgehalten, als das Unwetter losbrach, die Welt hätte nie erfahren, was ich jetzt auch weiß: *Blizzard hits Circle*.

Rückflug

Der Morgen dämmert kalt und regnerisch über Anchorage herauf. Wir stehen in der Halle des International Airport und haben noch viel Zeit. Erst trinken wir einen Kaffee, dann schlendern wir durch die Halle, vorbei an *Duty Free Shops*, Bars, Bücherläden und Geschäften. An unserem letzten Tag macht uns Alaska hier in der Halle des Flughafens noch ein besonderes Geschenk – eine Fotoausstellung. Noch einmal sehen wir, wenn auch nur auf dem Bild, die Berge der Alaska Range, der Chugach und Wrangell Mountains, dann Yukon, Tanana und Susitna River, die Städte Anchorage, Fairbanks und Homer, die Farben des *Indian Summer* und das gespenstische Nordlicht. Dann stehen wir – wir wollen es kaum glauben! – vor einem Bild aus Chitina. Es zeigt, was außer uns wohl kaum einer gesehen hat: Das in den Bach gerutschte, schräg im Wasser hän-

gende Toilettenhäuschen. Vor diesem Bild wird uns klar, wie gut wir Alaska kennen! Das macht den Abschied noch schwerer.
Ein wenig traurig schlendern wir weiter durch die Halle. Die Luft ist schlecht und warm. Vor dem Gepäckschalter stehen drei deutsche Jäger mit einem recht guten Elchgeweih. Überall sitzen, stehen und rennen Japaner, die nach Hamburg, Osaka oder Tokio fliegen wollen. Leuchttafeln, Lautsprecherdurchsagen, bunte Reklame, Stimmengewirr und Menschen, Menschen... die Zivilisation hat uns wieder. Endlich leuchtet auch für uns eine Tafel auf: *Flight 651/02 – Gate 3 – Boarding Time 10.50.* Ein Bus bringt uns zur Maschine. Der Regen hat aufgehört. Wir gehen die lange Treppe zum vorderen Eingang hinauf, vorbei an den großen Triebwerken, deren Schaufelräder sich langsam drehen.

Pünktlich um 11.20 Uhr rollt die B 747 die Startbahn hinunter, wird schneller, hebt ab und steigt steil in den grauen Himmel. Unter uns bleibt Anchorage zurück. Wir sehen noch ein Stück vom Cook Inlet, dann taucht die Maschine in die Wolken. Hinter uns sitzen die drei Jäger. Sie sprechen einen Dialekt, den ich nicht mag. Herbold lässt sich von dem erfolgreichen Schützen – es ist der Jüngste von ihnen – nähere Angaben über den Jagdaufenthalt machen. Ich höre mit einem Ohr zu: „... haben irgendwo im Südosten gejagt... zehn Tage... alles in allem für sechstausend Euro... bei einem renommierten Guide... den Elch nur eine Meile vom Lager geschossen... mit dem Aufbrechen und Bergen des Wildbrets hatten wir nichts zu tun... hat alles der Guide mit seinen Leuten gemacht..."
Ein anderer hat einen Schwarzbären geschossen. Der dritte fliegt als „Schneider" nach Deutschland. Er ist ziemlich sauer und sagt: „Für mich war Alaska die größte Enttäuschung meines Lebens..."
So viel Geld für so wenig Alaska, denke ich.

Draußen scheint die Sonne, die Sicht ist gut. Unter uns leuchten die weißen Berge der Alaska Range. Die Stewardess bringt Kaffee und Kuchen. Wir überfliegen Fairbanks und bald darauf den Yukon. Wir reden nicht viel – es ist alles gesagt. Wir denken an zuhause, an das, was in den nächsten Wochen beruflich vor uns liegt, an Termine, Tagungen, Veranstaltungen...
Jetzt überfliegen wir die Brooks Range. Hier ist schon tiefer Winter – Hänge, Täler und Seen sind weiß. Langsam zieht unten die Tundra vorbei. Dann kommt die Küste. Die Grenze zwischen Land und Meer ist aus der großen Höhe kaum mehr zu erkennen. Über dem Eismeer fliegen wir in die Dämmerung hinein und dem Nordpol entgegen – Alaska ist nur noch Erinnerung. Wahrscheinlich haben wir ähnliche Gedanken – Herbold und ich. Ich versuche mich auf das zu konzentrieren, was der Dienst in den nächsten Wochen von mir verlangt. Es gelingt überraschend gut. Ich habe die Aufgaben und Termine im Kopf, mein Verstand arbeitet zuverlässig. Mein Herz aber ist noch irgendwo in Alaska – irgendwo dahinten am Talachulitna...

Luftbild des Susitna River

Fischräder am Copper River

Bei der „roten Arbeit"

Am Talchulitna River

Trans-Alaska Pipeline

Herbold beim Zeltaufbau

Ein besonderer Nachbar

Auf den Straßen Alaskas

... dieses Land ist uns heilig. Wir erfreuen uns an diesen Wäldern. Ich weiß nicht – unsere Art ist anders als die Eure. Glänzendes Wasser, das sich in Bächen und Flüssen bewegt, ist nicht nur Wasser – sondern das Blut unserer Vorfahren.

Wenn wir Euch das Land verkaufen, müsst Ihr wissen, dass es heilig ist, und Eure Kinder lehren, dass es heilig ist, und dass jede flüchtige Spiegelung im klaren Wasser der Seen von Ereignissen und Überlieferungen aus dem Leben meines Volkes erzählt. Das Murmeln des Wassers ist die Stimme meiner Vorväter. Die Flüsse sind unsere Brüder – sie stillen unseren Durst. Die Flüsse tragen unsere Kanus und nähren unsere Kinder.

Wenn wir unser Land verkaufen, so müsst Ihr Euch daran erinnern und Eure Kinder lehren: Die Flüsse sind unsere Brüder – und Eure –, und Ihr müsst von nun an den Flüssen Eure Liebe geben, so wie jedem anderen Bruder auch...

(Häuptling Seattle, Rede „Wir sind ein Teil dieser Erde" vor dem Präsidenten der Vereinigten Staaten von Amerika im Jahre 1855)

Vor dem Start

Im Lager

Bei Wind und Regen…

Beladen

Der Koch

Es schmeckt!

Mündung des Snake in den Peel River

Feierabend

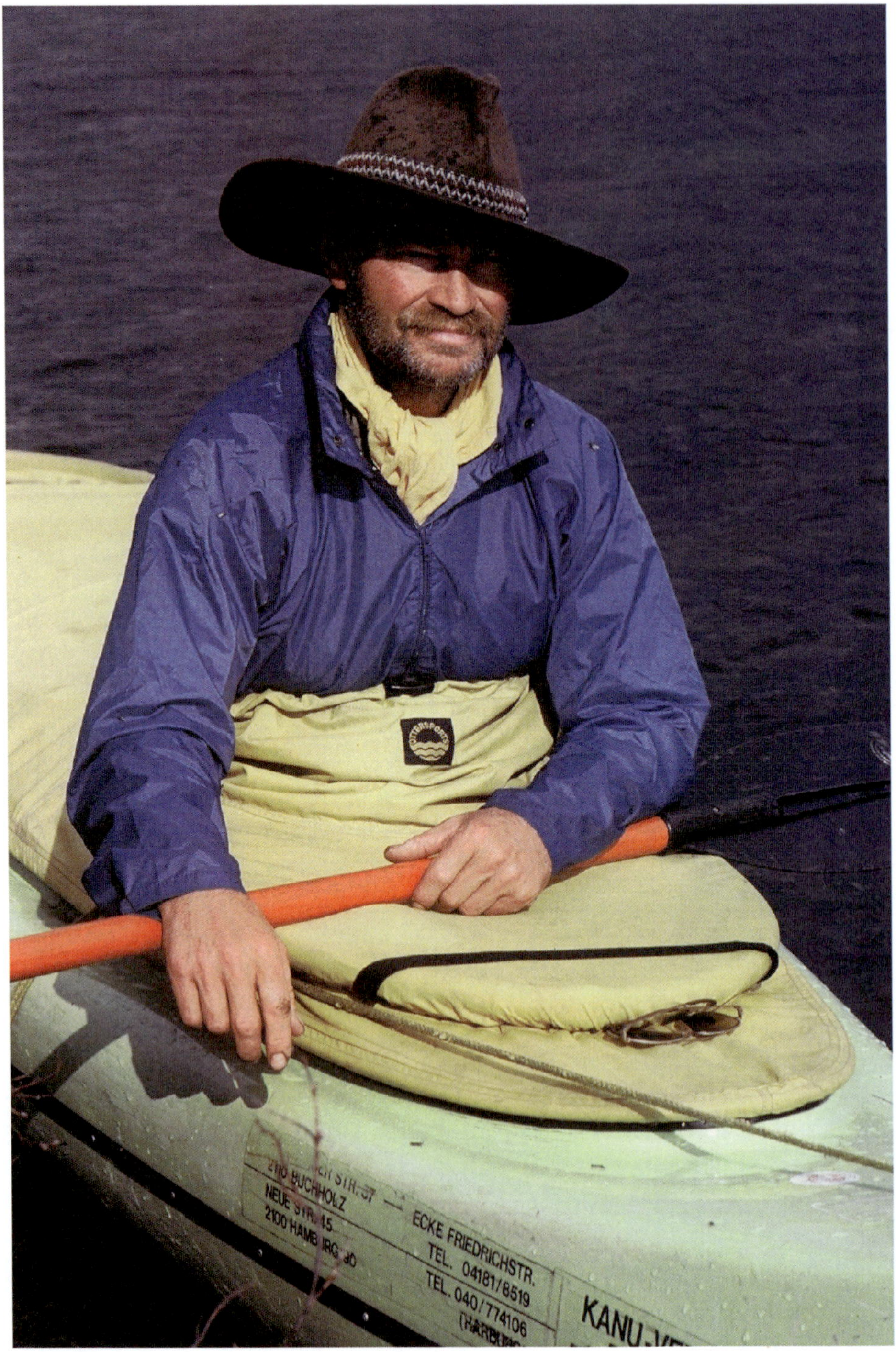

BUCHHOLZ
ECKE FRIEDRICHSTR.
TEL. 04181/8519
TEL. 040/774106

Kanada

Und der Bug zeigt nach Norden

Wie alles begann

Es war Frühling. Ich feierte meinen 50. Geburtstag mit dem von den lieben Mitmenschen für diesen „runden" Geburtstag vorgeschriebenen, aber auch erwarteten Aufwand. Schon während der Feier dachte ich darüber nach, was ich im Sommer dieses besonderen Jahres unternehmen könnte. Der Zufall reichte mir seine hilfreiche Hand...

Über Ihre Zusage würden wir uns freuen, stand auf der Einladung, die Ende April auf meinem Schreibtisch lag. Eingeladen wurde zu einem Lichtbildervortrag: Klaus Gretzmacher aus dem kanadischen Yukon Territory würde über sein Leben unter Indianern und Trappern in der Wildnis des kanadischen Nordens berichten. Natürlich sagte ich zu. Überpünktlich war ich am Vortragsabend mit meiner Frau im Hotel Elysée in der Rothenbaumchaussee in Hamburg. Im Spiegelsaal sammelte sich nach und nach ein handverlesenes Publikum. Wir standen bei dem befreundeten Ehepaar, das uns zu dieser Einladung verholfen hatte, als Wolfgang Kowald mit seiner Frau zu uns kam. An diesem Abend sah ich ihn zum zweiten Mal. Er musterte die würdigen Herren im Saal – alles Geschäftsleute, Banker, Manager – und sagte zu mir: „Wir sind hier wohl die einzigen Waldläufer, was?"
Dann ging es los. Der Gastgeber begrüßte die Gäste und stellte Klaus Gretzmacher vor, der rein äußerlich in diesen Kreis renommierter Herrschaften passte wie ein Grizzly in eine Vorstandssitzung. Dann begann der „Grizzly" seinen Vortrag und versetzte uns mit wenigen Worten und Bildern mitten hinein in den nordischen Sommer. Er fuhr mit uns im Kanu über traumhafte Seen, nahm uns mit auf die Caribougjagd in der Tundra und baute mit uns eine Blockhütte bei den Vunta-Kutchin Indianern in Old Crow am Porcupine River. Es war ein eindrucksvoller Vortrag. Aus den Worten des Vortragenden war deutlich zu hören, wie sehr er sich auf die Rückkehr nach Kanada freute. Nach dem Vortrag beantwortete Gretzmacher Fragen. Es waren Fragen von Damen und Herren, die kaum jemals eine Nacht anders als im häuslichen Schlafzimmer, im Hotelbett oder bestenfalls im Wohnwagen verbracht hatten. Gretzmacher beantwortete die drolligen Fragen taktvoll und geduldig. Die „Waldläufer" stellten keine Fragen.

Später bei einem ausgezeichneten Kalten Buffet überschütteten Wolfgang und ich den „Grizzly" mit tausend Fragen. Nach dem dritten Bier wussten wir über Flugverbindungen, Kanukauf, Wetter, Gebirge und Flüsse im Yukon gerade so viel, wie man wissen muss, um mit dem Träumen zu beginnen. Über diese Träume hinaus hatte uns Gretzmacher sehr konkret seine Anschrift und Telefonnummer mitgegeben. So gingen Wolfgang und ich an jenem Abend auseinander und verdauten – jeder für sich – den Yukon.

Mitte Mai trafen wir uns in Wolfgangs Wohnung in Meckelfeld und beschlossen auch gleich, im Spätsommer durch das Yukon Territory zu paddeln. Wir hatten uns damals eigentlich noch viel zu wenig „beschnüffelt", um gemeinsam eine solche Reise in den kanadischen Norden in Angriff zu nehmen. Wie wir uns später eingestanden, hatten wir uns gegenseitig beobachtet, beurteilt und dabei schlicht auf unser Gefühl und unsere Menschenkenntnis verlassen. Wolfgang war dreizehn Jahre jünger als ich, durchtrainiert und hatte noch den unbekümmerten Schwung der Jugend. Ich war mit meinen fünfzig Lenzen noch ausreichend rüstig, etwas besonnener und auch ein wenig erfahrener als mein Partner. Diese Gegebenheiten sprachen dafür, dass wir uns gut ergänzen und dem Yukon gewachsen sein würden. Auf der Grundlage dieser Erkenntnisse machten wir auch gleich einen einfachen und übersichtlichen Plan:

Flug von Hamburg nach Whitehorse im Yukon Territory/Kanada – Einkauf (Ausrüstung, Kanu, Verpflegung) – Flug von Whitehorse mit Kanu und Ausrüstung in die Mackenzie Mountains (550km) – Fahrt auf dem Snake River nach Norden bis zur Einmündung in den Peel River (400km) – weiter auf dem Peel bis zur Fährstelle bei Fort McPherson (350km) – Verkauf des Kanus – Rückfahrt per Anhalter auf dem Dempster Highway bis Dawson City (650km) – von da mit dem Linienbus zurück nach Whitehorse (540km) – Rückflug nach Hamburg.

Das Yukon Territory

Wir hatten auch schon ein wenig in einschlägigen Unterlagen gelesen und wussten bereits das Wichtigste über das Yukon Territory.

Lage/Klima: Im äußersten Nordwesten Kanadas gelegen, an Alaska grenzend. Nördliche Lage mit Finnland vergleichbar. Heiße Sommer, sehr kalte Winter.

Fläche: ca. 483.000km² (Deutschland: ca. 357.000km²)

Einwohner: ca. 30.000

Städte: Whitehorse:
1900 am Endpunkt der Bahnlinie Skagway/Alaska – Yukon River entstanden, damals Ausrüstungsplatz und Umsteigestation von der Bahn auf Raddampfer, die auf dem Yukon River zu den Goldfeldern am Klondike River fuhren.
1939 Bau des Flugplatzes
1942 Bau des Alaska Highway. Die Straße verbindet Whitehorse mit British Columbia und Alaska

1953 Verlegung der Behörden von Dawson City nach Whitehorse. Die Stadt wird Verwaltungs- und Wirtschaftsmittelpunkt des Yukon Territory.
ca. 25.000 Einwohner.

Dawson City:
Am Klondike River gelegen. Mittelpunkt im *gold rush* von 1900.
Damals ca. 40.000, heute ca. 1.000 Einwohner.

Industrie: Bergbau (Erze), Pelztiere.

Die Ausrüstung

Ein wichtiger Schritt in der Vorbereitung der Reise war die Zusammenstellung der Ausrüstung. Von vornherein war uns klar, dass als Boot nur ein Kanu in Frage kam. Auf den in einschlägigen „Outdoor"-Katalogen als „unentbehrlich" angepriesenen Schnick-Schnack wollten wir verzichten, aber zwei Schrotflinten mitnehmen. Bei den Waffen dachten wir weniger an die Selbstverteidigung gegen Bären, sondern an die Erlegung von Federwild zur Aufbesserung der Verpflegung. Wir mussten festlegen, was wir aus Deutschland mitnehmen und was – vor allem die großen, schweren und sperrigen Teile – wir in Kanada kaufen würden.
Mit einem geliehenen Kanu und Wolfgangs Zelt fuhren wir an einem warmen Sonntag an die Seeve. Bei Jesteburg stellten wir auf einer Wiese am Ufer das Zelt auf, überprüften seinen Zustand und schoben danach das Kanu in den Fluss. Wir wollten auf dem Wasser festlegen, wer von uns als Bug- und wer als Steuermann fahren würde. Da Wolfgang den hinteren Sitz bevorzugte, und ich gerne als Bugmann fahre, war die Rollenverteilung rasch entschieden. Wir probierten verschiedene Schläge – Hebel, Züge, Bogen- und Konterschläge, hohe und tiefe Ausleger – aus, paddelten rückwärts und übten Stopps und enge Wendungen. An einem harmlosen Wehr mit enger Durchfahrt hatte sich unsichtbar unter Wasser ein dicker Stamm verklemmt. Er saß so schräg im Wasser, dass er das auflaufende Kanu einfach nach links kippte. Wir schwammen samt unserem Gepäck im Wasser. Ich hatte geistesgegenwärtig meine kleine Kamera geschnappt und über Wasser gehalten – sie hat es überstanden. Nachdem wir unser Treibgut aus der Seeve gefischt hatten, waren wir überzeugt, dass nach dieser misslungenen Generalprobe auf der Seeve später in Kanada alles nur noch gutgehen konnte.

Seit Jahren hatte ich mich immer wieder bemüht, die richtige Ausrüstungsliste für eine Reise in die Wildnis zusammenzustellen. Es war mir nie ganz zur vollen Zufriedenheit gelungen. Dabei ist es so einfach: Alles, was man braucht! Nichts, was man nicht braucht! Möglichst viel von dem, was das Leben im Busch angenehm macht! So einfach!

Das Ergebnis unserer gemeinsamen Bemühungen sah schließlich so aus:

Kanu und Zubehör:
17' Kanu (ca. 5,28m Länge)
3 Paddel
Bug- u. Heckseil
40m Seil (Treideln, Flussüberquerung, Abseilen), mehrere 5 – 10m Seile
Schnüre zum Festbinden der Ausrüstung im Kanu

Behälter:
Seesack
2 Rucksäcke mit Tragegestell
3 große wasserdichte Beutel (Verpflegung, Bekleidung)
2 kleine wasserdichte Beutel (Geldbeutel, Kameras, Filme, Apotheke, Ferngläser, Munition)

Bekleidung:
Regenzeug (wasserdichte Jacke und Hose)
Anorak mit Kapuze
Hosen, Hemden, Gürtel, Socken, Unterwäsche, Taschentücher
Trainingshose, Pullover
Hut, Pudelmütze, Handschuhe
Bergstiefel, Turnschuhe, Gummistiefel

Lagerausrüstung:
Im Seesack
Zweimann-Hauszelt mit kleinen Vorräumen
2 Liegematten, 2 Schlafsäcke
1 leichte Plane 3 x 3,5m
Arbeitshandschuhe
Waschzeug, Handtücher
Sitzkissen (aufblasbar)
1 Pfanne, 2 Töpfe mit Deckel

In Bereitschaftstasche unter dem vorderen Kanusitz
2 Blechteller und Bestecke
2 Blechtassen
Esbitkocher, Esbit-Tabletten (Notausstattung)

Benzinfeuerzeug, Streichhölzer
Nähzeug, Draht, Sicherheitsnadeln
„Bordapotheke"

Verpflegung:
Trockenkartoffeln, -gemüse, -bohnen
Mehl, Milch-, Ei-, Backpulver
Reis, Haferflocken
Suppenwürfel, Tütensuppen
Margarine, Fett, Zwiebeln
Speck, Hartwurst, Landjäger
Kaffee, Tee
Marmelade
Rosinen, Erdnüsse, Schokolade
Salz, Gewürze
Getränkepulver

Waffen, Ferngläser, Kameras, Angelgerät und Werkzeug:
2 Doppelflinten Kal. 12, Munition
Waffenreinigungsgerät
2 große Messer (immer am Gürtel)
2 Taschenmesser
Ferngläser: 7 x 42 und 8 x 56
Kameras: Minox 35 GT, Canon A1 mit Teleobjektiv, Taschenstativ
Filmmaterial
1 Angel (Teleskoprute), mit Blinker und Fliege
kurzes Beil, Kombizange

Für den Notfall – immer am Gürtel:
„Überlebenspäckchen" mit: Verbandmaterial, Desinfektionsmittel, Angelschnur mit Haken und Blinker, Rasierklingen, Pinzette, Sturmstreichhölzer, Nadel und starker Faden, Klebeband, Sicherheitsnadeln, Brennglas

Sonstiges:
Kartenmaterial in Folie
Brustbeutel mit ein paar Dollar
Sonnenbrille
Schreibzeug, Tagebuch
ein paar Bücher
Rauchutensilien, Tabak
Thermometer
Plastiktüten

Whitehorse

27. Juli. Pünktlich um 17.25 Uhr setzt die alte, klapprige Boeing 737 auf der Rollbahn des Flughafens von Whitehorse auf. Ein buntes Völkchen verlässt die Maschine: Gut gekleidete Herren mit Aktentasche, Hut und Schirm, Mädchen in leichten Sommerkleidern, Indianer in Jeans und bunten Hemden, Mütter mit Kindern, und schließlich Waldläufer, deren Hüte, Gürtel und Schuhwerk nach Jagen, Fischen, Klettern und Kanufahren aussehen. Am Fließband, das unser Gepäck heranbringt, sehen wir uns alle wieder: Die gut gekleideten Herren heben ihre leichten Lederkoffer vom Band, die Indianer angeln sich ihre Beutel, Kisten und Körbe, die Mädchen haben kein größeres Gepäck und gehen bereits am Arm eines breitschultrigen Burschen zum Ausgang, die Waldläufer müssen mehrmals zugreifen, bis all die überschweren Seesäcke, Rucksäcke, Tragegestelle, wasserdichten Behälter und Gewehrkoffer zu einem eindrucksvollen Haufen gestapelt sind.

Draußen regnet es. Ein Taxi, das längst reif für den Schrottplatz ist, bringt uns in den Süden der Stadt zu dem ausgedehnten Campground am Yukon River. Für vier Dollar wird uns der Zeltplatz Nr. 5 zugeteilt. Wir stellen das Zelt auf, verstauen unsere Sachen und gehen in die Stadt. Bei diesem Wetter ist „Whitehorse von innen!" die beste Wahl. Wir essen ausgiebig im *Nugget Lounge*, danach bummeln wir durch den verregneten Sommerabend zurück zum Yukon. Wir sind jetzt seit gut 25 Stunden auf den Beinen und kriechen daher schon um halb neun in die Schlafsäcke.

Am nächsten Morgen stehen wir gegen sieben auf. Über dem Fluss liegt leichter Nebel. Wir waschen uns am Ufer und gehen wieder hinein nach Whitehorse. Zunächst schauen wir uns den Raddampfer *Klondike* an, der noch Goldsucher nach Dawson City gebracht hat, und jetzt als Museumsschiff am Ufer liegt. Über die 2nd Avenue gehen wir in die Stadt. Wolfgang kennt hier jeden Winkel. Er war vor Jahren hier, als er – *on the trail of '98!* – auf den Spuren der Goldsucher von Skagway über den Chilkoot Trail zum Bennet Lake marschiert und dann im Kanu auf dem Yukon nach Dawson City gefahren ist. Jetzt ist er mein Fremdenführer.

Nach dem Frühstück im *Nugget Lounge* bummeln wir durch die Main Street. Die Stadt liegt im Sonnenschein – sauber, bunt, hemdsärmelig. Die Menschen sind fröhlich und von wohltuender Gelassenheit – Männer mit dicken Jacken und breitrandigen Hüten, Frauen mit großen Taschen, junge Indianer mit roten Stirnbändern, Kinder in bunten Kleidern, auch ein paar Touristen im Safari-Look. Die Straßen gehören uralten, klapprigen Pkws, Pick-ups und den wenigen Touristenbussen. Jedes fünfte Fahrzeug hat ein Kanu auf dem Dach oder auf der Ladefläche. Noch immer weht ein Hauch aus alten Goldgräbertagen durch die Straßen von Whitehorse.

Für 09.30 Uhr sind wir mit Klaus Gretzmacher verabredet. Er kommt uns quer über die Straße entgegen – lang, schlank, drahtig und mit lachendem Gesicht. Wir gehen zum zweiten Frühstück ins *Gold Rush Inn*. Klaus berichtet, dass alles nach Plan läuft: Der Buschpilot, der uns zum Snake River fliegen soll, ist für morgen 13.00 Uhr bestellt; das Kanu, das Klaus für nur 500 Dollar kaufen konnte, liegt abholbereit im Geschäft. Dann gehen wir mit Klaus unseren Einkaufszettel durch. Er gibt uns wertvolle Tipps – sie reichen vom Backen von Bannocks über Kentern im Wildwasser bis zur Begegnung mit einem schlecht gelaunten Grizzly. Wolfgang und ich gehen nicht zum ersten Mal auf einen wilden Fluss, aber wir lauschen andächtig dem erfahrenen Waldläufer, trinken jetzt schon die fünfte Tasse Kaffee und bessern fleißig am Einkaufszettel herum. Schließlich zahlen wir. Im Hinausgehen fragt Klaus: „Seid ihr schon öfters zusammen gefahren?" Auf unser Bekenntnis: „Noch nie" huscht ein spöttisches Lächeln über sein Gesicht. Wir sehen es beide und wissen, was er denkt...

Klaus führt uns zu seinem Pick-up. Der große Husky auf der Ladefläche empfängt uns mit überschwänglicher Freude. Klaus stellt uns den Leithund seines Schlittengespanns vor, und der begrüßt uns wie alte Freunde. Wir kaufen Verpflegung, wasserdichte Gummitaschen, Karten, Angelzeug, Munition und die *Blue Fly*, die blaue Plane, ohne die man nicht in die Wildnis gehen sollte. Klaus berät uns, und der Husky bewacht die Einkäufe auf der Ladefläche. Zum Schluss erstehen wir bei der *Hudson's Bay Company* noch Paddel, Beil, und Blechgeschirr.

Um 13.00 Uhr treffen wir uns zum Essen im *Talisman* mit Fred Peschke, einem Geschäftsmann aus Düsseldorf, der jetzt im Yukon lebt. Klaus hat sein Büro in Peschkes Geschäftshaus. Wolfgang und ich bestellen vorsichtshalber das Gleiche wie die beiden Yukoner und erhalten prompt diese schrecklichen Gebilde, die meist auf *-burger* enden. Das Mädchen, das uns bedient, ist gerade erst aus Freiburg im Breisgau eingereist, um, wie sie sagt, sich ihren Traum vom Norden zu erfüllen. Wie so viele vor ihr im weiten Amerika fängt sie mit viel Optimismus und Selbstvertrauen erstmal mit Tellerwaschen an.

Nach dem Essen ist gerade noch Zeit, die Einkäufe zum Campground zu bringen. Dann geht es im Pick-up zum Flugplatz – Klaus hat uns zu einem Rundflug eingeladen. Der Pilot ist Don, ein Biologe, der in der Umweltbehörde auf dem Gebiet „Caribou" arbeitet. Wir zahlen ein paar Dollar Benzingeld und starten zu einem Flug über das Tal des Yukon und die Bergwelt südwestlich von Whitehorse. Dunkle Wälder, einsame Täler, düstere Moore, silberne Flüsse, leuchtende Schneefelder und schroffe Gipfel stimmen uns ein auf das Land, das wir in den nächsten Wochen durchfahren wollen.

Am Abend zeigen uns die beiden eine richtige Indianerkneipe, wie sie sagen. In der *Taku Bar* herrscht gedämpftes, buntes Licht. Ein Musikautomat spuckt schrille Gesänge aus, die Tische sind gut besetzt. Außer uns sind nur Indianer im Raum – junge Männer und Frauen. Viele tanzen, andere sitzen beisammen, rauchen und reden, ein paar sind angetrunken. Wir bestellen vier große Biere. Gegen Mitternacht fährt uns Klaus mit dem Pick-up zum Campground. Er selbst schläft mit seinem Hund auf der Ladefläche.

Flug zu den Mackenzie Mountains

Als wir aus dem Zelt kriechen, scheint die Sonne warm durch die Fichtenzweige. Das klare, kalte Wasser des Yukon spült uns den Schlaf aus dem Gesicht. Es ist ein herrlicher Morgen – das blaugrüne Wasser des Flusses und die Fichtenwälder auf dem anderen Ufer, ja selbst die Pfützen am Straßenrand sehen so richtig gut gelaunt aus.
Wir treffen uns mit Klaus in unserem Stammlokal, dem *Nugget Lounge,* zum Frühstück. Auf die Frage, wo wir unser Geld und unsere Papiere lassen können, bietet er uns sein Büro an. Nach dem Frühstück gehen wir zu Fred Peschkes Bürohaus, einem modernen, zweistöckigen Gebäude in der Jarvis Street. An einer jungen Indianerin vorbei, die eine Schreibmaschine bearbeitet, gehen wir hinauf zum oberen Stock. Dort treffen wir wieder auf eine Indianerin an der Schreibmaschine. Neben ihrem Schreibtisch steht ein niedriger Tisch, auf dem in wirrem Durcheinander Aktenordner, Bücher, Prospekte, Schreibpapier, Umschläge, Briefmarken und Post so kunstvoll gestapelt sind, dass nichts herunterfällt – das Büro von Klaus Gretzmacher, Reiseveranstalter, Trapper, Fotograf, Jagdführer und Guide.

Er deutet auf das heillose Chaos und sagt: „Hier könnt ihr eure Papiere hinterlegen." Wir müssen recht bedeppert ausgesehen haben, denn die junge Frau schaut uns aus ihren schwarzen, unergründlichen Augen belustigt an, und Klaus grinst und sagt: „Legt euren Kram ruhig hin, hier ist alles sicher." Sehr vorsichtig, damit wir ja nichts zum Einsturz bringen, schieben wir Reisepässe, Flugtickets, Versicherungsscheine und Umschläge mit Banknoten in den papierenen Wirrwarr. Glückliches Kanada!
Wolfgang geht danach ins Büro der Canadian Pacific und lässt unsere Rückflugdaten bestätigen. Klaus und ich fahren in das Geschäft, um das Kanu abzuholen. Es stellt sich heraus, dass das Kanu für den günstigen Preis nur in Einzelteilen geliefert wird, und die Endmontage dem Käufer überlassen bleibt – Querholm, Bug- und Heckverstärkungen, Auftriebskörper und Sitze liegen gut verpackt im nackten Bootskörper. Wir holen Wolfgang ab und fahren mit dem „Rohling" auf der Ladefläche zum Campground. Dort packen wir unsere Ausrüstung und beginnen danach mit der Montage des Kanus, die gemäß beiliegender Anleitung zwei bis drei Stunden dauert. Während Wolfgang die Einzelteile auspackt, und ich beim Platzwart Werkzeug ausleihe, fährt Klaus zum Buschpiloten und verlegt die Abflugzeit um zwei Stunden – so ein Mist! Nach gut zwei Stunden ist

das Kanu einsatzbereit – alles in allem ein schweres, aber ziemlich unverwüstliches Arbeitspferd. Die technischen Angaben:

Fabrikat: *Coleman*
Material: Kohlefaser
Länge: 17 feet (ca. 5,20m)
Glatter Boden (kein Kiel)
Querholm, Bug- u. Heckverstärkungen, Dollbordleisten, Sitzgestelle (Alu)
Sitze: 2 (Sitzschalen aus Kunststoff)
Auftriebskörper: 2 (Bug und Heck)
Gewicht: ca. 35kg
Tragfähigkeit: Materialtransport: 350kg; Personentransport: 315kg

Gegen 14.30 Uhr laden wir unsere Siebensachen am Schwatka Lake aus, wo eine gelbe Cessna 185 am Anlegesteg zwischen einer Beaver und einer Piper dümpelt. Der Pilot tankt gerade auf. Wir bringen Kanu und Ausrüstung zum Flugzeug, und der Pilot belädt – *the lighter things first!* – die Maschine. Für Klaus, der gerne mitgeflogen wäre, bleibt leider kein Platz. Dann verzurrt der Pilot unser Kanu sorgfältig außen am Gestänge des rechten Schwimmkörpers. Auf den Brettern des Steges schreibt er die Rechnung, wir zahlen, und Klaus sagt uns zum Abschied noch etwas Tröstliches: „Meldet euch in Fort McPherson bei der R.C.M.P. (*Royal Canadian Mounted Police*), sonst lass' ich euch suchen..."
Wir klettern auf die engen Sitze und schnallen uns an. Der Pilot startet den Motor, die Cessna tuckert auf den See hinaus, dreht die Nase in den Ostwind, nimmt Anlauf und hebt ab. Unten winkt Klaus, und schon überfliegen wir Whitehorse und folgen dem Tal des Yukon. Unter uns zieht auf einer Schotterstraße ein einsamer Lkw eine lange Staubfahne hinter sich her. Dann überfliegen wir den Lake Laberge, durch den der Yukon fließt. Ringsum erstrecken sich endlose Bergketten, Wälder, Moore. Der Motor singt sein eintöniges Lied, die Kompassnadel zeigt nach Norden, die Maschine steigt höher und höher. Der Ausblick ist überwältigend: Weites, unberührtes Land, namenlose Berge, Seen und Bäche, schneebedeckte Gipfel, weite, grüne Täler – so weit das Auge reicht! Caribous ziehen über Schneefelder, Dallschafe sitzen dösend in der Sonne, Adler segeln im Aufwind über den Hängen.
Der Pilot hält sicher seinen Kurs, er braucht dazu keine Karte. Nach eineinhalb Stunden kreisen wir über einem großen See. Der Pilot will kurz nach seiner Blockhütte sehen. Er drückt die Maschine aufs Wasser, und mit stehendem Motor gleiten wir auf das sandige Ufer zu. Wir gehen zur Hütte. Die Fensterläden sind heil, der Bär hat nicht eingebrochen, das Dach ist dicht – der Pilot ist zufrieden. Er sagt uns, dass er hier angelt und im Winter, wenn er wenig Flugaufträge hat, mit Büchse und Falle jagt. Wir starten und fliegen wieder über weiße

Gipfel und endlose Wälder – keine Straße, kein Dorf, keine Stromleitung, kein Gipfelkreuz. Nur einmal sehen wir Anzeichen menschlicher Anwesenheit: Drei Zelte an einem See und daneben ein Dutzend Pferde – ein Jagdlager. Der Pilot legt sich jetzt doch eine Karte aufs Knie und vergleicht sie mit dem Gelände. „Bonnet Plume River", sagt er und schaut auf die Uhr. Der Bonnet Plume ist der letzte größere Wasserlauf vor dem Snake River. Wir fliegen dicht über eine Kette schneebedeckter Gipfel, schauen in baumlose Täler und sehen den Schatten unserer Cessna über kahle Hänge gleiten. Dann drückt der Pilot die Maschine in eine steile Rechtskurve, zeigt mit dem Daumen nach unten und sagt: *„Your river, Gentlemen!"* Dünn und zierlich sieht er von hier oben aus, der Snake. Wir folgen dem Fluss nach Süden und verlieren rasch an Höhe. Jetzt erkennen wir große Blöcke im Fluss, lange Schotterbänke, die der Snake in mehreren Armen umfließt, und weiße Wellen auf dem Wasser. Er wird uns nichts schenken, dieser Fluss, das sieht man recht deutlich. Dann öffnet sich ein weites Tal. Vor uns liegen die Duo Lakes. Wir fegen dicht über den ersten See hinweg und setzen Sekunden später auf dem zweiten, dem größeren der beiden Seen, auf. Der Pilot wendet, die Maschine gleitet auf das Ostufer zu, die Schwimmer rutschen knirschend auf den Sand. In drei Minuten liegen Ausrüstung, Verpflegung und Kanu zwischen den Weidenbüschen. *„Have a nice trip!"*, und schon jagt der Pilot mit dröhnendem Motor und weißen Bugwellen vor den Schwimmern auf den See hinaus. Er hebt ab, wendet vor einem steilen Berg, überfliegt uns noch einmal, wackelt mit den Tragflächen, wir winken – und sind allein. Wir sitzen unter einem grauen Himmel in 1.250m Höhe mitten in einem weiten, baumlosen Tal im Gras. Um uns herum stehen schroff und abweisend hohe Berge mit steilen, grauen Wänden und weißen Gipfeln, durch das Tal weht ein kalter Wind. Es ist so still, dass wir unseren Herzschlag hören.
Wir erkunden unverzüglich den Weg zum gut zwei Kilometer entfernten Fluss, der sich für uns unsichtbar irgendwo im Norden durch das Tal schlängelt. Wir durchqueren in einem weiten Bogen eine sumpfige, mit Weidengebüsch bestandene Mulde und stehen plötzlich am Snake River. Er fließt in fünf schmalen Armen zwischen grasbewachsenen Inseln hindurch, das Wasser ist seicht, die Strömung mäßig. Wir suchen nach einem Lagerplatz und wählen eine Schotterbank: Windschutz durch Weidengebüsch, ein paar kleine gelbe Blumen, eine alte Wolfsspur im Sand, genügend trockenes Holz und das kristallklare Wasser des Snake – wir sind zufrieden und beginnen mit dem Transport der Ausrüstung. Jetzt wählen wir den kürzesten Weg vom See zum Fluss. Auf dem Weg zurück ist eine schwarze Steilwand jenseits des erkundeten Lagerplatzes unser Richtungspunkt. In zwei Gängen tragen wir die Ausrüstung zum Fluss. Bürstendichtes Weidengestrüpp, steile Bodenwellen und sumpfige Senken treiben uns den Schweiß aus allen Poren, und die Mücken begrüßen uns mit großer Freude. Vier Stunden nach dem Ausladen haben wir bis auf das Kanu alles am Ufer des Snake. Es ist halb elf, wir machen Feuer – das Kanu holen wir morgen.

Wir schlürfen erst einmal eine heiße Brühe. Wolfgang flickt den ersten Riss in seiner Hose. Es ist taghell und wird auch kaum dunkler. Die Teekanne hängt über dem Feuer, der Wind drückt den Rauch auf den Fluss hinaus. Wir reden über das, was vor uns liegt: Die Fahrt auf dem wilden Snake durch die Mackenzie Mountains, dann waldreiche Mittelgebirge bis zur Mündung des Snake in den Peel River, weiter auf dem großen Fluss durch Wald und Tundra nach Norden bis Fort McPherson, dem 800-Seelen-Dorf der Kutchin Indianer. Bis dahin sind es rund 750km Wildnis, 750km Hitze und Kälte, Nässe und Schwerarbeit, aber auch 750km Freiheit!
Davon reden wir, und die Ungewissheit sitzt mit uns am Feuer. Noch einmal gehen die Gedanken zurück: Hamburg... Deutschland... Europa... das alles liegt weit, weit hinter uns. Die hektische Betriebsamkeit, die unzähligen Vorschriften und Verbote, Politikergeschwätz und Werbesprüche, das schreckliche Fernsehen und all die krankhaften Wichtigtuer, alles ist weit, weit weg... wir sind frei wie der Wind... wir sind wieder richtige Menschen...

Erster Tag auf dem Snake River

Während Wolfgang das Frühstück zubereitet, führe ich Tagebuch:

30. Juli, 06.10 Uhr Sonne, kühler Wind aus Süd
Luft: 8° C, Wasser: 6° C

Dann trage ich in Stichworten die Ereignisse der beiden Vortage ein. Wolfgang serviert Rührei mit Schinken und Kaffee. Nach dem Frühstück waschen wir ab, suchen die Schwimmwesten aus dem Gepäck heraus und gehen durch einen hellen Sommermorgen zurück zu den Duo Lakes. Das Tal liegt still und reglos im Sonnenschein – kein Windhauch, kein Schmetterling, keine Vogelstimme. Sind wir die einzigen Lebewesen hier am Oberlauf des Snake River?
Am Seeufer nehmen wir das Kanu auf und heben es kieloben auf unsere Schultern. Die Schwimmwesten dienen als Tragepolster. Unsere Köpfe stecken im Rumpf des Bootes, die Sicht ist begrenzt. Wolfgang geht vorne, er kann den Boden nur bis etwa drei Schritte vor den eigenen Füßen sehen. So gehen, waten, rutschen und stolpern wir durch die Weiden und Zwergbirken, über steile Sandhänge hinauf und hinunter, über federnden, glucksenden Moorboden. Auf halbem Weg machen wir Rast. Ich steige auf einen flachen Hügel und setze mich auf meine Schwimmweste. Ringsum leuchten die Berge in der Morgensonne. Vor dem schwarzen Steilufer glitzert silbern der Fluss. Meine Augen und Gedanken gehen durch das weite, grüne Tal. Zum ersten Mal seit unserer Ankunft in Kanada spüre ich die ganze wilde, unbegrenzte Freiheit – die Freiheit, die daheim in unserem übervölkerten Land, in den lärmenden Städten und ver-

städterten Dörfern, auf den verstopften Straßen, in den zersiedelten Tälern und „erschlossenen" Wäldern keinen Raum mehr findet. Nur wenige Menschen kennen sie dort noch – ein paar Bergsteiger vielleicht, ein paar Jäger, ein paar Hochseesegler. Hier nimmt sie mich in den Arm, und mein Herz schlägt schneller. Aber noch etwas bewegt mich – ein Gefühl, das aus dem Unterbewusstsein kommt und sich wie ein leichter Schatten auf mein Gemüt legt: Was liegt vor uns hinter dem Horizont im Norden? Was hält das weite Land in diesem wilden Tal morgen, übermorgen für uns bereit?

Dort unten sitzt Wolfgang neben dem Kanu im Gras. Was denkt er wohl gerade? Wir nehmen das Kanu wieder auf und gehen weiter. Bald sehen wir das blaue Zelt zwischen den Weidenbüschen. Die Sonne hat das Zelt getrocknet. Wir brechen das Lager ab, verpacken alles, was nicht nass werden darf, in den wasserdichten Behältern und beladen sorgfältig das Kanu. Ich staune wieder einmal darüber, wie wenig der Rumpf eines Kanus auch mit voller Beladung ins Wasser eintaucht. Wir binden die einzelnen Gepäckstücke mit Schnüren am Querholm und an den Sitzen fest. Dann decken wir die Ladung mit der blauen Plane ab. Um 11.00 Uhr sind wir „klar zum Auslaufen".

Das Auslaufen ist zunächst nicht mehr als eine Fahrt von gerade mal 30 Metern. Dann knirscht es unter dem Bug... ein Ruck... wir sind auf Grund gelaufen. Der Fluss, der hier in fünf seichten Armen dahin fließt, hat selbst für den geringen Tiefgang eines Kanus zu wenig Wasser. Wir müssen raus und uns im Wechsel zwischen Schieben, Ziehen, Einsteigen, Fahren und wieder Aussteigen langsam vorarbeiten. Weidenbüsche auf den Schotterbänken erschweren die Sicht. Wir wissen nie, ob wir gerade in einem besonders seichten Flussarm sind oder doch im Hauptarm mit dem tiefsten Wasser. Auffliegende Schneehühner sind die ersten Lebewesen, die wir sehen. Dann fließen vor uns drei Flussarme zusammen, und wir haben endlich genug Wasser. Im Fluss liegen vereinzelte Felsen. Das Wasser ist vollkommen farblos und unwirklich klar. Die Strömung nimmt uns jetzt die Paddelarbeit ab, die Sonne scheint warm, und auch das Wasser in den Gummistiefeln erwärmt sich langsam – eine beschauliche Fahrt!

Dann rauscht es vor uns stärker, weiße Wellenkämme werden sichtbar – das Wildwasser beginnt. Wir haben wenig Mühe, den Blöcken auszuweichen und auf der „Zunge" durch die kleinen Stromschnellen zu gleiten. Wolfgang steuert sicher, und ich probe immer wieder den Ziehschlag, der das Kanu seitwärts versetzt, um mich auf schwereres Wasser vorzubereiten. Die ersten größeren Wellen bringen Spritzwasser, und an den Bugseiten schwappen auch schon mal ein paar Liter Wasser ins Kanu. Ich bin längst durchnässt, und hinter mir plätschert das Wasser um Wolfgangs Füße. Wir legen an – Mittagspause! Bald flattern die nassen Sachen an Ästen und Zweigen, wir liegen hüllenlos in der Sonne und blinzeln in den wolkenlosen Himmel.

Nach einer guten Stunde fahren wir weiter. Wir müssen noch ein paar Mal aussteigen und das Kanu durch seichtes Wasser ziehen. Als von rechts ein Bach aus

einem Seitental in den Snake mündet, haben wir genügend Wasser. Der Fluss ist jetzt sogar recht munter und springt übermütig über Steine und Kiesbänke. Wir kommen einigermaßen trocken durch ein paar Stromschnellen. Dann verengt sich das Tal. Vor uns stehen graue Felsen, und der Fluss rauscht bedrohlich. Nach einer weiteren Stromschnelle ziehen wir 100m vor einer senkrechten Wand das Kanu auf das linke Ufer. Der Fluss prallt vor uns im rechten Winkel gegen die teilweise überhängende Wand und fließt dann nach rechts in einen Canyon. Wir klettern einen steilen Hang hinauf und schauen uns die Schlucht von oben an. Der Fluss hat sich tief in die Felsen gefressen und fließt in drei engen Windungen zwischen steilen Wänden. Blaugrüne Wasser in tiefen Becken wechseln mit schäumenden Stromschnellen ab. Wir beschließen, den Canyon im Wechsel von Fahren und Treideln zu bewältigen und prägen uns die einzelnen Flussabschnitte genau ein.
Um das Kanu an der gefährlich überhängenden Wand vorbei zu treideln, müssen wir zuvor hinüber an das rechte Ufer. Der Snake ist hier ca. 20m breit und fließt sehr schnell. Der Weg zurück ist uns durch die starke Strömung und die Stromschnelle, die wir gerade durchfahren haben, verbaut. In dem schwer beladenen und daher nicht sehr beweglichen Kanu können wir in der starken Strömung so knapp oberhalb der nächsten Schnelle auch nicht auf die andere Flussseite paddeln. Einer von uns muss den Fluss durchwaten und das Kanu am langen Seil auf das andere Ufer ziehen. Hier, wo das Kanu jetzt liegt, scheint dafür die beste Stelle zu sein.
Wolfgang erklärt sich sofort bereit, als erster durch den Fluss zu waten. Wir ziehen uns aus und tragen nur noch Schwimmweste und Schuhe. Dann nimmt Wolfgang das vordere Ende unserer 40m-Leine und geht ins Wasser. Ich halte die Leine und sichere ihn. In der Flussmitte reicht ihm das Wasser bis an die Schwimmweste. Manchmal zieht ihm die Strömung die Beine weg, aber er fasst immer wieder Fuß, kommt gut hinüber, klettert den Hang hoch und bindet das Seil an einen kleinen Baum. Jetzt mache ich das hintere Seilende am Heck fest und schiebe das Kanu rückwärts ins Wasser. Wolfgang strafft das Seil, und die Strömung zieht das Kanu in den Fluss. Ich halte den Bug mit der Bugleine so weit sie reicht und gehe dabei noch ein paar Meter ins Wasser. In leichter Gierstellung wird das Kanu von der Strömung rasch zum anderen Ufer gedrückt. So bringen wir unser Hab und Gut sicher über den Fluss. Wolfgang wirft mir ein Ende des langen Seils zurück und sichert mich beim Durchwaten. Jetzt treideln wir das Kanu am Bug- und Heckseil an der überhängenden Wand und der nächsten gefährlichen Stromschnelle vorbei, fahren und treideln im Wechsel weiter und erreichen so Stück für Stück den Ausgang des Canyons und ruhiges Wasser.
Wir fahren noch zwei Stunden, weichen dauernd großen Felsen aus und schießen durch schäumende Schnellen. Schließlich gehen wir an einer Schotterbank an Land und wählen eine sandige, trockene Stelle als Lagerplatz. Wir ziehen uns um, breiten die nassen Sachen auf großen Steinen aus und legen zwischen

frischen Elchfährten und alter Bärenlosung die Feuerstelle an. Hier gibt es an den Hängen die ersten niedrigen Fichten und ein paar dünne Pappeln. Mit einiger Mühe finde ich genug trockenes Holz für das Feuer. Mein Steuermann wird zum Smutje – Specksuppe mit Nudeln zaubert er heute aus seinen Töpfen. Wir hauen rein wie die Ortsarmen.
Nach dem Essen stecken wir die Köpfe über der Karte zusammen und versuchen, unseren Standort zu bestimmen. Wir geben bald auf. Unsere Kartenblätter im Maßstab 1: 250.000 sind zu ungenau, und die Landschaft bietet zu wenig Anhaltspunkte. Wir schätzen, dass wir so 30 bis 35km gefahren sind. Ich messe diese Entfernung auf der Karte ab, zeichne einen Kreis am Westufer ein und schreibe daneben C 2 – Camp 2. Wir sind mit dem ersten Tag auf dem Snake sehr zufrieden. Beladung und Trimmung haben gestimmt, wir haben keine groben Fehler gemacht und sind schon ganz gut aufeinander eingespielt. Bis 23.00 Uhr sitzen wir am Feuer. Die Nacht ist hell und warm.

Wildwasser

Wir paddeln in einer überwältigenden Gebirgslandschaft den Snake River hinunter. Das Wetter ist, wie überall im Norden, unberechenbar: Sommerliche Hitze, schwere Gewitter, eisige Nächte, graue Nebeltage und großartige Sonnenuntergänge wechseln in schöner Regelmäßigkeit. Außer uns beiden scheint es Menschen hier oben nicht zu geben. Adler und Rabe, Wildschaf und Elch, Wolf und Bär sind jetzt – sichtbar und unsichtbar – unsere Gefährten. Mit jedem einmündenden Bach ist der Fluss breiter, tiefer und schneller geworden. Jetzt, rund 60km von unserem ersten Lager entfernt, fordert der Snake mit seinen Canyons, Stromschnellen, Kehrwassern, Flachstellen, Fels- und Baumhindernissen unsere ganze Aufmerksamkeit. Manchmal kommen wir nicht so recht voran, weil uns der Fluss immer wieder ein Bein stellt.

Heute Morgen ist das Wasser tief und die Strömung stark. Wir fliegen auf dem unruhigen Wasser nur so dahin. Immer wieder leuchtet es weiß vor uns – Stromschnellen. Wir müssen ständig das Kanu seitwärts versetzen, um zwischen den Blöcken eine glatte Durchfahrt zu erwischen. Das bedeutet Schwerarbeit, die den vollen Einsatz von Armen, Schultern und Hüfte verlangt. Die kurzen Atempausen in ruhigerem Wasser sind eine Wohltat. Dann lege ich das Paddel quer über die Schenkel, wische mir das Wasser aus dem Gesicht, und schon ist es wieder höchste Zeit, mit kräftigen Ziehschlägen das Kanu seitwärts zu versetzen. Das schwer beladene Kanu liegt sehr viel ruhiger im Wasser als ein Kanu ohne Ladung. Auch in schwerem Wellengang ist es nicht schwierig, das Kanu mit hohen und tiefen Auslegern so zu stabilisieren, dass ein Kentern nahezu ausgeschlossen ist. Nachteilig ist, dass das Kanu, bedingt durch die schwere Ladung,

nicht mehr viel Freibord hat. Dadurch sticht der Bug beim Durchfahren der Stromschnellen oft so tief in die Wellen, dass rechts und links Wasser ins Kanu schwappt. Längst bin ich vom Spritzwasser unterhalb des Gürtels nass bis auf die Haut. Mein Steuermann ist hinten etwas besser dran.
So schießen wir in wilder Fahrt dahin. Die vorbeiziehende Landschaft sehen wir oft nur aus den Augenwinkeln. Wir sind so angespannt, dass wir weder das eiskalte Wasser noch unseren Herzschlag spüren. Auch wenn unsere Zusammenarbeit schon recht gut ist, sind wir doch noch nicht genügend auf einander eingespielt und kommen daher meist noch nicht ohne kurze Zurufe aus. Das hört sich dann so an:
„Achtung! Rechts Stein!"
„Schon gesehen!"
„Das war knapp!"
„Rechts oder links?"
„Besser links!"
„Siehst du die Wellen?"
„Also dann rechts!"
„Geh' in die Innenkurve!"
„Achtung! Drei Steine genau vor uns!"
„Der Fluss gabelt sich – rechts oder links?"
„Rechts ist der Hauptarm!"
„Schaffen wir nicht mehr!"
„Macht nichts, links ist auch genug Wasser!"
So klingt unser Wechselgesang durch das stille Tal.
Jetzt sollte uns Klaus Gretzmacher sehen! „Seid ihr schon mal zusammen gefahren?", hat er gefragt. Ha! Jetzt sollte er uns mal sehen...!

Ein dicker Felsen, dem wir nur ganz knapp entgehen, reißt mich jäh aus meiner auftrumpfenden „Unterhaltung" mit Klaus Gretzmacher. Die Sache ist die: Die Steine des Anstoßes vor uns im Fahrwasser sind fast immer gut sichtbar, aber sie kommen auch sehr schnell auf uns zu. Da bleiben oft nur wenige Sekunden, um zu entscheiden, ob wir den Felsen rechts oder links umfahren. Man sollte so ein Hindernis immer mit, nicht gegen die Strömung umfahren. Geht die Hauptströmung nach rechts, müssen wir rechts vorbei – ganz einfach! Schwierig ist nur, den Fluss richtig zu „lesen" – also ohne Zeitverlust zu erkennen, wohin die Strömung geht, wo tiefes Wasser ist, wo Steine dicht unter dem Wasserspiegel lauern. Schwierig ist auch, das schwer beladene Kanu seitwärts zu versetzen. Um dafür nicht die entscheidenden Sekunden zu verlieren, müssen wir uns sehr schnell entscheiden.
Wenn das Wasser im Kanu um unsere Füße schwappt, wenden wir das Kanu, paddeln schräg gegen die Strömung und legen an. Wir ziehen den Bug auf das Ufer, das Wasser im Kanu fließt nach hinten, und der Steuermann legt das Kanu

trocken. In großen Schiffen verrichten Lenzpumpen diese Arbeit – Wolfgang ist der Erfinder der Lenzpfanne. Er schöpft mit unserer Bratpfanne das Wasser aus dem Heck und gibt es dem Fluss zurück. Dann fahren wir weiter, und der dankbare Snake wirft uns großzügig das Wasser wieder eimerweise ins Kanu. Wir berechnen dabei die Stromschnellen nach dem „Pfannenfaktor" – der geschätzten Anzahl der Pfannen, die wir nach Durchfahren der Schnelle aus dem Kanu schöpfen müssen. Da gibt es 20er, 40er oder auch schon mal 50er Stromschnellen.

Wir sind jetzt vier Stunden gefahren, sind völlig durchnässt und steif vor Kälte. An einer Schotterbank zwischen zwei Flussarmen legen wir an. Zwischen Weidenbüschen machen wir Feuer – Treibholz gibt es hier wie überall genug.

Während der Koch tätig wird, lege ich alles, was nass ist, auf große Steine oder hänge es in die Büsche. Langsam werden wir wieder warm. Die Sonne kommt, und das Thermometer zeigt 22°. Ich schaue mich ein wenig um. Überall blühen kleine blaue und gelbe Blumen. Im Sand stehen die Fährten eines kleinen Caribourudels – drei Alttiere und zwei Kälber. Die Spur eines starken Wolfs begleitet die Fährten.
Wolfgang serviert das Mittagessen: Brühe, Reis mit Gulasch, Erdnüsse. Während wir am Feuer sitzen und essen, zieht ein junger Dallwidder einen Steilhang herunter – knapp 80m von uns entfernt. Er äugt immer wieder zu uns herüber und zieht dann ohne Eile über die Schotterbank zum Wasser. Nach dem Abwasch waten wir durch den Nebenarm und steigen auf dem steilen Hang so hoch, dass wir das ganze Tal überblicken können. Wir sitzen auf einem richtigen *Blueberry Hill* und essen bis wir satt und die Mäuler blau sind. Der Blick von hier oben ist atemberaubend: Zu beiden Seiten des weiten Tales stehen schwarz und zerklüftet die namenlosen Gipfel der Mackenzie Mountains. Im Süden wechseln ständig graue Regenschleier mit blauem Himmel und Regenbogen. Im Norden brodeln von der Sonne vergoldete Nebel aus Tälern und Schluchten. Ein sanfter Wind nimmt den Pfeifenrauch mit hinunter ins Tal...

Wo ist der Hauptarm...?

Wir fahren in einen düsteren Morgen hinein. Der Fluss scheint hinter jeder Biegung mehr Wasser zu führen. Die gefährlichen Steine liegen jetzt meistens so tief, dass wir gefahrlos darüber hinweg gleiten. Nach den Erfahrungen von gestern habe ich heute mein Regenzeug angezogen, aber dieser Schutz hält nicht lange vor. Plötzlich rauscht es vor uns, weiße Wellen kommen in Sicht. Schon sind wir mittendrin. Wasser rinnt mir vom Gesicht den Hals hinunter, dringt durch die Taschenöffnungen der Regenhose und findet seinen Weg von den

Händen durch die Ärmel bis zu den Schultern. Mag man in Florida einen Sonnenbrand, in Arizona einen Hitzschlag bekommen – hier auf dem Snake kriegt man einen nassen Hintern.

An den Hängen zu beiden Seiten des Flusses stehen jetzt immer mehr Fichten, das Tal wird allmählich breiter, der Fluss langsamer. Immer öfter zweigen nach beiden Seiten Flussarme ab. Bald wissen wir nicht mehr, ob der Snake hier das Tal in zwei, vier oder sieben Armen durchfließt. Es ist manchmal nicht leicht, den Hauptarm rechtzeitig zu erkennen. Wenn wir die entscheidenden Sekunden verlieren und einem der abzweigenden Nebenarme zu nahe kommen, saugt er uns einfach auf. Manchmal teilt sich dieser Arm auch wieder, und irgendwann haben wir dann zu wenig Wasser unter dem Kanu. Dann müssen wir aussteigen und ziehen bis wir einen tieferen Arm erreichen. Bleiben wir aber im Hauptarm, dann gleiten wir ungehindert durch das Zopfmuster des verzweigten Flusses, paddeln eben noch unter überhängenden Weidenbüschen am Westufer dahin, überqueren hinter einer plötzlichen Biegung in rascher Fahrt das breite Tal und tanzen bald schon über Stromschnellen unter dunklen Felsen am Ostufer.

Manchmal springen wir wie über Treppenstufen von einem Arm hinunter in den nächsten und so weiter bis wir am äußersten Rand des Tales wieder in die grünen Wellen des Hauptarms gleiten. Dann wieder fahren wir wie auf einem Dachfirst dahin bis der Fluss sich gabelt und nach beiden Seiten abkippt. Die Strömung schiebt uns dann oft ohne unser Zutun in einen der beiden Arme hinein. Manchmal fließen an einer Stelle drei oder sogar vier Flussarme zusammen. Die verschiedenen Strömungen bauen dann tückische Wellen auf, und das Kanu wird plötzlich wie von Geisterhand zur Seite gerissen oder im Kreis gedreht.

Wir sind inzwischen gut eingespielt, paddeln sicher durch unruhiges Wasser und finden meistens die Ideallinie. Wir spüren die Nässe und Kälte kaum, stampfen durch das brodelnde, weiß schäumende Wasser und singen dabei noch wilde Lieder. Auf den ruhigen Strecken des Flusses lassen wir uns treiben. Dann ist Zeit, zu verschnaufen und sich die Umgebung anzusehen. Hinter jeder Flussbiegung erwarten uns neue Bilder: Schroffe Felswände, lang gestreckte Kiesbänke, bewaldete Inseln, tiefe, dunkelblaue Becken, in denen das Kehrwasser kreist, darüber grüne Hänge und schneebedeckte Gipfel – nie habe ich ein wilderes Tal gesehen!

Der Fluss fließt wieder einmal auseinander – so wie die Finger aus der Hand kommen.
„Wo ist der Hauptarm?"
„Halb rechts sieht's gut aus!"
Wir paddeln in den Flussarm halb rechts und spüren, wie das Wasser immer schneller wird. Vor uns wird ein Fichtenwald sichtbar und der Wasserlauf fließt geradewegs hinein. Mir gefällt das gar nicht. Wolfgang versucht das Kanu in der

Mitte zu halten. Dann kommt eine scharfe Biegung nach links... Verdammt! Eine lange Fichte ist von der rechten Uferböschung gefallen und hängt jetzt quer über dem Fluss. Das Kanu kommt wohl noch unter dem Stamm durch, aber die Äste hängen bis ins Wasser herab. Wir paddeln verzweifelt, um links an der Baumspitze vorbeizukommen, der Baum kommt rasend schnell näher.

Was einem in solchen Augenblicken so alles durch den Kopf geht: Ich sehe deutlich ein Bild aus einem Buch vor mir, das einen im Wasser liegenden Baum zeigt und ein kenterndes Kanu zwischen seinen Ästen – *„... being sucked by the current into dangerous snag..."*, oder so ähnlich stand darunter (von der Strömung in ein gefährliches Hindernis gezogen).

Schon sticht der Bug in die grüne Wand der Fichtenäste, ich rutsche blitzschnell vom Sitz und halte mir die Arme vors Gesicht. Es rauscht, wird dunkel und wieder hell. Ein Ruck, der Bug schwingt nach rechts und schießt auf ein Steilufer zu. Hinter mir ist es verdächtig still, ich greife nach einer dünnen Wurzel, die vom Uferrand herunter hängt, und halte so das Kanu. Dann drehe ich mich um. Wolfgang hängt im Baum, hält sich mit beiden Armen am Stamm und streckt die Beine nach vorn, als wolle er nasse Füße vermeiden. Fast muss ich lachen. Als er sieht, dass ich das Kanu am Ufer halten kann, ruft er: „Ich schwimme zu dir...", und lässt sich fallen. Schon taucht er am Heck auf, die Strömung zerrt am Kanu, die dünne Wurzel in meiner Hand gibt etwas nach. Wenn sie jetzt reißt, treiben wir hilflos ins Ungewisse. Wolfgang schafft es irgendwie, auf das hohe Ufer zu kommen. Ich werfe ihm das Bugseil zu – geschafft!

Mein triefender Steuermann meldet aus der Höhe kleinlaut den Verlust seines Paddels – schöne Bescherung! Ich krame das schmale Reservepaddel aus dem Kanu und schiebe mein eigenes nach hinten zum Hecksitz. Jetzt rächt sich, dass wir beim Einkauf in Whitehorse so knickrig waren und nur ein einziges Reservepaddel gekauft haben – noch dazu ein so schmales. Es hat nur ein paar Dollar gekostet und so sieht es auch aus.

Wolfgang friert – wir müssen weiter. Ich halte das freie Ende der Bugleine, die Wolfgang um einen Baum gelegt hat, in der Hand, lasse das Heck langsam stromabwärts treiben und halte das Kanu. Wolfgang klettert auf seinen Sitz. Wir schauen uns das Fahrwasser genau an, dann hole ich die Leine ein, und die Strömung schiebt uns rückwärts vom Ufer weg. Wolfgang wendet das Kanu – mit meinem schönen, breiten Paddel! „Alles wieder im Lot auf'm Boot!", rufe ich meinem betrübten Steuermann zu. Aber das Reservepaddel ist verdammt schmal – ich nenne es „schwindsüchtig". Es lässt sich fast so leicht wie eine Latte durchs Wasser ziehen. An einem Kanurennen können wir damit nicht teilnehmen.

Bei einsetzendem Regen gehen wir an Land, tragen alles Nötige unter die Bäume und spannen die blaue Plane zwischen drei Stämme. Auf einem breiten Elchwechsel mache ich ein Feuer, Wolfgang zieht sich aus, reibt sich mit dem

Handtuch warm und zieht trockene Sachen an. Dann backt er Bannocks (eine Art Kuchen aus Hafer- oder Maismehl mit verschiedenen Zutaten). Der Regen rinnt, das Feuer qualmt, der Platz unter der Plane ist eng. Aber wir sind trocken und warm, und die Bannocks in der Pfanne nehmen langsam eine gesunde Farbe an – was braucht der Waldläufer mehr?

Im Lager

Wenn wir am Ende einer Tagesstrecke das Kanu aus dem Wasser ziehen und die Schwimmwesten ablegen, beginnt das Lagerleben. Heute liegt unser Lagerplatz in einer Flussbiegung auf einer Sandbank zwischen dem Snake und einem einmündenden Bergbach.
Zuerst suchen wir den Platz für das Zelt aus, dann legt Wolfgang die Feuerstelle an. Wegen der Bären wählen wir den Feuerplatz immer in Lee in 30 bis 40m Entfernung abseits des Zeltes. Nie nehmen wir Essbares mit ins Zelt, nie lassen wir Speisereste im Lager herumliegen.
Ich stelle das Zelt auf einem einigermaßen ebenen Grasstreifen auf, rolle die Schlafsäcke aus und hänge sie in einen Weidenbusch. Dann befestige ich alle Gurte, Riemen und Schnüre sturmsicher in einer kleinen Birke – im „Bänderbaum". So sind wir sicher, dass wir sie morgen früh selbst nach einem Gewittersturm noch vollzählig vorfinden.
Der Wind trägt den Rauch von Wolfgangs Feuer zu mir herüber und erinnert mich an meine weiteren Pflichten – ich hole Holz vom Flussufer. Treibholz liegt überall in allen Kalibern herum. Ich breche die größeren Äste in handliche Stücke und schichte sie für den Koch griffbereit neben dem Feuer auf. Jetzt bin ich fertig, Wolfgang dagegen hat noch alle Hände voll zu tun. So ist das fast immer: Mit Zeltbau und Holzholen ist meine Arbeit getan – der Koch hat keine freie Minute. Anfangs hatte ich deswegen noch so etwas wie ein schlechtes Gewissen, aber dank der menschlichen Natur habe ich mich ganz gut daran gewöhnt. Nur wenn Wolfgang nach dem Essen auch noch am Ufer abwäscht, ist mir dieser Anblick recht unangenehm. Ich schaue dann immer in eine andere Richtung.
Heute teilt mich der Küchenmeister zum Zwiebel- und Speckschneiden ein. Na, bitte! Bald sitzen wir an einen trockenen Stamm gelehnt auf unseren Schwimmwesten und tafeln fürstlich: Klare Brühe, Bratkartoffeln mit grünen Bohnen, Kaffee und Kekse. Meine Dankbarkeit überwältigt alle egoistischen Gefühle – noch bevor Wolfgang auf den Gedanken kommt, trage ich Töpfe, Teller und Bestecke zum Fluss hinunter, und bald liegt alles blitzblank zum Trocknen in der Abendsonne.
Wolfgang hat sich bereits in das Studium des aktuellen Kartenblattes vertieft. Gemeinsam versuchen wir eine Viertelstunde lang, herauszufinden, wo wir

überhaupt sind. Wir scheitern auch heute, weil es hier am Oberlauf des Snake im Gelände noch immer keine ausgeprägten Anhaltspunkte gibt. Wenn der Buschpilot sich nicht vertan hat, muss der Fluss, an dem wir lagern, der Snake River sein – mehr lässt sich im Augenblick nicht sagen. Abwarten und rauchen! „Borkum Riff" heißt das Kraut, das im Pfeifenkopf glüht und blaue Wolken formt – die Yukon-Mücken mögen es gar nicht.

Später versuche ich es zum ersten Mal an mehreren viel versprechenden Stellen mit der Angel. Kein Biss! Ich packe zusammen und gehe zurück zum Feuer. Der Rauch driftet die ganze Zeit nach Norden: Südwind! Trotzdem ziehen die Wolken seit Stunden das Tal hinauf nach Süden. Es ist ein düsterer, warmer Abend. Wir hängen die Ferngläser um, laden die Flinten mit Schrot Nr. 5 und bummeln am Fluss entlang. Wir finden weder Enten noch Hühner. Auf dem Rückweg stehen wir plötzlich vor einer starken Grizzlyspur, ein bis zwei Tage alt.

Im Lager finden wir noch ein wenig Glut in der Asche und legen Holz auf. Unter dunklen, dicken Wolken sitzen wir am Feuer. Wolfgangs Frau Ute hat heute Geburtstag. Er erzählt von ihr, und ich höre aus seinen Worten, wie gut er sich mit ihr versteht. Wir trinken auf ihr Wohlergehen heißen, süßen Tee, und Wolfgang gibt zur Feier des Tages noch eine Runde Erdnüsse aus.

Gegen Mitternacht rüsten wir im Dämmerlicht zur Nacht. Wir tragen zunächst unsere Ausrüstung und die Verpflegung an einen trockenen Platz. Schlaue Bücher empfehlen, die Verpflegung mindestens 4m hoch in einen Baum zu hängen, weil der Grizzly nicht klettert. Wir haben hier aber keine Bäume, nur Weidenbüsche und dünnstangige Fichten. Der Grizzly könnte diese Bäumchen mit einem leichten Schlag knicken. Wir legen alles auf die Erde und stülpen das Kanu kieloben darüber. Wolfgang, der sich bereits durch die Erfindung der „Lenzpfanne" verdient gemacht hat, hat zum Schutz unserer Vorräte auch eine Bärenalarmanlage entwickelt. Er baut jeden Abend, nachdem wir alles mit dem Kanu abgedeckt haben, aus unserer Küchenausstattung – Pfanne, Töpfe, Teller, Tassen und Bestecke – zwei kleine Türme auf den Kanuboden und beschwert sie geschickt mit Steinen, damit der Wind sie nicht zum Einsturz bringen kann. Er glaubt, dass wir vom Geschepper des fallenden Blechgeschirrs wach werden, falls ein Bär das Kanu anheben sollte. Ja, das glaubt er wirklich! Ich habe da so meine Zweifel – nicht an der Alarmanlage, aber an Wolfgang. Wenn er nämlich erst einmal in seinem Schlafsack liegt, schläft er den Schlaf eines Bären im Winterlager. Immer wenn ich ihn morgens frage: „Hast du den Donner gehört?" oder „Haben dich auch die Kraniche geweckt?", macht er ein Gesicht, als hätte ich ihm gerade erzählt, dass der Erzengel Gabriel letzte Nacht ins Zelt geschaut hätte... Trotzdem stellt er jeden Abend unverdrossen seine Anlage auf „Alarm". Das tut er auch heute, während ich mit einem Ast die Glut auseinander scharre, Fernglas und Pfeife wegpacke und mein Gewehr überprüfe. Wie es hier im Norden üblich ist, laden wir für die Nacht in den rechten Lauf unserer Flinten Schrot Nr. 0 (von den deutschen Jägern auch „Sauposten" genannt), in den linken Lauf ein Flintlaufgeschoss (ein dicker Bleibatzen der Marke „Brennecke"). Nach Aussagen von Klaus Gretzmacher soll diese Dosierung auf 10m Entfernung auch den grimmigsten Grizzly beeindrucken. Wolfgang ist bereits im Vertrauen auf Gott und die Alarmanlage eingeschlafen. Auch ich krieche in den Schlafsack und träume von Bären, die so groß sind wie Elefanten, und mit Töpfen und Pfannen Fußball spielen.

Der Wetterprophet

Wir frühstücken ungewöhnlich lange. Selbst mein unruhiger Steuermann hat es heute nicht eilig. Erst um 11.00 Uhr gehen wir aufs Wasser. Die Berge zu beiden Seiten leuchten im hellen Licht eines warmen Sommermorgens. Wir gleiten auf ruhigem Wasser dahin. Seeschwalben fischen in den kleinen Buchten, ein Flussuferläufer begleitet uns ein Stück mit kurzen, schwirrenden Flügen. An den Ufern ziehen Pappelwäldchen, grüne Lichtungen und überhängende Felsen vorüber. In den Bäumen rührt sich kein Blatt. Wir paddeln gemächlich, jeder in seinem eigenen Takt. Seit einer halben Stunde hat keiner ein Wort gesagt. Die feierliche Stille des einsamen Tals verträgt kein Reden. So schauen wir uns nur um, lauschen in die Stille und schweigen.
Nach einer Stunde kommen Stromschnellen. Wir machen heute kaum einen Fahrfehler. Im Fluss liegen entwurzelte Bäume. Das Tal wird schmaler, die Strömung stärker. Hinter einer Biegung fließt der Snake genau nach Westen. Jetzt wird das Wasser seichter, und im Fluss liegen, wie von der Hand eines Riesen hingestreut, viele große Steine. Zweimal werde ich beim Durchfahren der Schnellen ziemlich nass.
Wir haben uns den Lauf des Snake auf der Karte genau eingeprägt. Als sich der Fluss nach weiteren 12km wieder nach Norden wendet, wissen wir zum ersten Mal genau, wo wir sind. Wir gehen an einer Sandbank an Land und vertreten uns die Füße. Wolfgang legt sich in die Sonne. Ich gehe einer Elchfährte nach, die durch einen schmalen Bach hangaufwärts führt. Im Bach sehe ich einen Fisch und mir fällt ein, dass wir heute Morgen zum ersten Mal fischende Seeschwalben gesehen haben. Der Fisch und die Seeschwalben – zwei Gründe, die Angel aus dem Kanu zu holen. Ich versuche mein Glück an der Bachmündung. Schon beim zweiten Wurf habe ich einen Biss. Sekunden später ziehe ich eine Äsche auf den Sand. Innerhalb weniger Minuten fange ich vier Äschen. Danach beißt kein Fisch mehr, ich nehme die Fische aus. Mit Rückenwind fahren wir weiter.
Ungeheuer schnell, wie so oft im Norden, türmt sich vor uns eine dunkle Wolkenwand auf. Wir ziehen rasch das Kanu an Land, und schon fallen die ersten dicken Tropfen. An die Uferböschung gedrückt kauern wir neben dem Kanu so unter der blauen Plane, dass sie uns und auch die Ladung bedeckt. Unbequem,

aber trocken sitzen wir einen Platzregen aus. Wir befinden uns genau an einer Wettergrenze: Hinter uns im Süden liegt das Tal unter wolkenlosem Himmel im Sonnenschein, vor uns im Norden ist der Himmel fast schwarz. Der Regen reicht gerade bis zu uns. Als es heller wird, klettern wir über tote Bäume und dicke Moospolster auf das hohe Ufer. Hier bietet sich ein herrliches Bild: Grüne Hügel rollen wie Wellen bis an den Fuß hoher Berge. Ein paar Fichten stehen wie zur Ausschmückung in den Senken. Vom Kamm der Berge bis ins Tal spannt sich ein Regenbogen. Fast gleichzeitig sagen wir: „Wir bleiben!"

Wir laden aus und stellen das Zelt zwischen drei Fichten. Danach können wir gerade noch unser Gepäck mit der Plane abdecken, dann treibt uns der nächste Guss ins Zelt. Als der Trommelwirbel auf dem Zeltdach schwächer wird, schaut Wolfgang hinaus und meint: „Das war's dann wohl." Ich sage nichts dazu. Ich enthalte mich, was das Wetter im hohen Norden betrifft, schon seit Jahren jeglicher Prophezeiung. Wolfgang macht immer Wettervorhersagen. In vier von zehn Fällen sind sie richtig – für einen Meteorologen ein ganz beachtliches Ergebnis!

Wir kriechen ins Freie. Die Hügel glitzern im Sonnenschein, aber im Norden steht noch immer die schwarze Wand. Wolfgang richtet die Küche ein, ich breche Reisig von den Fichten und hole Treibholz vom Fluss. Der Koch kramt in den Verpflegungsbeuteln, verbreitet ein buntes Durcheinander von Töpfen, Büchsen, Schachteln und Tüten um sich herum und schimpft dabei auf die Bremsen. Ich schuppe inzwischen am Fluss die Fische und zerlege zwei Schneehühner. Danach habe ich Pause. Alles ist wieder trocken, es wird sogar richtig heiß. Ich sitze am Fluss und lese, bis der Koch zum Essen ruft.

Nach einem fürstlichen Mahl wasche ich ab. Danach lege ich mich wie Wolfgang in die Sonne. Ich rauche Pfeife, schreibe Tagebuch und schaue immer wieder den vielen kleinen Wesen zu, die um mich herum krabbeln, klettern, schwirren, hüpfen, gaukeln. Da eilen große Laufkäfer über den Sand, landen Schwebefliegen auf Blumen, taumeln Motten um die Büsche, brummen Hummeln im Gras, lauern Spinnen auf Beute, fiedeln Heuschrecken von Halmen und Stängeln. Ein brauner Schmetterling kriecht über eine Seite meines Tagebuchs und wird aus dem Gekritzel nicht so recht schlau. Mit einem heimtückischen Stich in meine Schulter bringt sich das streitbare Volk der Bremsen in Erinnerung. Auch Wolfgang schlägt nach den Bremsen. Fehlen eigentlich nur noch die Moskitos – Sonne und Pfeifenrauch mögen sie nun mal nicht.

Wäre noch zu erwähnen: Gegen Abend geht – vom Wetterpropheten so nicht vorgesehen – ein schweres Gewitter auf unser Lager nieder. Schon bei den ersten Donnerschlägen bin ich es diesmal, der sagt: „Das war's dann wohl." Der Wetterfrosch bleibt stumm.

06.00 Uhr – 8° C – blauer Himmel – Haferbrei...

... wird später in meinem Tagebuch stehen. Als unverbesserlicher Morgenmensch bin ich fast immer vor Wolfgang auf den Beinen. Ich kann einfach nicht so lange schlafen. Ich liege wach herum und lausche auf die Geräusche, die von draußen ins Zelt dringen, auf das Rauschen des Flusses, das Wispern der Meisen, den Schrei einer Möwe... Also Raus! Den Schlafsack nehme ich gleich mit und hänge ihn zum Lüften in einen Strauch.

Der Snake führt nach dem Gewitter von gestern etwas Hochwasser. Der Fluss ist erdbraun, die Strömung stärker. Äste, Gestrüpp und einzelne entwurzelte Bäume treiben an unserem Lager vorbei. Das Kanu liegt unverändert an seinem Platz, die „Alarmanlage" wurde nicht ausgelöst, die Asche an der Feuerstelle ist noch warm. Nach einem Rundgang mache ich Feuer, setze Kaffeewasser auf, hantiere, rumore und singe solange herum, bis Wolfgang sich durch die Zeltöffnung schiebt. Er blinzelt in den hellen Morgen, zieht sich an und beginnt unverzüglich mit dem Küchendienst. Es gibt wie jeden Morgen Haferbrei aus Wasser, Milchpulver, Haferflocken und Rosinen. Ich freue mich immer auf dieses zähflüssige Frühstück. Wolfgang dagegen macht vor dem ersten Löffel stets ein Gesicht wie vor der Hinrichtung.

Nach dem Frühstück würde ich zu gerne noch ein Weilchen am Feuer sitzen bleiben, aber mein Steuermann hat keine Ruhe. Er sagt nichts, zeigt mir aber durch seinen Arbeitseifer, dass jetzt endlich des Tages Ernst zu beginnen hat. Vielleicht will er sich auch nur an mir rächen, weil ich immer so früh, wie er sagt: „kurz nach Mitternacht" lärme und ihn aufwecke. „Wir sind ja schließlich nicht zum Spaß hier", hat er auch schon gesagt.

Im Sonnenschein brechen wir das Lager ab. Beim Abbau des Zeltes, beim Packen der Rucksäcke, beim Rollen der Schlafsäcke, beim Tragen der Ausrüstung zum Fluss ist Wolfgang viel schneller als ich – beängstigend schnell! Er hat morgens keine Zeit und drängt wortlos zur Eile. Ich dagegen trödele oft so vor mich hin – für meinen Kameraden sicher aufreizend langsam. Ich habe keine Gewissensbisse! Daheim in Deutschland wird das Tempo meines Tuns nur allzu oft von Umständen bestimmt, die ich nicht beeinflussen, geschweige denn ändern kann. Telefonate, Fernschreiben, kurzfristig angesetzte Besprechungen, eilige Aufträge und knappe Termine sind die Peitschenschläge, mit der die moderne Gesellschaft ihre Sklaven antreibt. Beim Militär ist es nicht anders. Hier draußen bin ich ein freier Mann, und Zeit ist ohne Bedeutung. Es ist gleichgültig, ob wir um acht oder um zehn abfahren. Es spielt keine Rolle, ob wir heute drei, fünf oder sieben Stunden paddeln und 30, 40 oder 60km zurücklegen. Nicht einmal das Tageslicht setzt uns Mindestzeiten – es ist die ganze Nacht hell. Schnell bewegen muss ich mich hier nur im Wildwasser und im Wettlauf mit einem Gewitter.

Als ich den Reißverschluss meiner Schwimmweste schließe, steht Wolfgang längst marschbereit neben dem Kanu. Sein Blick sagt: Na endlich...!

Im tiefen, schnellen Wasser machen wir heute ordentlich Fahrt – so 20km/h können es zeitweilig schon sein. Das gute Wetter, wenige Felsen im Fluss und gutartige Stromschnellen versprechen eine beschauliche Reise. Ich melde meinem Steuermann dann auch ein besonderes Vorkommnis: „Ich bin jetzt schon seit einer halben Stunde vollkommen trocken!"

Die niedrigen Fichten bilden hier bereits Wälder, die vom Fluss bis weit hinauf zu Geröllfeldern und Felswänden reichen. Am Ufer stehen vereinzelte Pappeln zwischen den Weiden. Zum ersten Mal sehen wir auch üppiges grünes Gras. Am Ufer und auf den Inseln liegt viel Treibholz. Vor uns ragen mehrere entwurzelte Bäume aus dem flachen Wasser. Ein paar harte Paddelschläge bringen uns sicher zwischen den Hindernissen hindurch. Hinter einer Biegung schaut ein schwarzer Wurzelstock aus dem Wasser. Er sieht nicht besonders gefährlich aus, aber er kommt rasch näher, und die Strömung drückt das Kanu genau auf den schwarzen Klumpen zu. Ein Fahrfehler... ein Ruck, ich werde auf meinem Sitz hochgehoben, der Bug zeigt nach oben, dann endlich rutscht das aufgelaufene Kanu langsam seitwärts herunter.
„So knapp war's noch nie!", ruft Wolfgang. Wie konnte das passieren? Darüber müssen wir an Land noch einmal in Ruhe reden.
Der Fluss fließt jetzt wieder im Zopfmuster, und wir flechten unseren Kurs zwischen die Schotterbänke, Inseln und Treibholzverhaue. Auf einer Sandbank liegt ein Caribouschädel mit einem starken Geweih. Wir gehen an Land und begutachten den Fund. Danach machen wir uns an einer Zeichnung im Sand noch einmal die Grundregeln für das Umfahren von Hindernissen im Wildwasser klar. Weiter! Bald verengt sich das Tal, die Flussarme vereinigen sich, und der Snake verschwindet zwischen hohen Felsen. Von links mündet dicht vor dem Canyon ein kräftiger Bach mit schneeweißem Wasser – es ist, wie wenn Milch in den Fluss fließt. Wir legen an, Wolfgang geht bis an die Felsen heran und kommt gleich wieder zurück: „Harmlose Durchfahrt, kein Problem...", sagt er. Wir paddeln langsam an der weißen Mündung vorbei, die das blaugrüne Wasser des Snake jetzt eisgrau färbt, und lassen uns durch den Canyon treiben.
Der Nachmittag ist wie der Morgen: Hell und warm und freundlich. Schneegipfel leuchten, an den Ufern winken Weiden im Wind, Enten streichen pfeilschnell durch das Tal. Wir sollten hier Anker werfen, denken wir wohl wieder einmal gleichzeitig und gleichzeitig zeigen wir auch auf eine Sandbank mit Pappel- und Weidenbewuchs. Zwischen den Büschen finden wir eine richtige kleine Wiese mit hohen Halmen und bunten Blumen. Sie bietet alles, was wir suchen: Feuerplatz, Brennholz, Kleiderständer, Wohnküche, Schlafzimmer, Veranda mit Blick auf den Fluss. Wir legen das Kanu als Windschutz an die Feuer-

stelle. Bald steht das Zelt zwischen den niedrigen Weiden, die Schlafsäcke hängen bereits in den Büschen – wir sind daheim!

Gegen Abend steigen wir durch schütteren Fichtenwald hinauf auf eine den Bergriesen vorgelagerte Kuppe. Durch knietiefes Moos geht es steil aufwärts. Im Gehen pflücken wir dicke Heidelbeeren. Die Bäume bleiben zurück. Oberhalb der Baumgrenze wird es steinig. Ein Steinadler segelt über uns den Hang entlang, und sofort ertönen die Warnpfiffe der Murmeltiere. Wie kleine Kobolde stehen sie vor ihren Höhlen und lassen ihren Todfeind nicht aus den Augen.

Nach einem langen Aufstieg sitzen wir im kurzen Gras. Tief unter uns fließt unser Fluss. Sein Rauschen, das wir seit Beginn unserer Reise Tag und Nacht hörten, dringt nicht bis hier herauf. Durch das Glas sehen wir das blaue Zelt und das rote Kanu zwischen den Büschen. Im Süden liegt das Tal noch im Sonnenschein. Dort windet sich der Snake vielarmig zwischen hellen Kiesbänken und grünen Inseln hindurch. Im Norden glänzt er silbern im Gegenlicht und verliert sich ein Stück weiter im Schatten schwarzer Hänge.

Wir reden wenig. Wir schauen in das weite Tal und spüren, dass wir Teil des stillen Landes geworden sind – in Übereinstimmung mit allem, was hier kreucht und fleucht, voll Vertrauen auf das, was hinter der nächsten Flussbiegung auf uns wartet, frei wie der Wind...

Schwerarbeit

Es ist kurz nach halb acht Uhr morgens, als wir das Kanu in die Strömung schieben. Nach gut 10km rücken die Berge näher an den Fluss heran. Vor uns rauscht es und es wird stärker. Genau vor dem Bug stehen dunkle Felsen, zwischen denen der Fluss verschwindet – ein Canyon! Wir lassen uns treiben. 200m vor dem Eingang zur Schlucht legen wir an und gehen auf dem linken Ufer auf die dunklen Felsen zu. Wir durchwaten drei seichte Nebenarme und steigen durch ein lichtes Pappelwäldchen einen steilen Hang hinauf. Oben überqueren wir eine baumlose Ebene und stehen schließlich auf den Felsen, zwischen denen sich der Fluss 40m tiefer schäumend seinen Weg sucht. Mit ungeheurer Wucht schießt das Wasser durch den Canyon, prallt gegen schwarze Wände, bricht sich an riesigen Blöcken, brodelt unter überhängenden Felsen und kreist in großen, runden Becken. An der schmalsten Stelle ist der Snake hier nur noch vier Meter breit. Hinter dieser Enge stehen hohe Wellen, dahinter schäumt das Wasser mitten im Flussbett um große Blöcke. Wir schauen lange hinunter in den blaugrünen Höllenschlund. „Unbefahrbar", sagt Wolfgang leise.

Wir gehen zum Kanu zurück und stellen die Traglasten zusammen. Zweimal machen wir den Weg mit Gepäck, waten Schritt für Schritt über glatte Steine durch die Nebenarme, keuchen den Steilhang hinauf, gehen über die kahle Ebene und steigen vorsichtig über einen abschüssigen Hang zum Fluss hinunter.

Zuletzt holen wir das Kanu. Wolfgang lässt es am Bugseil von der letzten Höhe hinunter gleiten – es ist geschafft! Knapp 12km haben wir auf diese Weise zu Fuß über Land zurückgelegt. Mittag ist vorüber. Zwischen großen Felsen kochen wir Tee. Nach einer halben Stunde geht es weiter. Der Fluss ist unterhalb des Canyons recht schnell. Vereinzelte Felsen im Wasser und kleinere Stromschnellen bereiten keine Schwierigkeiten. Es ist ein Tag ohne Farbe. Tief hängende Wolken hüllen die Berge ein. Die Schotterbänke, die steinigen Uferböschungen, die Pappeln und Weiden – alles ist so grau wie der Himmel.

Der Snake hält noch eine besondere Belohnung für unsere Tragearbeit vom Vormittag bereit. Vor einer Biegung gehen wir in die Innenkurve, müssen dann aber einem großen Felsen ausweichen. Das bringt uns in die Mitte des Flusses, und schon schiebt uns die starke Strömung in die Außenkurve – mitten hinein in eine schwere Stromschnelle. Das Kanu stampft über die ersten hohen Wellen. Dann taucht der Bug vor mir weg. Wolfgang hinter mir sitzt einen Herzschlag lang hoch oben, endlich kommt der Bug wieder aus dem brodelnden Wasser hoch. Ich paddele mit voller Kraft, die nächste hohe Welle kommt, der Bug taucht wieder weg. Wasser klatscht mir gegen Knie und Brust, unendlich langsam kommt der Bug wieder hoch, ich paddele mit wilden Schlägen und spüre, wie das Kanu immer schwerer wird. Dann sind wir durch. Das Kanu ist fast randvoll – wir sitzen in einer Badewanne. Wir paddeln, paddeln, um das sinkende Kanu in flaches Wasser zu bringen. Es gelingt – wir springen ins Wasser und ziehen das schwere Kanu auf den Sand. In der „Wanne" dümpeln Seesack, Rucksäcke, Beutel, Bündel. Wir entladen. Während wir alles ans Ufer tragen, fängt es an zu regnen. Wir spannen die blaue Plane zwischen niedrigen Bäumen über einen Elchwechsel, bauen aus Treibholz ein Gestell zum Trocknen der Ausrüstung, machen ein zwei Meter langes Feuer und packen aus. Trocken geblieben ist nur, was an „Wertsachen" in den wasserdichten Beuteln ist, und die Verpflegung in den Gummisäcken. Alles andere ist nass – Bekleidung, Zelt, Schlafsäcke, Karten, Munition und hundert Kleinigkeiten – alles tropfnass. Aus den Gewehrläufen gießen wir das Wasser des Snake. Wir hängen die „Wäsche" auf das Gestell, ziehen die nassen Klamotten aus und die trockensten der nassen Hemden, Strümpfe und Pullover an. Dann beginnt die Arbeit: Holz nachlegen, Kleider auf den Stangen wenden, Säcke, Behälter und Beutel aufhängen, Holz holen, Plane nachspannen, Waffen reinigen, Patronen trocknen, trockene Sachen von den Stangen nehmen, Holz nachlegen. Irgendwann hört der Regen auf, aus den Tälern steigen Nebelfahnen. Es ist warm und windstill. Als das Rauschen des Flusses allmählich vom Knurren unserer Mägen übertönt wird, legt Wolfgang eine Kochstelle an. Ich sorge für Feuer und ordentliche Glut, er backt Bannocks. Bald dampft der Kaffee in den Tassen, die Sonne kommt durch die Wolken, das Leben ist schön...

Wir sitzen am Feuer, kauen mit vollen Backen, schlürfen den heißen Kaffee und sind rundherum zufrieden. Wir reden über das weite, wilde Land, das niemandem etwas schenkt, das Männer noch Männer sein lässt. Wolfgang meint, dass wir Waldheinis mit unserer Ausdauer, Genügsamkeit und Gelassenheit zuhause nicht viel anfangen können. Vermutlich hat er Recht – Wohlstandsstaat und Überflussgesellschaft erfordern andere „Tugenden".

Der Sleeper

Zwei Tage später: Die Sonne steht schon tief im Nordwesten. Wir fahren auf schnellem Wasser durch den hellen, warmen Abend. In bester Stimmung singe ich Lieder, die sich gut zum Takt des Paddelschlags singen lassen: *River of No Return – Boat on the River – Shenandoah...* Vereinzelt liegen Felsen im Fluss, ragen eine Handbreit aus dem Wasser oder lauern dicht unter der Wasseroberfläche. *Sleeper* nennen die Kanadier solche Steine, die unsichtbar unter dem Wasserspiegel „schlafen". Übermütig schießen wir mitten im Fluss dahin. Die Sonne steht genau vor dem Bug. Im Gegenlicht glitzert das Wasser wie flüssiges Gold und erschwert die Beobachtung.

„Achtung Stein!" Wir schreien es uns gleichzeitig zu. Ein *Sleeper*! Genau vor uns! Er kommt ungeheuer schnell auf uns zu. Ich will mit einem gewaltigen Diagonalzug den Bug nach rechts ziehen, Wolfgang setzt einen kraftvollen Hebel an, um links an dem Stein vorbei zu kommen, wir können ihn daher gar nicht verfehlen und treffen ihn genau in der Mitte. Der Stein hebt den Bug weit aus dem Wasser, das Kanu kippt nach links ab, die Strömung drückt das Heck unter Wasser und wirft es herum. Schneller als wir denken können fliegen wir von den Sitzen ins Wasser und hängen am kieloben treibenden Kanu. Wolfgang schafft es, am Heck anpackend, das Kanu mit einem Ruck herum zu drehen und in die richtige Lage zu bringen. Am randvollen Kanu hängend treiben wir rasch dahin und versuchen, das Kanu zum rechten Ufer zu drücken. Erst nach gut 300m treiben wir in eine Außenkurve und bekommen Grund unter die Füße. Es gelingt uns, das Kanu allmählich in flaches Wasser zu schieben. Wir stolpern auf den Kies und ziehen das schwere Kanu an Land. Da wir wie immer alle Gepäckstücke festgebunden haben, ist nichts verloren gegangen. Wir bergen die Ladung aus dem Kanu und legen erst einmal alles auf einem schmalen Grasstreifen unter einem hohen Steilufer ab – wir haben mit nasser Ladung ja schon einige Erfahrung. Besonders schlau schauen wir dabei nicht aus unseren triefenden Hemden. Dann sagt Wolfgang mit tonloser Stimme: „Ich habe mein Paddel verloren." Er ist sichtlich erschüttert. Nach der Begegnung mit der quer über dem Fluss liegenden Fichte vor einer Woche ist es nun das zweite Paddel, das er dem Snake überlassen hat. Jetzt haben wir nur noch ein einziges Paddel. Zum zweiten Mal rächt sich jetzt, dass wir davon ausgegangen waren, mit nur einem Reservepaddel auszukommen – ein schwerer Irrtum! Wolfgang wirkt sehr niedergeschlagen, er macht sich Vorwürfe. Mir hätte es genauso ergehen können. Ich versuche, meinen Steuermann mit ein paar lockeren Sprüchen aufzurichten: „... jetzt wird es langsam ein Abenteuerurlaub..." oder „... wenn wir mehr Fisch essen, wachsen uns vielleicht Schwimmhäute an den Händen..." – die Wirkung ist gleich Null.

Schweigend beginnen wir, unser tropfendes Gepäck flussaufwärts zu tragen – Treideln wäre einfacher, aber mit dem Kanu wollen wir zurzeit nichts zu tun haben. Nach 300m kommen wir an die Mündung eines trockenen Bachbetts. Hier ist mehr Platz. Bald hängen Schlafsäcke, Hosen, Hemden, Anoraks, Strümpfe, Gürtel, Unterwäsche und Handtücher in den Büschen. Gewehre, Munition, Karten, Angelzeug, Messer, Plane und Zeltausrüstung sind malerisch über Stämme und Steine verteilt. Die Überprüfung der Verpflegung ergibt, dass leider nicht alles trocken geblieben ist. Die untergehende Sonne bescheint mit ihrem milden Licht ein chaotisches Durcheinander. Wir gehen zurück zum Kanu und treideln es zum Lagerplatz.

Dann errichten wir das bewährte Dach aus der blauen Plane und machen dicht davor ein großes Feuer. Dabei stellen wir fest, dass unser Beil, das wir lose zwischen die Ladung gesteckt hatten, jetzt auf dem Grund des Snake liegt. Unser Notlager liegt genau an der Stelle, wo wir gekentert sind. Wir können sogar den *Sleeper* an einer flachen Welle erkennen. Je länger ich hinschaue, desto mehr habe ich den Eindruck, dass er grinst...

Als die Sonne hinter den Bergen verschwindet, wird es rasch kalt, und bald fällt Tau, viel Tau. Wir spannen daher Leinen unter dem Dach der blauen Plane und hängen unsere „Wäsche" auf. Unter tropfenden Hosen und Hemden sitzen wir dicht am Feuer, schlürfen heißen Tee und sind froh, dass dieser Tag zu Ende geht. Immer wieder steht einer von uns auf und wendet die nassen Kleider auf den Leinen und Stangen. Über das verlorene Paddel reden wir nicht, aber in meinem Hinterkopf arbeite ich schon an einem Ersatzpaddel.

Es ist eine kalte Nacht. Ein hoher Himmel wölbt sich stahlblau über dem Tal, färbt sich im Norden erst golden und dann dunkelrot. Lange nach Mitternacht kriechen wir in die feuchten Schlafsäcke. Wolfgang sagt kleinlaut: „Gut' Nacht!" Ich muss ihm noch etwas Tröstliches sagen: „Weißt du, Wolfgang, so geht es, wenn ein *Sleeper* und zwei Penner zusammentreffen..."

Um halb acht stehe ich auf. Es ist warm und windstill, der Himmel ist wolkenlos, Tau hängt silbern in Gras und Büschen. Ich bringe feuchte Bekleidung in die Sonne, breite den Inhalt unserer Bordapotheke zum Trocknen auf warmen Steinen aus, wende feuchte Beutel und Taschen und denke dabei immer nur an das verlorene Paddel. Ich habe beim Einschlafen und beim Aufwachen an nichts anderes gedacht: Wie komme ich zu einem Paddel?

Zunächst mache ich Feuer. Auch Wolfgang schiebt sich auffallend früh aus dem Zelt in den neuen Tag und hängt die Schlafsäcke über die Weidenbüsche. Beim Frühstück ist unsere Stimmung besser als gestern Abend. Der Verlust des Paddels war hart. Obwohl wir noch nicht einmal einen Splitter eines neuen Paddels in Aussicht haben, ist das Tief überwunden. Zwischen uns ist kein böses Wort gefallen, keine gegenseitigen Vorwürfe, keine Besserwisserei. Wir schlürfen den heißen Kaffee und sind vorerst mit der Welt zufrieden.
Nach der letzten Tasse gehe ich flussaufwärts. Was ich am Ufer vorfinde, weiß ich bereits: Im Treibholz findet sich nicht die Spur eines zukünftigen Paddels – kein Brett, keine Latte, kein Balken, kein Sperrholz, keine Spanplatte – woher auch? Die Bäume und Äste, die das Hochwasser im Frühjahr hier angeschwemmt hat, sind zur Herstellung eines Paddels kaum geeignet. Es geht also nur so, wie vielleicht der erste „Segler" in grauer Vorzeit vorgegangen ist: Ein Stab aus Holz in Verbindung mit einem Stück Leder oder Stoff – das ist die Lösung! Ich gehe durch ein Wäldchen und habe keinen Blick für Libellen und Hummeln und keine Zeit für junge Ammern im Nest. Nur die Stämme der dünnen Pappeln, Weiden und Fichten sind jetzt interessant – ich suche nach einer geeigneten Astgabel. Die Fichten und Pappeln – Bäumchen mit viel zu dünnen Ästen – haben nichts zu bieten. Bei den Weiden sieht es etwas besser aus.
Eine Stunde vergeht, ehe ich mit drei Weidenästen ins Lager zurückkomme. Ich prüfe sie lange und entscheide mich für einen Ast von der Stärke meines Handgelenks. Er gabelt sich in eine Hand mit drei Fingern. Ein dicker äußerer Finger ist grün, die beiden anderen sind dünner und trocken. Mit dieser Hand müsste es gehen. Ich schneide jetzt den gebogenen Ast zurecht, komme aber wegen der Krümmung nicht ganz auf die passende Schaftlänge. Dann kürze ich die drei Finger und achte darauf, dass sie ausreichend lang bleiben. Danach schneide ich aus meinem Bundeswehr-Seesack ein großes Stück Segeltuch heraus, lege es um die Hand mit den drei ungleichen Fingern, schneide es zurecht und vernähe es entlang der beiden äußeren Finger mit langen, starken Schnürsenkeln. Fertig! Das Paddel ist zu kurz, außerdem schwer und unförmig. Ein weiterer, erheblicher Nachteil ist, dass ich mit meinem Erzeugnis wegen der ungleichen, gekrümmten Form nur rechts paddeln kann. Das bedeutet, dass wir beide weder bei ungünstigem Seitenwind, noch um den Paddelarm zu entlasten die Paddelseite wechseln können – aber alles in allem: Es ist ein Paddel! Wenn wir erst das Wildwasser hier im Gebirge hinter uns haben, wird es wohl gehen. Bis dahin müssen wir vorsichtig fahren und notfalls lieber einmal mehr treideln, damit das Paddel durchhält.

Gegen Mittag beginnen wir, unser Hab und Gut einzusammeln und das Kanu zu beladen. Um unser letztes Paddel – das schwindsüchtige Paddel! – auf keinen Fall auch noch zu verlieren, bindet Wolfgang den Paddelschaft mit einer langen Schnur an seinem Sitz fest. Dann sind wir „klar zum Auslaufen". Wolfgang schiebt das Kanu in den Fluss und springt auf. Er hat ein leichtes, schlankes Paddel – ich habe einen schweren, unförmigen Knüppel! Ich paddele zunächst sehr vorsichtig, vermeide Grundberührung und erhöhe erst ganz allmählich den Druck auf das Paddelblatt. Das Paddel hält! Wenn es auch ein furchterregender Prügel ist – ungleichmäßig geformt, schwer wie Blei und kraftraubend – ich habe ein Paddel! Wir bewegen uns wie einer mit zwei verschiedenen Beinen: Das linke Bein ist ein langes, schlankes Damenbein mit einem zierlichen Fuß in einem hochhackigen Schuh – das rechte ist kurz und stämmig, ein richtiger „Krautstampfer", in einem unförmigen Filzstiefel. So stolpern wir dahin, hinken durch die Stromschnellen und rutschen zwischen den zahlreichen Steinen und Wurzelballen hindurch. Ich versuche immer wieder einmal, links zu paddeln, aber der Paddelschaft ist so krumm, dass ich das Paddel nur mit größter Anstrengung im richtigen Winkel zum Wasser halten kann. So geht es wirklich nicht!

Zum Glück ist Wolfgangs starke Seite die linke. Also finde ich mich mit der rechten Seite ab. Nach jeweils zehn Schlägen mache ich eine kurze Pause, um nicht zu rasch zu ermüden. Trotzdem tut mir schon bald das Handgelenk weh. Immerhin machen wir gute Fahrt.

Heute haben wir Urlaub...

... oder dienstfrei... oder Ausgang... oder einfach einen freien Tag. Das mag komisch klingen, aber so ist es. Wir verstehen uns ausgezeichnet, wir gehen uns nicht auf die Nerven, und nichts trübt unsere Eintracht und unsere Stimmung. Aber manchmal ist so ein „freier" Tag trotzdem ganz gut. Wenn man Tag für Tag 24 Stunden zusammen verbringt, wenn man in demselben Boot paddelt, in demselben Zelt haust, an demselben Feuer sitzt und denselben Haferbrei löffelt – dann braucht man auch einmal ein paar Stunden für sich allein.

Ich habe gelesen, dass Männer, die gute Freunde waren, in der Abgeschiedenheit einer einsamen Hütte oder an Bord eines engen Segelbootes auf hoher See sich schließlich so auf die Nerven gingen, dass es zwischen ihnen zu nicht wieder gut zu machenden Zerwürfnissen kam. Zwischen einem Mann und einer Frau wäre das, da bin ich mir ganz sicher, anders. Ich habe es nie versucht, aber ich bin davon überzeugt, dass das enge Zusammenleben von Mann und Frau in der Einsamkeit über längere Zeit – vorausgesetzt, dass sich die beiden schon vorher gut verstanden haben! – ohne größere Schwierigkeiten gestalten würde. Sie würden sich sicher gut ergänzen, bereitwillig helfen, gut auf einander achten und sich mühelos ertragen. Vermutlich erleichtert Mutter Natur ein harmonisches Miteinander von Mann und Frau – wenn es „passt" – leichter als zwischen zwei Männern oder zwei Frauen...

Diese tiefschürfenden Gedanken beschäftigen mich allerdings nicht, als ich beim Frühstück am Feuer zu Wolfgang sage: „Gut, du gehst fischen. Du hast das Kanu und das Angelzeug für dich allein. Ich geh heut' ein wenig höher hinauf, vielleicht auf den Berg dort drüben, der sieht gut aus... mal sehen, wie unser Fluss von oben aussieht, bevor es dunkel wird, bin ich zurück."

Ich suche meine Sachen zusammen – Rucksack mit dem Nötigsten, Fernglas, Gewehr, Kamera. Dann wünsche ich dem Kameraden „Petri Heil!" und gehe am Ufer entlang nach Norden. Der Himmel ist wolkenlos. Es ist frisch, aber windstill. Über einen mit Weidenröschen bewachsenen Hang steige ich langsam auf. Dann kommen Fichten und Birken. Unter dem dicken Stamm einer gestürzten Fichte sehe ich von weitem eine dunkle Öffnung. Vorsichtig pirsche ich auf das große, eiförmige Loch zu. 20 Schritt davor bleibe ich stehen. Vor der dunklen Öffnung liegt viel frische Erde. Auch ein paar größere, unbemooste Steine liegen locker herum und deuten darauf hin, dass hier vor kurzem Erdarbeiten durchgeführt wurden. Ich stehe vor einer frisch gegrabenen Höhle – der Größe nach das Winterlager eines Bären. Ein Grizzly? Die weit verstreute, frische Erde ist frei von Zweigen, Laub und Gras. Ich schließe daraus, dass der Bär bisher nur gegraben, aber noch nicht damit begonnen hat, sein Winterlager gemütlich einzurichten. Es ist unwahrscheinlich, dass der Bär in der Höhle ist. Wenn ich ein Bär wäre, würde ich bei diesem schönen Wetter nicht in der kalten Höhle liegen, sondern mich an einem grasbewachsenen Hang in der Sonne räkeln. Ob der Bär das auch so sieht?

In jedem Fall ist Vorsicht angebracht. Ich rufe erst einmal laut: „Guten Morgen, großer Meister! Haben Euer Gnaden wohl geruht? Darf man näher treten?" Keine Antwort. Ich gehe ein paar Schritte näher heran und werfe kleine Steine in die Höhle. Kein Brummen, kein ärgerliches Fauchen, keine Bewegung. Es ist sicher, wie ich vermute: Der große Meister liegt irgendwo in der Sonne und macht ein Nickerchen. Sehr vorsichtig gehe ich bis zum Höhleneingang. Das Dämmerlicht in der Höhle reicht aus, um zu sehen, dass sie leer ist. Noch einmal schaue ich nach allen Seiten, lege Rucksack und Gewehr ab und schlüpfe in den unbewohnten Winterpavillon. Ich kauere in einem leicht ovalen Raum mit glatten Wänden und niedriger Decke. Keinerlei Polstermaterial. Die Höhle ist so geräumig, dass fünf Männer darin sitzen könnten. Lange will ich mich hier nicht aufhalten – der Bär geht mit Hausbesetzern sicher nicht so gnädig um wie die Hamburger Polizei! Ich spähe vorsichtig hinaus – keine Gefahr – raus! Durch diesen erfolgreichen „Besuch" kühn geworden, fertige ich aus herumliegenden Fichtenästen noch schnell ein Dreibein, befestige darauf die Minox, drücke den Selbstauslöser, springe wieder in die Höhle, gucke möglichst keck aus dem Eingang und erhalte, wie sich später zeigen wird, ein brauchbares Bild – den fotografischen Beweis vom unberechtigten Betreten fremder Liegenschaften... Jetzt aber nichts wie weg!

Ich steige weiter, die Bäume werden kleiner, der Hang steiniger. Bald bin ich oberhalb der Baumgrenze, die hier im Norden natürlich viel niedriger liegt als in unseren Alpen. In einiger Entfernung sehe ich ein kleines Rudel Caribou, das langsam über einen Grat zieht. Gegen Mittag finde ich einen schönen Platz in der Sonne mit einem Felsen als Rückenlehne und weitem Ausblick. Von hier kann ich das ganze Tal überblicken – nach Süden, wo wir herkommen, und nach Norden, wo wir hin wollen. Der Snake River macht seinem Namen Ehre und schlängelt sich als helles Band zwischen dunklen Felswänden, gelben Sandbänken, Pappelwäldchen und grünen Uferstreifen hindurch. Seine Stromschnellen leuchten weiß, seine Kehrwasser glitzern im Sonnenschein.

Ein Steinadler segelt ohne Schwingenschlag am Hang entlang auf mich zu. Sofort höre ich von verschiedenen Stellen am Hang das Pfeifen der Murmeltiere. Ihre kurzen, schrillen Pfiffe erinnern ein wenig an die Pfeife eines Schiedsrichters. Jetzt sind sie alle in ihren Felsenhöhlen verschwunden. Nachdem der Adler längst talwärts weiter geflogen ist, dauert es noch eine ganze Weile, bevor die ersten „Pfeifer" wieder vor ihren Höhlen am Hang erscheinen. Dort sitzen sie lange und beobachten bewegungslos die Umgebung. Es sind äußerst wachsame Burschen, denn die Liste ihrer Feinde ist lang. Je nach Standort zählen dazu: Grizzly, Schwarzbär, Puma, Luchs, Wildkatze, Wolf, Kojote, Fuchs, Vielfraß, Steinadler und Uhu.

Ich bleibe lange an dem schönen Platz, mache Brotzeit, rauche Pfeife und erfreue mich an der großartigen Bergwelt ringsum. Am Nachmittag schieße ich auf dem Rückweg noch zwei Schneehühner. Nach dem Abstieg stoße ich weit unterhalb des Lagers wieder auf den Fluss und gehe am Ufer entlang zurück zum Lagerplatz. Wolfgang sitzt bei meiner Rückkehr bereits am Feuer. Er hat fotografiert und erfolgreich geangelt: Vier stramme Äschen hängen an einer durch die Kiemen gezogenen Weidenrute an einem Baum neben der Feuerstelle. Wir sitzen am Feuer bis der Tag verglüht.

Aus dem Gebirge in die Wälder

Die Berge werden niedriger, das Tal breiter – kein Zweifel, wir nähern uns dem Rand des Hochgebirges. Hinter uns wird der Himmel grau, dann schwarzgrau. Vor dem Bug scheint noch die Sonne, hinter uns zucken die ersten Blitze. Als wir schwere Stromschnellen vor uns haben, legen wir am rechten Ufer an. Das linke Ufer wäre, so wie es aussieht, zum Treideln günstiger gewesen, aber dort bummelt ein halbwüchsiger Grizzly am Wasser entlang, dreht Steine um, und untersucht die Uferböschung. Wir treideln das Kanu in starker Strömung an mächtigen Blöcken vorbei flussabwärts. Treideln ist in schnellem Wasser Schwerarbeit. Wir sind dabei immer sehr vorsichtig – vermutlich sind mehr Kanus beim Treideln gekentert als in schwerem Wellengang. Als es auch vor uns im Norden blitzt und Regen einsetzt, ziehen wir das Kanu an Land und gehen in den Wald. Es gibt nach meiner Erfahrung unter hundert Fichten eine, unter der man auch bei starkem Regen trocken bleibt. Ich könnte nicht sagen, woran ich sie erkenne, aber ich finde sie – meistens. Unter einem so wertvollen Baum setzen wir uns mit dem Rücken an den Stamm, machen Feuer, ziehen Stiefel und Strümpfe aus und wärmen die Füße. Nach einer Weile lässt der Regen nach. Wir gehen zum Kanu und treideln hinter dem abziehenden Gewitter her weiter nach Norden. In der Flussmitte stehen immer wieder meterhohe Wellen, am Ufer machen uns die großen Blöcke zu schaffen. Nach einem guten Kilometer wird der Fluss wieder zahm. Weiterfahrt. Das Tal wird immer breiter. Wie zwei mächtige Torpfosten stehen die letzten höheren Berge beiderseits des Tals. Durch leichte Schnellen fahren wir aus dem Gebirge heraus und hinein in ein ausgedehntes Waldland. In einer breiten Flussschleife legen wir an und steigen auf einen Hügel. Vor uns liegen dunkelgrüne Wälder, lang gestreckte Höhen, helle Täler und blaue Schatten, die sich in endlosen Weiten verlieren.

Nach kurzer Erkundung richten wir das Lager zwischen Weidenbüschen dicht am Fluss ein. Das Kanu dient wieder als Windschutz, die schräg darüber gespannte blaue Plane als Dach gegen den einsetzenden Regen. Nach dem Essen sitzen wir am Feuer und schauen abwechselnd in die Karte und hinüber zum Gebirge, das wir vor zwei Stunden verlassen haben. Gut 200km haben wir jetzt auf dem Snake River zurückgelegt, weitere 200km haben wir bis zu seiner Mündung in den Peel River noch vor uns. In vier bis fünf Tagen werden wir den mächtigen Peel erreichen. Während der Regen auf die Plane trommelt, halten wir Rückschau, lassen Schneefelder, weiße Gipfel, Sturzbäche, baumlose Hochebenen und Sandbänke an uns vorüber ziehen, fahren noch einmal durch Canyons und Stromschnellen...

Wolfgang geht früh schlafen. Als der Regen aufhört gehe ich hinunter zum Snake, stopfe meine Pfeife und höre dem Fluss zu. Meine Gefühle sind zwiespältig: Hier am Rand des großen Gebirges, wo das Wildwasser des Bergflusses ruhig und zahm wird, spüre ich wohltuende Ruhe und Entspannung. Gleichzeitig wünsche ich mir das Wildwasser zurück, das hinter jeder Flussbiegung neue Überraschungen für uns bereithielt. Ich bin froh, dass die Ungewissheit vor dem nächsten Flussabschnitt vorüber ist, aber ich werde das Kribbeln in der Magengrube vor der nächsten Stromschnelle vermissen. Wer kennt schon sein Herz?

Wald, Wald, Wald

Während der Nacht hat es geregnet. Das trockene Feuerholz, das ich gestern Abend neben der Feuerstelle aufgeschichtet, aber nicht mehr abgedeckt habe, ist jetzt nass. Für diesen Fall habe ich einen kleinen Beutel aus Segeltuch zur Hand, in dem ich ständig trockenes Moos, Zweige von Fichte und Wacholder, Birkenrinde und ein paar Kiefernzapfen bereithalte. Damit ist es auch bei Regen nicht schwierig, rasch ein Feuer in Gang zu bringen. Die nordamerikanischen Indianer hatten auf ihren Jagd- und Kriegszügen immer so einen Beutel dabei – im Kanu oder am Sattel. Auf einer späteren Reise habe ich bei kanadischen Dakota gelernt, wie man ohne Streichholz und Benzinfeuerzeug ein Feuer entfacht – wortwörtlich im Handumdrehen! Sie zeigten mir die uralte Fertigkeit, durch schnelles Drehen eines Stabes, der mit der Spitze in einer runden Vertiefung eines kleinen Brettes steht, in Null Komma Nix trockenes Moos oder Gras zu entzünden. Als „moderner" Waldläufer war ich darauf nicht mehr angewiesen, hatte aber das schöne Gefühl, beim Feuermachen ohne die Hilfe der Zivilisation auszukommen.

Erst gegen Mittag legen wir ab. Der Fluss überrascht uns gleich mit schweren Stromschnellen – hier haben wir sie gar nicht mehr erwartet. Vor uns liegt Wald – Wald aus Fichten, Pappeln, Birken und Weiden so weit der Blick reicht. Durch diesen endlosen Wald windet sich der Snake River oft mehrarmig in gewaltigen Schlangenlinien und macht seinem Namen wieder einmal alle Ehre. Immer wenn der Fluss die Richtung ändert, ragen in der Außenkurve 30 bis 40m hohe, senkrechte Steilufer auf, während die Innenseite der Flussbiegung durch riesige Schotterbänke begrenzt wird. Wir können deutlich sehen, wo der Fluss im Laufe der Zeit immer wieder einmal seinen Weg geändert hat. Wir versuchen im Hauptarm zu bleiben. Meistens gelingt es, und wir machen dann in schneller Strömung und tiefem Wasser gute Fahrt. Wo sich Nebenarme wieder mit dem Hauptarm vereinigen, durchfahren wir manchmal Strudel und starke Gegenströmungen. Wolfgang steuert das Kanu sicher zwischen hohen Wellen und Kehrwassern hindurch. Manchmal geraten wir in einen kräftigen Strudel. Dann dreht uns das Wasser so lang im Kreis, bis wir uns mit kräftigen Schlägen aus dem Karussell befreien können.
Einmal verengen sich die felsigen Ufer zu einem Canyon. Da kein warnendes Rauschen zu hören ist, fahren wir entschlossen hinein. Es wird ein Erlebnis! Scharfe Biegungen unter schwarzen Wänden, blaugrünes Wasser im Dämmerlicht, bunte Kieselsteine auf dem Flussgrund, grüne Farne und Sträucher in Felsspalten, Tropfenfall von hohen Klippen. Viel zu rasch wird es wieder hell, und wir sind durch. Das Tal wird breiter, der Fluss verzweigt sich. Wir wählen aufs Geratewohl einen der vielen Arme. Fast hätten wir übersehen, dass die Strömung immer schneller wird, und sich der Flussarm nur einen Steinwurf weit vor uns stark verengt. Dort scheint das Wasser geradewegs in den Wald hinein zu schießen – hinein in ein Gewirr von Treibholz, Wurzelstöcken und Sperren aus gestürzten Fichten. Schon der Blick in dieses Chaos reicht uns vollkommen. Wir retten uns gerade noch in einen winzigen Kanal, der nach rechts abzweigt. Bald schon wird das Wasser seicht, wir müssen aussteigen und das Kanu zwischen großen Steinen hindurch ziehen. Links im Wald rauscht es gewaltig. Dort wütet

der Flussarm, dem wir gerade entronnen sind. Als von Osten ein Bach einmündet, haben wir wieder die notwendige Handbreit Wasser unter dem Kiel. Dieser Bach kommt aus dem Gebirge und schüttet in einem kleinen Delta viel schmutzigbraunes Wasser in unseren klaren Fluss. Noch nach einem Kilometer führt der Snake links sein blaugrünes, rechts das braune Wasser. Endlich ist der Fluss wieder sauber. Ein Stachelschwein, das gemächlich über eine Sandbank watschelt, erinnert uns daran, dass es auch für uns Zeit wird, an Land zu gehen – es ist schließlich später Nachmittag. Wir lagern in einem trockenen, sandigen Bachbett gegenüber von einem hohen Berg, der aus dem riesigen Wald herausragt.
Ein heller, warmer Abend kommt das Tal herauf, Kanadagänse ziehen über unser Lager, und aus dem Wald ruft der Specht. Während Wolfgang Pfannkuchen backt, fische ich. Als der Koch zum Essen ruft, bringe ich nur eine einzige Forelle mit zum Feuer. Beim Essen erwähne ich leichtfertig, dass der Pfannkuchen auf meinem Teller genauso schmeckt wie gestern die Zwiebelbannocks. Der Koch trägt es mit Würde, verfügt aber, dass ich die nächsten Pfannkuchen selber zu backen habe. Nach einer ziemlich langen Schrecksekunde beeile ich mich, auszuführen, dass just der Pfannkuchen, den ich jetzt gerade esse, so recht nach Pfannkuchen schmeckt... und nach sonst gar nichts... und dass ich noch nie einen besseren Pfannkuchen gegessen habe... und dass Pfannkuchen eigentlich meine Lieblingsspeise sind... besonders wenn sie so vorzüglich munden wie diese. Der Koch lächelt mild. Natürlich übernehme ich nach dem Essen unverzüglich und unaufgefordert den Abwasch. Der Koch lächelt verzeihend, und ich darf mir berechtigte Hoffnungen machen, dass die Pfanne noch einmal an mir vorübergeht.

Wolfgang sitzt am Feuer und behandelt ein paar Schrammen mit Hilfe unserer Bordapotheke. Auch ich habe einen Riss auf dem Handrücken, den ich mit einer grünen Salbe namens „ilon abszess-Salbe" bestreiche – die hilft immer! Bis auf ein paar Kratzer und blaue Flecken sind wir unversehrt. Wir haben ein paar Kilo weniger auf den Rippen, sind Tag und Nacht an der frischen Luft, bewegen uns ordentlich, essen zweimal täglich. Wir hungern nicht, werden aber auch nie richtig satt. Wir sind kerngesund. Obwohl wir oft stundenlang irgendwo nass sind – nasse Strümpfe, nasse Hemden, nasse Hosen! – haben wir nicht einmal einen Schnupfen. Nach körperlicher Anstrengung, seelischer Anspannung und viel Nässe vor allem im Wildwasser, folgt regelmäßig vollkommene Ruhe in der warmen Mittagssonne und abends am Feuer. Auch der Seele geht es gut. Wir müssen nichts tun, weil „man" es tut oder weil es erwartet wird. Wir dürfen „ungeschützt" reden, wie uns der Schnabel gewachsen ist, und brauchen nicht zu Notlügen und halbwahren Entschuldigungen zu greifen. Die Landschaft, die Stille, die unberührte Natur und die Harmonie zwischen uns sorgen für so viel Ausgeglichenheit und Freude, dass jeder Tag zu einem Erlebnis wird. Über all das reden wir an diesem Abend, hängen noch eine frische Kanne Teewasser über das Feuer und schauen zu, wie der Himmel sich langsam gelb, dann orange und schließlich dunkelrot färbt.

Ein fauler Tag

Es ist windstill und heiß. Mitten im Fluss treiben wir dahin. Der Loon ruft – im hellen Sonnenschein klingt es wie Lachen, gar nicht so unheimlich wie in der Dämmerung und bei Nacht. Uferschwalben schießen dicht über das Wasser, Libellen fliegen so dicht über das Kanu, dass ich das Knistern ihrer Flügel hören kann, drei Schellenten kreuzen unseren Kurs – die Wildnis ist bester Laune. Wir sind es auch. Wir liegen, so gut es geht, auf unserem Gepäck, tauschen Beobachtungen aus, halten das Gesicht in die Sonne und ab und zu die Füße ins kalte Wasser. Der Wald ist hier dichter, die Landschaft lieblicher. Die Hänge zu beiden Seiten, die Laubwälder und der Fluss erinnern mich an das Maintal zwischen Lohr und Wertheim. Ich erzähle Wolfgang von meiner Heimat in Franken, vom Main und vom Spessart.
Der Snake wendet sich nach Westen, und die Landschaft ändert sich. In mächtigen Schleifen windet sich der Fluss jetzt durch das weite Tal und trägt uns an 50m hohen Steilwänden vorbei, die ihren Schatten über die ganze Breite des Flusses werfen. An den Hängen stehen jetzt viele Birken und Erlen. Die Fichten sind hier bis zu 30m, die Pappeln gute 25m hoch.
Am Ufer liegen mehrere Pappeln. Sie sind noch grün, also frisch gefällt. Durch das Glas erkenne ich die kegelförmigen Baumstümpfe: Hier haben die Biber, die fleißigen Holzfäller, schwer gearbeitet. Wir fahren in einen schmalen Seitenarm hinein. In dem ruhigen Wasser fischen zierliche Seeschwalben. Aus 8 bis 10m Höhe stürzen sie ins Wasser und fliegen meistens mit einem fingerlangen Fischchen wieder auf. Dicht am Ufer ragt ein brauner Ast aus dem Wasser, der wie ein Fischotter aussieht. Ich mache Wolfgang darauf aufmerksam, und er fährt näher heran. Ich wundere mich über die Ähnlichkeit: Ein schlanker Körper, ein flacher Kopf – besser könnte man ihn nicht schnitzen. Der Ast steht regungslos im Wasser. Als wir dicht heran sind, sehe ich – und will es nicht glauben! – schwarze Äuglein, ein schnupperndes Näschen und lange Schnurrbarthaare. Es ist ein Otter! Er schwimmt sogar zum Greifen nah neben dem Kanu her und schaut mich unverwandt an. Dann taucht er elegant weg. Vermutlich hat er zum ersten Mal Menschen gesehen.
Wir kommen aus dem Seitenwasser wieder in den Hauptarm. Vor uns liegen lange, kahle Baumstämme schräg im Fluss, deren Spitzen knapp aus dem Wasser ragen. Manche stehen zitternd in der Strömung. Andere werden vom Wasserdruck unter Wasser gedrückt, bis die Spannung im Holz so stark wird, dass sie wieder aus dem Wasser herausschnellen. So tauchen und wippen sie rastlos in

gleich bleibendem Rhythmus auf und ab – irgendwie hoffnungslos. Wie verdammte Seelen...

Es ist heiß: 26° zeigt das Thermometer. Schon gegen halb zwei machen wir Feierabend. Auf dem Nordufer beziehen wir einen schönen Lagerplatz im Schatten hoher Bäume. Jemand ist schon vor uns da. Ein Stachelschwein klettert gemächlich in einer Pappel herum, sitzt immer wieder still und beobachtet uns. Zutreffender als der verbreitete Name Stachelschwein ist – wegen seiner Kletterkünste – die richtige deutsche Bezeichnung: Baumstachler.
Nachdem wir das Lager eingerichtet haben folgt ein kurzes Bad – nach wie vor nur 6° C! – in unserem kaltblütigen Snake. Dann macht Wolfgang einen starken Kaffee und gibt eine Rolle Kekse zum Verzehr frei. Wir machen es uns bequem. Fast jeden Tag habe ich bisher ein bis zwei neue Vogelarten notiert. Heute kommen Goldregenpfeifer und Sperbereule dazu. Die Liste der beobachteten Vögel wird immer länger: Steinadler, Kranich, Seeadler (Bald Eagle), Kolkrabe, Raufußbussard, Häher (Gray Jay), Sperber, Waldhuhn (Spruce Grouse), Merlinfalke, Schneehuhn, Uhu, Sperbereule, Silbermöwe, Seeschwalbe (Arctic Tern), Singschwan, Eistaucher (Common Loon), Bekassine, Prachttaucher (Arctic Loon), Blässgans, Flussuferläufer, Kanadagans, Grünschenkel, Schneegans, Goldregenpfeifer, Schellente, Krickente, Kingfisher, Löffelente, Stockente, Dreizehenspecht, Bergente, Seidenschwanz, Spießente, Trauerente sowie zahlreiche kleine Singvogelarten haben wir schon auf dem Zettel.

Sonntags nur mit Speisekarte...

Die Namen der Wochentage, so wie sie in der zivilisierten Welt gebräuchlich sind, haben für uns längst ihre Bedeutung verloren. Sie heißen nicht mehr Montag, Mittwoch oder Freitag – wir geben ihnen schönere Namen: *Tag der fünf Gewitter, Stromschnellentag, Zwei-Canyon-Tag, Bären- oder Elchtag...* Unter diesen Namen können wir uns etwas vorstellen, unter „Freitag, 4. August" gar nichts. Für uns sind die Tage – statistisch gesehen – alle nur ein Strich auf dem Kartenrand. Jeden Abend ziehe ich den kurzen Strich und schreibe dahinter die Abkürzung für den Wochentag. Es ist das Einzige, das uns noch mit der zivilisierten Welt verbindet. Manchmal zählen wir diese Striche, um festzustellen, wie lange wir schon unterwegs sind. Manchmal erklären wir einen hellen, warmen Sommertag schon frühmorgens kurzerhand zum Sonntag. An solchen Tagen fahren wir meist nur zwei, drei Stunden am Vormittag, wählen einen besonders schönen Platz für das Lager, stellen das Zelt auf und richten die Feuerstelle ein. Danach tut jeder, wozu er gerade Lust hat: fischen, jagen, fotografieren, herumstreifen, kurzbaden, lesen oder gar nichts...

Am späten Nachmittag wird vom Koch und vom Küchenhelfer das Dinner vorbereitet. Ich mache Feuer, sorge für ordentliche Glut, hole Wasser vom Fluss und neues Holz. Dann übernimmt Wolfgang wieder die Küche. Ich staune immer wieder, was er so alles aus den roten, wasserdichten Beuteln und aus der Lagerumgebung in die Blechteller bringt. Mir, der ich solche Fertigkeiten nicht aufweisen kann, bleiben die niederen Küchendienste: Ich wasche Heidelbeeren, putze Pilze, schuppe Fische, zerlege Enten und Hühner. Mir obliegt es auch, den Tisch zu decken und an Sonntagen die Speisefolge des Dinners zu Papier zu bringen. Ich schneide dazu mit dem Messer ein Stück Pappe aus einer Schachtel heraus, setze die aus der Küche zugerufenen, in einer profanen Sprache formulierten Stichworte um in die Sprache der Gourmets und bringe sie zu Papier bzw. zu Pappe:

Snake River Valley Stachelschweintag

Klare Brühe 'Klondike', Schneehuhnbrust auf Toast, Äsche nach Goldgräberart, Reis, versch. Gemüse, Pilze, Yukon Bannocks mit Orangenmarmelade, Mackenzie Mountains Blueberries und zum Abschluss Kaffee 'Whitehorse'.

Wir speisen fürstlich in angemessenem Busch-Ambiente: Wir sitzen auf einem riesigen Baumstamm, hinter uns ein gewaltiger Stapel Treibholz, vor uns die verglimmende Glut des Feuers, links eine spärlich mit Gras bewachsene Sandbank, rechts der Snake, auf der anderen Seite des Flusses felsiges Steilufer. Hoch oben im Blau zieht ein Steinadler seine Kreise, und um uns herum liegt das weite Land verträumt in der Abendsonne.
Während sich der Koch mit einer zusätzlichen Tasse Kaffee „Whitehorse" zur wohlverdienten Pause zurückzieht, erfülle ich meine niederen küchendienstlichen Pflichten – ich räume auf und wasche ab.

Nomaden

Wie lange sind wir schon unterwegs? Wie lange schon trägt uns der wilde Fluss nach Norden – dem Polarkreis entgegen? Manchmal meine ich, dass Monate vergangen sind, seit wir die große, graue Stadt verlassen haben. Europa, Deutschland, Hamburg – die Welt aus der wir kamen, die „zivilisierte" Welt voller Lärm, Hektik, Gier und Lüge liegt viele tausend Meilen hinter uns.
Wir führen alles, was wir brauchen, mit uns: Zelt, Bekleidung, Verpflegung, Waffen, Gerät. Regen, Wind und Sonne haben unsere Gesichter gegerbt. Unsere Haut ist braun gebrannt, unser Haar ist strähnig, unsere Hände sind schwielig. Jeder hat ein paar blaue Flecke und ein paar frische Schrammen, jeder hat einen Bart.

Wir frösteln im Morgenwind, schwitzen in der Hitze der Mittagsstunde und rücken dicht ans Feuer, wenn die Sonne glutrot hinter schwarzen Bergen versinkt. Wir freuen uns über den Sonnenschein und ertragen gleichmütig Regen und Kälte. Gewitter sind unsere ständigen Begleiter. Wir sehen die Wolken, die Blitze, die Nordlichter und die Sterne.
Unser Tag beginnt mit dem Schrei des Adlers und dem Ruf des Kranichs. Er endet, wenn der Uhu über die Lichtung schwebt und die Nebelfrauen im Moor tanzen. Wir jagen und fischen, sammeln und pflücken. Wir leben im Einklang mit dem Land. Wir nehmen nur, was wir brauchen. Wie verändern nicht, wir zerstören nicht.
Wir sind Nomaden – frei wie der Wind. Wir paddeln durch ein wildes Tal, wir streifen durch stille Wälder und gehen über einsame Moore. Wir wissen, wohin der Fluss uns trägt, aber wir wissen nicht, wo wir am Abend sein werden. Irgendwo werden wir anlegen, irgendwo gibt es einen guten Lagerplatz – irgendwo im trockenen Flussbett, auf dem hohen Ufer oder am Waldrand. Dort brennt dann unser Feuer, dort sind wir zuhause.
Wenn wir weiterziehen, bleiben ein paar schwarze Steine zurück, ein wenig Asche, unsere Fußspuren. Wir wissen nicht, was der neue Tag bringt. Das Land schenkt uns nichts, es fordert uns jeden Tag heraus. Unter dem hohen Himmel des Nordens sind wir klein und unbedeutend. Unsere Stimmen und Spuren verlieren sich in der endlosen Weite, in der sich Leben und Tod sehr nahe sind. Wir sind damit einverstanden.
Wir lauschen der Stimme der Raben, dem Ruf der Gänse, dem Lied der Wölfe. Wir hören dem Fluss, dem Wind und dem Regen zu. Sie alle haben ihre Geschichte.
Wir fühlen die Kraft des Nordens, wir spüren den Herzschlag der Mutter Erde, wir verstehen den Sinn des Lebens – wir sind „Wilde" geworden.

Daheim streiten die Menschen darüber, ob Gott katholisch, evangelisch oder mohammedanisch ist, ob er streng oder mild ist, ob er straft oder verzeiht. Vielleicht sind die „Wilden" weiser als alle anderen: *Watan Tanka* sagen die Dakota – das Große Geheimnis...

Abschied vom Snake

Heute Morgen sind sie da – pünktlich, vollzählig und unternehmungslustig – die Mücken! In der Nacht hat es geregnet, jetzt ist es bedeckt, windstill und warm. So haben sie es gern. Worauf warten wir noch?, summen sie voller Tatendrang, als ich aus dem Zelt krieche. Drei Dutzend oder mehr begrüßen mich mit aufdringlicher Zuneigung. Eine ganze Staffel ist im Anflug – zehn Hände könnte ich jetzt brauchen. Mit den beiden, die ich habe, mache ich in Rekordzeit Feuer.

Die erste dünne Rauchfahne steigt auf. Ich knie mich in den Rauch und lege schnell dickere Zweige nach. Bald züngelt es gelb und rot aus dem Reisighaufen. Jetzt noch eine Lage Äste, dann feuchtes Moos. Eine dicke blaugraue Rauchwolke quillt aus dem Stapel. „Na, ihr lieben kleinen Quälgeister, wie gefällt euch mein Feuerchen...?" Siegreich blicke ich in die Runde – so muss Prinz Eugen dagestanden haben, als er den abziehenden Türken nachschaute...
Wolfgang kocht einen großen Topf Haferbrei, fast zu viel, aber wir werden damit fertig. Um zehn Uhr sind wir marschbereit – richtiger: Fertig zum Auslaufen! Es ist immer wieder ein schönes Gefühl, wenn ich in das schwankende Kanu trete, meinen Platz auf dem vorderen Sitz einnehme, das Gewicht auspendle, wenn ich die Kraft der Strömung spüre, wenn das Kanu dem Paddel gehorcht, wenn der Bug in die Wellen schneidet. Die Herrenreiter mögen mir verzeihen, aber es ist immer wie beim Aufsitzen, wenn ich mich über den Sattel schwinge, tief einsitze, wenn ich die Schenkel anlege, wenn das Pferd untertritt, den Hals hergibt, das Gebiss annimmt und antrabt. Es ist das gleiche herrliche Gefühl! Was ist dagegen ein Porsche oder eine Honda? Ein stinkender Haufen Blech und Gummi – ohne Leben, ohne Seele! Aber so ein Berg von Muskeln im wiegenden Galopp oder ein schwankendes Kanu auf schnellem Wasser. das ist urwüchsige Kraft, da schlägt das Herz einen langen Wirbel, da spüre ich, dass ich lebe!
Mit diesen fortschrittsfeindlichen Gedanken beschäftigt, paddele ich schweigend dahin. Auch hinter mir bleibt es still. Ein farbloses Tal unter regenschweren Wolken regt nicht zum Reden an. Mittagsrast auf einer langen Schotterbank. Es fängt an zu regnen. Ich versuche es mit der Angelrute. Zweimal habe ich einen Biss, aber der Fisch kommt jedes Mal vom Haken los.
Zwischen Sträuchern finde ich Spuren im Sand: Zwei Menschen, ein großer und ein Kind waren vor zwei, drei Tagen hier, haben geangelt und Feuer gemacht. Hinweise auf ein Lager finde ich nicht. Seit wir vor zwei Wochen oben im Gebirge aufgebrochen sind, sehen wir zum ersten Mal menschliche Spuren. Als es aufhört zu regnen, fahren wir durch ein schmales Tal zwischen steilen, bewaldeten Hängen weiter. Der Snake River fließt nun schon seit einigen Kilometern in einem breiten Flussbett ohne Nebenarme. Das Tal wird breiter, die Strömung ist mäßig – der Snake River ist fast am Ziel. Irgendwo vor uns muss die Flussmündung sein.
Plötzlich ist die Sonne da, lässt das Wasser glitzern und die Hänge leuchten. Weit vor uns öffnet sich ein weites Tal, quer zum Tal des Snake. Der Fluss umfließt jetzt eine eine große Insel. Wir wählen die rechte Seite des Flusses. Jetzt sind wir sicher, dass wir die Mündung dicht vor uns haben. Es ist noch früh am Tag, aber wir sind uns einig: Noch ein letztes Lager am Snake!
Wir legen an und schauen uns die Insel an: Ein schmaler Schotterstreifen, dann feiner Sand, schließlich gelbes Gras und Weidengebüsch – genug Treibholz. Wir laden unter stechender Sonne aus. Im Westen wachsen weiße Wolkentürme in

den Himmel. Wir stellen daher sofort gemeinsam das Zelt auf. Dann backt Wolfgang Bannocks. Aus Richtung der Wolkentürme grollt der Donner – erst leise und weit entfernt, dann lauter und drohender. Wir wollen gerade mit dem Essen beginnen, als plötzlich ein erster Windstoß über die Insel fegt. Wir decken alles ab und flüchten ins Zelt. Der Sturm zerrt am Zelt, reißt an den Heringen, treibt den feinen Sand durch alle Ritzen. Die Zeltverspannung hält. Dann geht ein kurzer, heftiger Schauer nieder. Plötzlich ist es vollkommen still. Wir gehen zum Feuerplatz. Das Feuer ist aus, und alles ist mit einer gelben Staubschicht bedeckt, die sich mit dem Regenwasser in eine zähe Schmiere verwandelt hat. Im Sonnenschein essen wir Bannocks und Landjäger. Um uns herum schwirren und hüpfen schon wieder unzählige Heuschrecken – so gelbbraun wie die ganze Insel. Ein Kolkrabe fliegt dicht über unser Lager und bezieht einen Ausguck auf einer hohen Fichte. Er beobachtet uns und unterhält uns mit rauen Rufen. Wolfgang angelt, ich schreibe Tagebuch.

Als sich die Sonne im Nordwesten den blauen Bergen am Horizont nähert, tragen wir das Kanu über die etwa 300m breite Insel und paddeln über den anderen Flussarm zum Südufer. Wir machen das Kanu mit Bug- und Heckseil fest und steigen durch bürstendichtes Gestrüpp einen steilen Hang hinauf. Bald wird es lichter. Über knietiefe Moospolster geht es im Fichtenwald weiter steil aufwärts. Wolfgang steigt leichtfüßig und schnell, ich bleibe, den Jahren angemessen, ein Stück zurück. Es macht mir nichts aus, dass Wolfgang schneller ist und immer wieder auf mich wartet. Früher war ich immer vorne und habe auf andere gewartet.

Der Fichtenwald wird dünner, die Bäume kleiner. Auf der Bergkuppe setzen wir uns ins Moos und schauen nach Westen. Der Blick geht über das weite Tal des Peel River. Rechts unter uns liegt die lange Insel im Snake, auf der winzig klein unser blaues Zelt steht. Gleich hinter der Westspitze der Insel mündet der Snake in den breiten Peel River, der von Süden kommt und mit seiner kraftvollen Strömung – wir können es ganz deutlich sehen! – das einmündende Wasser des Snake einfach beiseite schiebt. Breit und protzig rollt der Peel weiter nach Norden. Auf der Ostseite steht ein hohes Steilufer, im Westen fließen mehrere Nebenarme zwischen riesigen Sandbänken und grünen Inseln hindurch. Wir schauen über Wälder, Moore und kleine Seen bis weit nach Westen – dorthin, wo der Himmel die Erde berührt.

Die Sonne verschwindet hinter einem blauen Wolkenband, die Dämmerung kommt aus den Wäldern und Schluchten, die Flüsse glitzern im Gegenlicht. Das Land liegt still und feierlich vor uns. Es ist die rechte Stunde, vom Snake River Abschied zu nehmen. Unsere Gedanken gehen zurück zu dem kühlen Abend, als unser erstes Feuer am Ufer des Snake brannte. Ein kleines, verspieltes Kind war der Fluss dort oben – kaum stark genug unser Kanu zu tragen. Schnell wuchs er zu einem übermütigen Bürschchen heran, sprang flink über die Felsen, schob uns spielerisch hin und her und warf uns immer wieder ein paar Hände Wasser ins Kanu. Als Halbstarker lärmte er unter den Felswänden und zwängte seine breiten Schultern durch enge Canyons. Auf dem Höhepunkt seiner Kraft rollte er tosend über die Stromschnellen, wirbelte uns im Kehrwasser herum und sang Tag und Nacht sein wildes Lied. Älter und ruhiger geworden kam er aus dem Gebirge und trug uns kraftvoll und sicher durch die Wälder immer weiter nach Norden. Aber der lange Weg kostete Kraft und hat ihn müde gemacht. Gemächlicher und stiller wanderte er weiter nach Westen, trug uns dem Peel entgegen und setzte uns auf der langen Insel ab. Hier ist sein Weg zu Ende...

Die blutrote Sonnenscheibe ist hinter dem großen Wald verschwunden. Der Himmel glüht in allen Farben des Feuers. Schwarz liegen die Inseln und Sandbänke im Mündungsdelta, golden glänzen die Flüsse, weiß steigt Nebel aus den Mooren. Wir sitzen schweigend da und geben uns dem Zauber dieser Stunde hin. Wer einmal den weiten Weg bis hierher gegangen ist, wird ihn nie mehr ganz zurückgehen.

Der Peel River

Ein kühler, nebeliger Morgen. Der Kolkrabe ruft aus dem Wald jenseits des Flusses. Ich ziehe mich im Vorzelt an und mache einen bewaffneten Gang über die Insel. Neben einer starken Elchfährte gehe ich flussabwärts. Auf der äußersten Spitze am Ende der Insel finde ich Spuren von vielen Füßen, von großen und kleinen Füßen. Es sind keine frischen Spuren. Dann stoße ich auf eine Feuerstelle mit verkohlten Holzresten. Ein Steinwurf davon entfernt ist das Gras an drei Stellen niedergedrückt – Eindrücke, die Zelte hinterlassen haben. Spuren führen zum Ufer, wo Kanus beladen wurden. Vermutlich haben hier vor ein paar Tagen Indianer gelagert. Klaus Gretzmacher hatte uns gesagt, dass wir am Unterlauf des Peel wahrscheinlich auf Siedlungen und Jagdlager von Indianern treffen würden.
Auf der anderen Seite der Insel gehe ich zurück. Irgendwo vor mir schnattern Enten. Ich pirsche vorsichtig in guter Deckung auf eine kleine Bucht zu. Durch hohes Schilf sehe ich ein paar Enten auf dem Wasser, eine Lücke in der Schilfwand... ein rascher Schuss auf einen Erpel und ein zweiter Schuss auf die auffliegenden Enten. Mit zwei Stockenten gehe ich zum Lager zurück. Vermutlich verbietet das kanadische Jagdgesetz genau wie das deutsche den Schuss auf schwimmende Enten. Ich schieße, wenn es sich ergibt, die erste Ente auf dem Wasser, um dann mit dem zweiten Schuss noch eine auffliegende Ente zu erwischen. Anfangs tat ich es mit ein wenig schlechtem, aber doch mit sehr ruhigem Gewissen. Was bedeuten hier draußen Gesetze, die irgendein Jagdbürokrat in irgendeiner Amtsstube aufgestellt hat? Wir jagen hier wie die „ersten

Amerikaner", die Indianer, Jahrtausende gejagt haben. Wir erbeuten nur, was wir brauchen – ohne jagdsportlichen Ehrgeiz, ohne Rekordsucht, ohne Trophäenkult. Was ist daran falsch? So wird man ein Gesetzloser.

Beim Frühstück berichte ich über die Spuren auf der Insel. Wir sprechen über die Wahrscheinlichkeit, am großen Peel River Menschen zu begegnen – anders als am einsamen Snake River. Immerhin münden weiter oberhalb noch andere größere Flüsse in den Peel – Hart River, Wind River, Bonnet Plume River. Sicher bringen sie ein paar Kanus in den Peel. Ich denke an diese Möglichkeit mit gemischten Gefühlen: Es ist schön, hier draußen auch einmal Menschen zu treffen. Wahrscheinlich werden es urige Waldläufer sein, denen man gerne begegnet. Andererseits haben wir bisher niemanden vermisst. Das Gefühl, die einzigen Weißen am wilden Snake River zu sein, war ein schönes Gefühl.

Der Kolkrabe ruft von seiner hohen Fichte noch einmal zum Abschied, als wir durch den aufsteigenden Nebel dem Peel entgegen paddeln. Bald liegt die Insel hinter uns. Ein paar Schläge noch, dann drückt eine starke Strömung den Bug herum – wir sind im Peel River. Um uns herum eine weite graugrüne Wasserfläche und Stille – zum ersten Mal vollkommene Stille auf dem Wasser. Auf dem Snake war es nie still. Die Wellen, die Kehrwasser, die einmündenden Bäche, die Strömung, die auf Felsen traf und über seichte Stellen ging, sie rauschten, plätscherten und murmelten unaufhörlich. Wo immer unser Zelt stand, wir hörten das Lied des Flusses am Abend, in der Nacht und am Morgen. Hier auf dem Peel ist es still. Breit, stark und ruhig fließt er dahin – ein Strom! Rasch löst sich der Nebel auf, und die Sonne strahlt vom wolkenlosen Himmel. Zum ersten Mal ziehen wir beim Paddeln die Schwimmwesten aus und dann auch die Hemden. Wir lassen uns mitten auf dem Strom treiben und schauen uns das weite Tal an: Erdfarbene Steilufer, riesige helle Kies- und Sandbänke zwischen breiten Flussarmen, Mischwald in allen Grünfarben an den Uferhängen, dazwischen rotbraune und graue Felsen. Der Strom ist sehr breit, das Wasser ruhig. Auf dem Snake habe ich nur selten gesungen, nur an ganz hellen Tagen. Dort zwischen den aufragenden Felsendomen und den tiefen, schweigenden Wäldern war es immer so feierlich. Hier auf dem Peel muss ich einfach singen: *Rolling home – Hamburger Veermaster – Oh Susanna – Als wir jüngst in Regensburg waren – Ol' Man River – John Kanaka – Bound to the Rio Grande...* All die schönen amerikanischen Flusslieder, alle Shanties und alle deutschen Seemannslieder, die ich kenne, singe ich zum Takt des Paddelschlags. Ich singe alles, was mit Wasser zu tun hat. Wolfgang erträgt es gleichmütig. So gleiten wir durch das helle, bunte Tal des Peel, treiben in der Strommitte oder paddeln durch Nebenarme, die alle tiefes Wasser führen. Schon etwa eine Stunde nach Mittag erkunden wir einen Lagerplatz auf einer langen Insel zwischen mehreren Flussarmen. Schluss für heute!

In hochsommerlicher Hitze entladen wir das Kanu. Zum ersten Mal waschen wir uns in warmem Wasser – 11° zeigt das Thermometer – fünf Grad wärmer als im Snake! Als wir nach einem kurzen Bad auch noch frisch gewaschene Hemden, Unterwäsche und Socken tropfend an die Leine hängen, meint Wolfgang: „Hier bricht noch Kultur aus..."

Bald steht das Zelt zwischen Cariboufährten, Elchlosung und gelben Blumen. Wolfgang angelt und kommt mit einer rekordverdächtigen Äsche zum Lager zurück. Wir trinken Kaffee und schauen einer großen Libelle zu, die sich bei ihren blitzschnellen Jagdflügen vom Rauch unseres Feuers nicht stören lässt. Als sie eine braune Hummel fängt und die Beute auf einem trockenen Ast verspeist, macht Wolfgang ein paar Aufnahmen mit dem Teleobjektiv.

Gegen Abend gehe ich mit der Angel stromabwärts über die Insel. Kein Schritt auf dem kilometerlangen Weg ist langweilig, es gibt immer viel zu sehen: Da sind Blumen und Gräser, angeschwemmte Wurzelstöcke und phantastische Baumleichen, Treibholz in allen Größen und Formen, eine Vielzahl von Käfern, Fliegen und Schmetterlingen, Spuren und Fährten. Auch Federn liegen im Sand, Federn von Gans, Bussard und Adler. Ein Flussuferläufer trippelt vor mir her, Eintagsfliegen schweben über den Weidenbüschen, Wasserläufer flitzen über kleine Tümpel. Ein brauner Frosch taucht vor meiner Stiefelspitze eilig weg. Hoch über mir ruft der Kolkrabe. Am unteren Ende der Insel, wo das Wasser wieder zusammenströmt, versuche ich mein Glück. Ich befestige einen schwarzen Blinker an der Leine und werfe den Köder mitten hinein ins Kehrwasser. Gleich habe ich einen Biss und ziehe eine heftig kämpfende, mittelgroße Äsche auf den Sand. Dann mühe ich mich 20 Minuten vergeblich bis der nächste Fisch beißt – ein großer, silberfarbener Fisch aus der Familie der Salmoniden. Whitefish heißt er hier. Ein paar Minuten später lande ich noch einen Whitefish, größer als der erste. Mehr können wir heute gar nicht essen! Ich nehme die Fische aus, ziehe ihnen eine Weidenrute durch Maul und Kiemen und gehe zum Lager zurück. Ein üppiges Mahl schließt den Tag ab. Ich sage dem fleißigen Koch, dass ich selten Besseres gegessen habe. Wolfgang glaubt es nicht, lässt sich aber nichts anmerken. Wir waschen gemeinsam ab und bereiten dann den Feierabend vor: Wolfgang spannt die blaue Plane über der Feuerstelle auf und legt die Schwimmwesten als unsere Sitzkissen, zurecht, ich hole von einem riesigen Haufen Treibholz einen Arm voll Brennholz und frisches Wasser für den Tee.

Ein warmer Südwind treibt helle Wolkenschiffe mit geblähten Segeln über den Himmel. Die Berggipfel im Osten leuchten in der Abendsonne. Ich stopfe die Pfeife, zünde sie an, stopfe nach, blase die ersten blauen Ringe vor mich hin, lehne mich an den dicken Stamm hinter mir, strecke die Beine aus – abendliche Zufriedenheit!

Wir haben allen Grund zur Zufriedenheit. Auch heute haben wir getan, was zu tun war, aber keinen Handschlag mehr. Wir haben über die Hälfte der Reise-

strecke hinter uns und sind im Zeitplan. Wir sind gesund. Die Ausrüstung ist in gutem Zustand, und der Verbrauch der Lebensmittelvorräte stimmt mit Wolfgangs Berechnungen überein. Wir sind restlos zufrieden!
Es ist fast Mitternacht, noch hell und 15° warm. Draußen auf dem Wasser ruft der Loon – wie Trauer, wie Sehnsucht, wie Schmerz klingt es über den Strom. „Weißt du, Wolfgang, Nomade ist ein herrlicher Beruf – ich hätte Nomade werden sollen..."

Noch eine kurze Zusammenfassung der Säugetiere, die wir an Snake und Peel River beobachtet, gehört, gespürt oder gefährdet haben: Braunbär (Grizzly), Elch, Schwarzbär, Rentier (Caribou), Wolf, Dallschaf, Kojote, Fuchs (Red Fox), Schneehase (Snowshoe Hare), Otter, Stachelschwein (Porcupine), Marder, Mink, Eichhörnchen (Red Squirrel), Wiesel, Erdhörnchen (Arctic Ground Squirrel), Biber, Lemming, Bisam, Murmeltier.

Norman

Schmetternde Fanfarenklänge wecken mich – Kraniche ziehen über das Tal. Ich liege ganz still und lausche ihren rauen Rufen. Draußen vor dem Zelt erwartet mich ein heller, warmer Sommermorgen. Als ich Feuer mache, kriecht Wolfgang gähnend durch die Zeltöffnung und rührt ohne weitere Zeitverschwendung den Haferbrei an. Lange sitzen wir an diesem Morgen nach dem Frühstück am Feuer und brechen schließlich ohne Hast das Lager ab. Gegen halb elf nehme ich meinen Platz als Bugmann ein, der Steuermann schiebt das Kanu in die Strömung, springt hinein und drückt den Bug nach Norden. Um uns herum ist Sonnenschein, ruhiges, glitzerndes Wasser und eine feierliche Stille. Wir paddeln schweigend durch den hellen Morgen. Ein Sperber fliegt dicht über dem Wasser hinüber zum bewaldeten Ufer, der Loon ruft klagend, und Frau Gänsesäger schwimmt mit mächtiger Bugwelle und fünf Kindern im Kielwasser vor uns her. Hinter einer langen Insel kreist plötzlich ein Seeadler über uns und beobachtet mit schiefem Kopf, was da unten durch sein Tal paddelt. Es wird ein heißer Tag. Hier auf dem Peel tragen wir keine Schwimmwesten. Längst haben wir auch die Hemden ausgezogen und tauchen immer wieder die Arme bis zu den Schultern ins kalte Wasser.
Schon am frühen Nachmittag gehen wir nach etwa 25km Tagesstrecke an Land – wir haben einen feinen Lagerplatz gefunden: Flacher Sandstrand, dann Weidengebüsch, dahinter ein ebener Grasplatz auf einem kleinen Hügel für das Zelt, ein Feuerplatz mit einem dicken Stamm als Sitzbank, Windschutz durch ein Pappelwäldchen, eine kleine Birke als Kleiderständer und eine Liegewiese – was will man mehr? Hier werden wir heute bleiben – und morgen auch. Ich schlage gleich einen Pfad durch die Weidenbüsche, Wolfgang lädt aus. Dann tragen wir

unser Gepäck zum Feuerplatz. Wolfgang richtet die Feuerstelle ein, ich bringe den Seesack zum vorgesehenen Zeltplatz, hole die Zeltausrüstung heraus und hänge die Schlafsäcke in die kleine Birke. Als die erste Rauchfahne blau und dünn zwischen den Büschen aufsteigt, ruft Wolfgang: „Hol' mir doch noch einen Stein – lang und flach" Ich gehe auf dem frei geschlagenen Pfad zum Fluss und – reibe mir die Augen. Ich will es nicht glauben: Unser Kanu ist nicht mehr allein. Da liegt doch tatsächlich ein Kanu neben unserem, grün, etwas kürzer und beladen. Von links kommt ein Mann durch die Weiden auf mich zu... etwa 30 Jahre alt, wettergebräuntes Gesicht, schwarze Bartstoppeln, helle, lustige Augen. Er bleibt vor mir stehen, streckt mir mit jungenhaftem Lachen die Hand entgegen und sagt: *„I'm Norman, Norman Hollister from New York, nice place here..."* Wir schütteln uns die Hand und reden über den Fluss, die Gewitter, die Adler und die Bären – so wie es Nomaden eben tun.

Dann gehen wir zum Lager. Ich lasse unseren Besucher vorgehen – und habe Gelegenheit, eine Hose zu bestaunen, wie ich sie noch nie gesehen habe. Eigentlich ist es gar keine Hose. Normans Beine werden von dunkelgrünen Stoffstücken und -streifen umflattert, die von einem breiten Ledergürtel irgendwie an seiner Hüfte gehalten werden. Bei jedem Schritt geben sie – mal rechts, mal links – den Blick auf ein langes Stück eines braunen, muskulösen und behaarten Beines frei. Wolfgang steht am Feuer. Er hat unsere Stimmen gehört und schaut uns ungläubig entgegen. Auch Wolfgang mustert belustigt die luftige Hose unseres Gastes. Der New Yorker erzählt von seiner Reise auf dem Blackstone und Peel River. Dabei schimpft er auf den Regen: „Neulich ist eine Bärenmutter mit ihren beiden Jungen vor meinem Kanu über den Fluss geschwommen. Ich bin dann neben ihnen her gepaddelt und habe die ganze Gesellschaft fotografiert, es hat in Strömen geregnet... so was Blödes! Ich glaub' ich hab' nur Wasser auf den Bildern."

Er fragt nach unserer Kameraausrüstung. Ich zeige ihm meine Minox, und er bewundert sie gebührend. „Ich bin in jedem Herbst hier oben", sagt er, „zuhause reden sie immer auf mich ein: Norman, das ist gefährlich dort oben in Kanada... die Bären, die Wölfe, die Stromschnellen, das Wetter, die Wildnis. Freunde, sage ich, dort oben ist das Paradies – hier in New York, da ist es gefährlich, das ist der Dschungel." Wir lachen und sind mit ihm einer Meinung. Wir laden ihn zum Essen ein. Er bedankt sich und sagt, er hätte es eilig, lässt sich aber dann doch zu einer Tasse Kaffee überreden. Dann aber bricht er auf. „Wisst ihr, in Dawson ist demnächst ein großes Fest. Da feiern sie jedes Jahr zu Ehren der alten Goldgräberzeiten, da will ich hin. Und das sind noch ein paar Meilen... ihr seht, ich hab' noch 'ne Menge Arbeit vor mir."

Er schüttelt uns die Hand: *„Have a safe journey!"* Spricht's und geht mit flatternder Hose vonhinnen. Wir begleiten ihn zum Ufer. Er kramt eine Weile in seinem Kanu herum, kommt noch einmal zu uns und bedankt sich mit einem zerknitterten Plastikbeutelchen mit gelbbraunem Inhalt noch einmal für die

Einladung: *"Have some banana chips..."* So höflich ist man in der Wildnis. Wir sehen ihm nach, bis er hinter der nächsten Flussbiegung verschwindet.

Gegen Abend geht im Norden ein Gewitter nieder. Auch im Süden stehen schwarze Wolken über dem Tal, Blitze zucken, und graue Regenschleier hüllen die Berge ein. Bei uns scheint die Sonne. Wir machen einen ausgedehnten Streifzug durch das Hinterland, folgen dabei der Spur eines Schwarzbären in einem trockenen Flussarm und stoßen weit unterhalb des Lagerplatzes wieder auf den Peel. Zurück im Lager sitzen wir unter einem glühenden Himmel am Feuer, trinken Tee und futtern – *banana chips*.

Wenn ihr in den Peel kommt...

„... wird's langweilig", hatte Klaus Gretzmacher gesagt. Was diesen Morgen betrifft, muss ich ihm Recht geben. Draußen ist es noch dunkel. Ich liege wach im Zelt, höre dem Regen zu und stelle mich darauf ein, dass wir vielleicht den ganzen Tag Gefangene des Regens sein werden. Ganz schön langweilig... Irgendwann werde ich jäh aus dem Halbschlaf gerissen. Ein böses Geräusch hat mich hellwach gemacht, ein sehr böses Geräusch. Es hört sich an, wie wenn das Kanu bewegt wird... kein Zweifel... ich höre es deutlich. Da ist es wieder! Irgendwer zieht oder schiebt das Kanu über den Kies. Mir schießt ein Gedanke durch den Kopf, der mich trotz der ernsten Lage belustigt: *Gestern hat Wolfgang zum ersten Mal versäumt, seine Bärenwarnanlage aufzubauen, und schon ist der Bär da!*

Ich schüttele Wolfgang an der Schulter und belle: „Alarm! Bär am Kanu!" Wir schlüpfen für diese Tageszeit ungeheuer schnell rechts und links aus dem Zelt, die Gewehre schussbereit in der Hand. Kein Bär – aber was wir sehen, ist viel, viel schlimmer: Hochwasser!

Der breite Uferstreifen ist fast ganz überschwemmt. Das Kanu liegt im Wasser, und die Strömung schiebt es ruckweise über die Steine. Unser Gepäck dümpelt unter dem Kanu in der braunen Brühe. Mein Paddel, das ich in einen Weidenbusch gestellt hatte, schwimmt auch schon und wird nur noch von einem Ast gehalten. Wir lassen die Gewehre liegen und sprinten über die Böschung hinunter zum Kanu – alles wird gerettet! Wir ziehen das Kanu aus dem Wasser und bringen das Gepäck hinauf zum Feuerplatz am Waldrand.

„Das war knapp...", sagt Wolfgang und wischt sich mit dem Handrücken das Wasser aus dem Gesicht. Dann schauen wir uns den Peel an. Er ist während der Nacht nach den starken Regenfällen im Gebirge weit über seine Ufer getreten, die Strömung ist stark. Mitten im Strom treibt eine endlose Schlange aus Treibholz, ganzen Bäumen, grünen Büschen, schwimmenden Grasinseln und schwarzem Gestrüpp. Überall auf der erdfarbenen Flut sehen wir Strudel und helle

Schaumstreifen. Es regnet stark, und der Wind treibt tiefhängende, graue Wolken durch das Tal. Ein unfreundlicher Morgen!

Dagegen hilft zunächst ein gutes Feuer und Wolfgangs dicker Haferbrei. Während wir im offenen Vorzelt sitzen, beobachten wir den Fluss. Wir haben beide unabhängig voneinander „Messlatten" in den Sand gesteckt und können daran ablesen, wie schnell das Wasser steigt. Ich gehe hinaus und ziehe das Kanu noch einmal ein Stück höher auf das Ufer. Zurzeit haben wir drei Möglichkeiten: Abfahren – Packen und abfahrbereit warten – Bleiben und hoffen, dass das Wasser unseren höher gelegenen Lagerplatz nicht erreicht. Wir entschließen uns, vorläufig zu bleiben, aber zu packen und den Wasserstand zu beobachten. Inzwischen fließt ein breiter Bach aus dem Peel an unserem Lager vorbei ins Hinterland. Ich ziehe vorsichtshalber das Kanu bis an den Feuerplatz. Noch sitzen wir hier oben sicher, aber das Wasser steigt unaufhörlich. Wir bauen das Zelt ab und packen unsere Bündel.

Ich gehe ein paar hundert Meter am Ufer entlang nach Süden. Von der Uferkante bröckelt überall Sand und Kies ab. Ein Bächlein, das gestern nur ein paar Meter breit und ein paar Zentimeter tief war, ist heute ein hundert Meter breiter, schnell fließender Fluss. In den tieferen Mulden steht überall Wasser, und durch die flachen Senken fließen kleine Bäche. Aus einem vom Wasser umgebenen kleinen Fichtenwäldchen watet ein Elch durchs Wasser landeinwärts. Auch ich muss zurück, um nicht abgeschnitten zu werden. Wolfgang meldet, dass das Wasser noch einmal 10 cm gestiegen ist. Unser Lager ist jetzt ringsum vom Wasser eingeschlossen. Der erfahrene Bewohner einer Hallig in der Nordsee würde sagen: „Wenn dat man gut geit..."

Unsere Insel wird zusehends kleiner. Weiteres Warten ist zwecklos – wir müssen das Lager abbrechen, bevor es der Peel tut.

Mittag ist vorüber, als wir unser Kanu in die braune Flut schieben. Wir paddeln durch hohe Wellen, Strudel und Kehrwasser auf dem Strom. Dabei meiden wir so gut es geht die Strommitte, um nicht zwischen das Treibholz zu geraten. Da wir häufig hohen Wellen und Strudeln ausweichen, gelingt das nicht immer. Dann sind wir plötzlich vom Treibgut vollkommen eingeschlossen. Das Hochwasser führt viel Schlamm und feinen Sand mit sich. Das reibt und kratzt und schmirgelt an der Kanuwand und erzeugt ein sirrendes Geräusch. Unter tief hängenden Wolken jagen wir auf dem schnellen Wasser durch ein düsteres Tal. Gespenstisch ragen die Spitzen der Uferbüsche aus dem Wasser. Der Regen hat aufgehört. Der Peel wendet sich nach Westen, der Wind weht uns jetzt ins Gesicht. Auf einer Sandbank sitzen zwei Dutzend Enten. Wolfgang versucht sie zu zählen. Unsere Flinten liegen gut verpackt irgendwo zwischen dem Gepäck. Uns ist nicht nach Jagen zu Mute, das Hochwasser erfordert unsere ganze Aufmerksamkeit.

Am späten Nachmittag – wir haben inzwischen vielleicht 30 bis 40km zurückgelegt – paddeln wir an der Mündung des Caribou River vorbei, der von Süden

kommt. Sein Einlauf in den Peel ist auf der großen Wasserfläche nur an einem Einschnitt am Waldrand zu erkennen. Ein paar Kilometer weiter liegt linker Hand eine langgestreckte, hohe Schotterbank mit Erlen und Weidenbüschen. Wir legen kurz entschlossen an, machen das Kanu mit dem Bugseil an einem starken Weidenast fest und erkunden die Gegend. Ein guter Platz, der bis auf sauberes Wasser alles bietet. Wir stecken an der Wasserlinie eine „Messlatte" in den Kies und laden aus. Wolfgang richtet sofort die „Küche" neben einem dicken Baumstamm ein, ich stelle das Zelt auf eine kleine Grasfläche. Der Rauch, der von der Feuerstelle aufsteigt, ist wie immer für mich das Signal zum Wasserholen – aus dem Peel! Im Topf, den ich zur Feuerstelle bringe, schwappt eine undurchsichtige, braune Flüssigkeit. Vor ein paar Tagen konnten wir auf dem Grund des Snake noch jeden Stein in zwei Meter tiefem Wasser sehen, jetzt sehen wir nicht einmal mehr den Boden des Kochtopfes. Wolfgang lässt den Topf zunächst stehen, damit sich der Schlamm absetzen kann, und backt erst einmal Bannocks. Dann gießt er das obere Wasser vorsichtig in die Kaffeekanne und hängt sie über die Glut. Wir verzehren die Bannocks bedächtig mit dem ersten Drittel unserer letzten Wurst. Der Kaffee schmeckt unverkennbar nach Erde, aber er ist herrlich heiß. Mit Unbehagen stellen wir fest, dass das Wasser noch immer steigt. Ich gehe hinunter zum Kanu und ziehe es höher auf das Ufer.
Der Koch wandelt sich inzwischen zum Bäcker und backt zwei „Stollen" Brot in Alu-Folie auf einem geschickt gefertigten Gitter aus grünen Weidenästen über der Glut. Es wird ein Meisterstück, über das die Herren von der Bäckerinnung staunen würden.
Ich mache dem Bäckermeister klar, dass das schwer arbeitende Handwerk und die denkende Intelligenz zusammenwirken müssen, und zitiere aus dem Werk des großen Niedersachsen Wilhelm Busch aus Max und Moritz:

... Eins, zwei, drei, eh man's gedacht,
Sind zwei Brote draus gemacht!
In dem Ofen glüht es noch –
Ruff! damit ins Ofenloch!
Ruff! man zieht sie aus der Glut;
Denn nun sind sie braun und gut...

Während das Brot abkühlt, gehen wir landeinwärts. Der Himmel ist heller geworden, der Wind hat sich gelegt. Wir entdecken einen Seeadlerhorst in einer hohen Pappel, auf dessen Rand ein junger Adler sitzt. Die beiden Altvögel umkreisen den Horstbaum und blocken in der Nähe des Horstes auf dürren Ästen auf. Wolfgang fotografiert mit dem Teleobjektiv – das Licht reicht gerade noch. Am Ufer des Flussarms, der uns von dem Horstbaum trennt, erkennen wir, dass das Wasser weiter steigt. In Richtung unseres Lagers füllt sich eine weite Senke langsam mit Wasser. Sch... aurig!

Auf dem Rückweg sehen wir sofort, dass unsere „hohe" Schotterbank erheblich kleiner geworden ist. Die „Messlatte" lässt letzte Zweifel schwinden: Das Wasser steigt stetig und rasch. Die Dämmerung kommt früh und lässt die Umgebung noch trostloser erscheinen. Gegen zehn Uhr abends beginnen wir widerstrebend mit den Vorbereitungen für die „Evakuierung". Wir setzen Teewasser auf, bauen das Lager ab und beladen das Kanu, das bereits dicht am Feuer liegt. Es wird jetzt rasch dunkel. Als das Wasser langsam über die hellen Schottersteine auf unsere Wohnküche zu kriecht, löschen wir das Feuer und steigen mit einem mulmigen Gefühl ins Kanu. Freiwillig wären wir wohl nie zu dieser Fahrt ins dunkle Ungewisse aufgebrochen. Es wäre vielleicht auch möglich, die Nacht im beladenen Kanu, festgemacht an einem aus dem Wasser ragenden Baum, zu verbringen und so der bedrohlichen Nachtfahrt zu entgehen. Wir erwähnen diese Möglichkeit nicht einmal – sie wäre gegen unsere Kanutenehre.
Nein, wir haben keine andere Wahl! Entschlossen legen wir ab, die Strömung erfasst das Kanu, und schnell gleiten wir an den Weidenbüschen vorbei, an denen wir vor fünf oder sechs Stunden festgemacht haben. Jetzt schauen von den Weiden nur noch die Spitzen der längsten Zweige aus der Flut. Und der Gretzmacher hat behauptet: „Wenn ihr in den Peel kommt, wird's langweilig..."

Auf schwarzem Wasser

Eine Stunde vor Mitternacht. Wir treiben mitten im Strom. Schwarze Hänge heben sich auf beiden Ufern schwach gegen den dunkelgrauen Himmel ab. Die Sandbänke, Inseln und flachen Strände sind überschwemmt, der Peel ist endlos breit, seine Ufer sind im Dämmerlicht nicht zu erkennen. Das leise Sirren am Bootsrumpf, das schmatzende Geräusch der Strudel, das gedämpfte Rauschen des Wassers an den Ästen überschwemmter Bäume sind die einzigen Laute auf dem großen Strom. Der Peel zwingt uns seit 18 Stunden seinen Willen auf, und wir können kaum dagegenhalten. Irgendwo überqueren wir den Polarkreis.
Inzwischen ist es fast vollkommen dunkel. Weit vor uns, wo Wasser und Himmel verschmelzen, leuchtet es schwach, wird heller, leuchtet violett, rot, gelb durch eine Lücke in den Wolken. Der Lichtschein sieht aus wie ein fernes, strahlendes Tor. Von dort führt eine goldene Bahn über das dunkle Wasser bis zu uns, und unser Kanu gleitet auf dieser glänzenden Spur geradewegs auf das goldene Tor zu. Weiter rechts steht ein dunkelroter Streifen über schwarzen Bergen. Vielleicht eine halbe Stunde lang paddeln wir mit langsamen Schlägen auf der goldenen Bahn. Wolfgang steuert so, dass der Bug immer zu dem hellen Licht am Horizont zeigt. Es ist wie Hoffnung, wie Trost, dieses Licht über dem schwarzen Strom. Wir reden kaum, wir lauschen in die Nacht und schauen in das wundersame Licht. Dann wird das Leuchten schwächer, der blutrote Streifen verblasst, das goldene Tor schließt sich. Um uns herum ist jetzt rabenschwarze

Nacht. Wir wissen nicht, ob wir mitten im Strom oder in Ufernähe fahren. Einmal zieht uns eine starke Strömung nach links. Wir erkennen schemenhaft eine hohe, schwarze Uferböschung, unter der wir in schneller Fahrt dahin gleiten. Vom Ufer bröckelt ständig Erde ab. Manchmal fällt ein großer Klumpen klatschend ins Wasser. Ein paar mal versuchen wir, an Land zu gehen, aber die starke Strömung und die brüchigen Ufer machen jeden Anlegeversuch zunichte. Es ist so dunkel, dass wir nur nach Gehör fahren. Vor uns ist starkes Rauschen. Wir können nichts erkennen, ziehen weit nach links, und das Rauschen bleibt zurück. Wir wissen nicht, ob wir seit dem letzten Lager 20, 30, oder 40 Kilometer durch die Nacht gepaddelt sind. Die Dunkelheit nimmt uns jedes Gefühl für Entfernungen und Geschwindigkeit. Wir wissen nicht einmal ungefähr, wo wir jetzt sind.

Allmählich weicht die Nacht einer milchigen Dämmerung. Es wir kalt. Wir halten Ausschau nach einem geeigneten Lagerplatz, aber vom Wasser aus ist nicht viel zu erkennen. Die Ufer sind entweder hoch und steil oder flach und überschwemmt. Ein schwarzer Rücken links vor uns sieht recht gut aus. Wir paddeln mit voller Kraft hinüber, lassen uns an einem hohen bewaldeten Ufer entlang treiben und finden tatsächlich eine winzige Bucht. Wir legen an, machen das Kanu fest und arbeiten uns eine hohe, aber nur mäßig steile Böschung hinauf. Wir wählen zwischen hohen Fichten einen Platz für das Zelt und schaffen Ausrüstung und Kanu hinauf. Im Schein eines kleinen Feuers schlagen wir das Zelt auf und kriechen müde in die Schlafsäcke. Es ist halb vier. Im Traum geht die Reise weiter: Auf einem schwarzen Fluss fahre ich dahin, auf einem Fluss, der in ein goldenes Tor hinein fließt...

Nach nur drei Stunden Schlaf sind wir munter – auch Wolfgang. Draußen ist nichts mehr von der düsteren Stimmung der vergangenen Nacht. Die Sonne scheint, es ist warm und windstill. Der Peel schiebt seine erdbraunen Wassermassen an unserer Insel vorbei. Noch immer zieht eine ununterbrochene Kette aus Treibholz, Bäumen und Buschwerk an uns vorüber. Flussabwärts sind vom unterspülten Ufer ein paar Fichten in den Fluss gestürzt. Ihre Wurzeln krallen sich noch an das brüchige Erdreich, ihre Wipfel biegen sich in der Strömung. Möwen rudern träge über dem schnellen Wasser. Auf dem gegenüberliegenden Ufer reicht der Peel bis weit in den Wald hinein.

Ich gehe ein Stück auf dem hohen Ufer und suche nach sauberem Wasser. Es gibt kein sauberes Wasser mehr, nur eine braune, sandige Brühe. Wolfgang macht bereits Feuer und bastelt ein Dreibein für die Kanne. Als ich ihm einen Topf Peelwasser bringe, meint er, das Wasser sähe „schon bedeutend besser" aus. Und wirklich: Hier unter grünen Bäumen in der warmen Morgensonne zeigt sich sogar unser Kaffeewasser irgendwie freundlicher als gestern unter dem grauen Himmel, der nach Weltuntergang aussah.

Nach kurzem Frühstück lade ich die Flinte mit Schrot Nr. 2,5 und gehe landeinwärts in den Wald – vielleicht finde ich ein paar Waldhühner. Nach etwa dreihundert Metern stehe ich schon wieder am Wasser. Vor mir strömt ein genauso breiter, brauner Fluss wie er auch an unserer Feuerstelle vorbei fließt. Da ich mich nicht verlaufen habe, und als Beweis dafür die Sonne noch immer genau hinter mir steht, ist klar: Wir lagern auf einer großen Insel. Ich pirsche in südlicher Richtung weiter und mache noch eine überraschende Entdeckung: Wir sind nicht allein auf der Insel – auf einer kleinen Lichtung gräbt ein Grizzly eifrig unter dem Stamm einer gestürzten Fichte. Der Wind ist günstig – er hat mich nicht bemerkt. Leise trete ich den Rückzug an und verzichte auf die Hühnerjagd. Während der gut zwei Stunden, die wir bis zur Weiterfahrt noch auf der Insel verbringen, gibt es keine Schwierigkeiten – der Bär hält den Südteil der Insel besetzt, wir bleiben im Norden.

Heute ist Sonntag...

... sage ich ohne Kenntnis des genauen Wochentags, als wir gegen acht Uhr am Feuer sitzen und frühstücken – mir ist einfach nach Sonntag. „Also bleiben wir heute hier!", sagt Wolfgang. Wir lagern an der Mündung eines Baches, von dem wir uns sauberes Wasser versprochen hatten, aber auch dieser Bach ist infolge des Hochwassers so kaffeebraun wie der Peel. Immerhin ist das Wasser über Nacht um gut einen Meter gefallen. Wir werkeln eine Stunde lang an unserer Ausrüstung herum, trocknen nasse Kleider, fetten Leder ein und nähen Knöpfe an. Am späten Vormittag paddeln wir den Bach hinauf. Es ist windstill und warm. Finken, Meisen und Zeisige locken, Spechte klopfen. Das Bachbett schlängelt sich in engen Windungen durch den Wald. Das Wasser ist seicht, verschlammt und ohne Strömung. Ohne das Hochwasser im Peel, das von der Mündung her hereindrückt, wäre der Bach vermutlich trocken. Überall ragen tote Bäume aus dem braunen Wasser. Hinter einer Biegung streicht ein Uhu vom Ufer ab. Er trägt ein kaninchengroßes Tier in den Fängen. Dann liegt eine Fichte quer über dem Wasser, hängt in der Mitte aber so stark durch, dass das Kanu zwischen den Ästen so gerade noch drüber rutscht. Als der Bach so flach wird, dass wir fast im Schlamm stecken bleiben, machen wir am Ufer fest und vertauschen die Gummistiefel mit den Bergstiefeln.
Wir haben nur leichtes Gepäck: Eine Flinte, ein Beutel mit Verpflegung, unsere Ferngläser und Kameras. Jeder trägt am Gürtel ein Messer und die kleine Tasche, die wir nie vom Gürtel abnehmen. Sie enthält, was man so braucht, wenn man in eine missliche Lage gerät: Angelschnur und -haken, Streichhölzer, Pinzette, Rasierklinge, Brennglas, Klebeband, Bindfaden, Desinfektionsmittel und Verbandmaterial. Durch dichtes Unterholz steigen wir einen steilen Hang hinauf, prägen uns auf halber Höhe den Liegeplatz des Kanus ein und steigen

weiter. Auf einem Elchwechsel kommen wir gut voran. Überall stehen Sträucher und Büsche mit reichlich Heidel- und Preiselbeeren. Sogar eine Art Johannisbeere gibt es hier. Zwischen den Sträuchern finden wir Losung von Elch, Bär und Fuchs. Wir gehen jetzt auf dem Kamm eines langen, flachen Rückens aufwärts. Dann sind wir auf der Höhe – gut 300m über dem Peel. Das Land liegt im Sonnenschein vor uns. Der Blick geht 40, 50km nach Norden und zeigt eine großartige Landschaft: Dunkle Wälder, herbstbunte Moore, silberne Seen und dazwischen der breite Peel auf seinem Weg zum Mackenzie River. Wir sitzen an einen Stamm gelehnt und schauen, und unsere Herzen fliegen hinaus in die endlose Weite. Unzählige Gewitter, Dürren, Hochwasser, Waldbrände und Schneestürme sind über das Land hinweggegangen. Schwarzhaarige Jäger und bärtige Trapper haben es durchstreift. Schweiß, Blut, Whiskey und Tränen sind in seinem Boden versickert. Das Lachen der Indianer, die Lieder der Voyageurs, die Flüche der Goldsucher sind in der Stille des Landes verhallt. Das Land hat alles ertragen und ist sich treu geblieben. Ernst, still und erhaben liegt es vor uns – so wie vor zehn, vor hundert, vor tausend Jahren...

Von Westen ziehen graue Wolken auf, der Himmel bezieht sich rasch. Bevor der Regen einsetzt, schieße ich zwei Schneehühner, die vor uns auffliegen und talwärts abstreichen. Danach hocken wir dicht am Stamm unter einer hohen Birke. Wasser rinnt uns am Hals entlang auf Schultern und Rücken. Bald sind wir so nass, dass wir auf das löchrige Regendach der Birke verzichten können. Wir wählen den kürzesten Weg hangabwärts und finden das Kanu ohne Schwierigkeiten. Während wir auf dem schlammigen Bach zurückpaddeln, hört der Regen auf. Im Lager ist alles trocken, hier hat es nicht geregnet. Als wir Feuer machen, bricht nur ein Steinwurf weit von unserem Feuerplatz entfernt ein Stück Ufer ab, so groß wie eine Blockhütte. Es rutscht mit lautem Klatschen in den Bach und versinkt. Nur ein Weidenbusch ragt noch eine Weile aufrecht aus dem Wasser, dann legt er sich langsam auf die Seite und verschwindet in der braunen Brühe. Blasen steigen auf, das Wasser färbt sich dunkelbraun. Unglaublich lang steigen Blasen auf. Auch am anderen Ufer bricht immer wieder Erdreich vom Rand der Böschung und rutscht ins Wasser.
Auf der Suche nach gutem Feuerholz stoßen wir auf ein paar starke, dürre Fichten. Die Stämme der trockenen Bäume sind etwa eineinhalb Meter über dem Boden vermutlich mit einem Messer bearbeitet worden. An allen Bäumen ist die Baumrinde in einem etwa 10 cm breiten Streifen vom Stamm gelöst worden. Über jedem der kahlen Streifen sehen wir seltsame Muster – senkrechte Striche, Punkte, Karos, Wellenlinien, Dreiecke oder Kreise. Die Muster an den einzelnen Bäumen unterscheiden sich voneinander, nur manchmal sind zwei oder drei Bäume mit den gleichen Mustern versehen worden. Wir rätseln, wer wohl auf diese ungewöhnliche Weise so mächtige, gesunde Bäume zum Absterben bringt

– und warum? Jeder von uns hat eine andere Erklärung, aber unsere Vermutungen ergeben keinen rechten Sinn.

Gegen Abend kommt die Sonne. Wir hängen unsere nassen Sachen zum Trocknen auf. Wolfgang serviert heiße Brühe, Nudelauflauf mit Käsesauce, grüne Bohnen, Bannocks und Marmelade. Nach dem Essen gehen wir am Bach entlang zum Strom. Die Sonne ist verschwunden. Im Westen steht unter einem rosafarbenen Himmel eine dunkle Wolkenwand. Wir sitzen eine Pfeife lang auf einem Stamm und schauen auf den Strom hinaus.

Bis lange nach Mitternacht brennt unser Feuer. Die Luft ist warm und weich. Im Bach spielen zwei Fischotter, und im Wald hinter dem Zelt knackt und bricht es geheimnisvoll. Wie eine graue Säule steht der Rauch unseres Feuers zwischen den Bäumen. Nicht weit von uns entfernt singt der Uhu in einer Fichte sein dunkles Lied: Schuu... huu... huu...

Am Sucker Creek

In diesen Tagen geht der Sommer hier oben im Norden zu Ende. Eine seltsame Schwermut liegt über dem stillen Land. Während wir auf dem breiten Peel mit dem abfließenden Hochwasser nach Norden paddeln, kommt uns der Herbst entgegen. Er geht über die Tundra, und die Büsche und Gräser werden bunt. Er steigt die Hänge hinauf, und die Caribous fegen ihre Geweihe an den Sträuchern so heftig, dass der Bast in langen, blutigen Streifen von den Geweihstangen hängt. Der Herbst geht weiter über das Moor: Kraniche, Gänse, Brachvögel und Schnepfen sammeln sich für die lange Reise nach Süden. Er watet durch die flachen Seen, und die Blätter der Seerosen rollen sich ein und werden braun. Er springt über den großen Strom, und an den Ufern werden die Schilfhalme, die Pappeln und die Weiden gelb. Jeden Tag macht er dem Sommer die Herrschaft über das wilde Land heftiger streitig – die Zeichen sind unübersehbar: Die Luft ist klarer, die Sicht weiter, der Himmel höher. Kraniche, Singschwäne und Schneegänse fliegen in mächtigen, keilförmigen Geschwadern über uns hinweg nach Süden. Die Biber arbeiten auch tagsüber und schleppen ganze Äste und Bündel von Zweigen zu ihrer Burg. Wenn die Sonne hinter den Wäldern versinkt, weht ein kalter Wind durch das Tal. Die Elchbrunft beginnt, und die schwarzen Recken ziehen ruhelos durch die Moore. Die Bären polstern ihre Höhlen mit Laub und trockenem Gras, und ihre Losung ist rot von Beeren.

Wir freuen uns über die letzten schönen Tage des vergehenden Sommers. Taufeuchte, lichtdurchflutete Morgen, heiße Mittagsstunden, heftige Nachmittagsgewitter, zauberhafte Sonnenuntergänge und flammende Nordlichter begleiten uns auf unseren letzten hundert Meilen auf dem Peel. Wir paddeln mitten im breiten Strom. Die Höhen zu beiden Seiten sind hier niedriger und dicht bewaldet. Das Wasser des Peel ist fast wieder auf den Stand von vor dem Hochwasser gefallen. Überall sehen wir, was die Flut zurückgelassen hat: Bäume mit vollem Astwerk und mächtigen Wurzelballen, hoch aufgeschichtete Berge von Treibholz, Sand und Schlamm. Wo das Ufer abgebrochen ist, hängen die Wurzeln der Uferbäume im Freien, und noch immer bricht Erdreich von den Uferrändern, stürzen entwurzelte Bäume von den unterspülten Ufern. Noch immer ist das Wasser kaffeebraun und knirscht zwischen den Zähnen. Aber die Strömung ist schwächer geworden. Vorbei sind die Tage, als wir mit 15 bis 20km/h „dahinflogen". Jetzt müssen wir arbeiten und schaffen keine 10km/h. An meine Prothese, mein unförmiges Behelfspaddel, habe ich mich längst gewöhnt. Der ehemals grüne Ast ist trocken, das Paddel dadurch leichter geworden. Ich mache jetzt 60, 80, oder 100 Schläge ohne Pause. Bisher waren meine beiden Arme immer gleich stark und gleich belastbar. Später werde ich feststellen, dass mein rechter Arm viel stärker und ausdauernder geworden ist als der linke.

Wir haben unterwegs schon ein paar Mal Hinweise dafür gefunden, dass wir im Tal des Peel River nicht die einzigen Menschen sind: Fußspuren, alte Feuerstellen, gefällte Fichten, Netze in einer Bucht, und einmal ein *Smokehouse* (einfaches Gerüst in Hausform, dass mit Planen verhängt und zum Räuchern von Fischen und Wildbret benutzt wird). Als wir um die Mittagszeit schon an eine Pause denken, steht plötzlich eine Blockhütte an der Mündung eines Baches auf dem hohen Ufer. Wir legen an und nehmen die unverschlossene, unbewohnte Hütte vorübergehend in Besitz. Unser Feuer brennt vor der Tür, ein Schlitten ist unser Tisch. Aus der vollständig eingerichteten Hütte, in der auch Brennholz lagert, und zwei Gewehre an der Wand hängen, holen wir einen Stuhl und einen Hocker. Wir essen, was die schlaffer werdenden Verpflegungsbeutel noch hergeben. Danach dösen wir eine halbe Stunde im warmen Sonnenschein. Dann geht es weiter nach Norden.
Als am Nachmittag das Wetter schlechter wird, suchen wir nach einem brauchbaren Lagerplatz. Das ist nach dem großen Hochwasser nicht mehr so einfach, denn die flachen Ufer sind oft so verschlammt, dass die Stiefel schon beim Aussteigen in knietiefen, schwarzen Schlamm sinken. Es wird Abend bis wir an der Mündung eines breiten Baches – die Karte weist ihn als Sucker Creek aus – auf einer Lichtung die Reste einer Hütte erkennen. Wir stapfen durch den Schlamm hinauf und finden einen sehr schönen Platz. Auf einer gerodeten, grasbewachsenen Fläche, knapp halb so groß wie ein Fußballfeld, steht, was Wind, Frost, Schnee, Regen und Bär von einer Hütte übrig gelassen haben. Die Hütte war keine feste, dauerhaft haltbare Blockhütte gewesen, wie sie hier im Norden gewöhnlich gebaut wird, eher eine leichte Schutzhütte, die vielleicht nur vorübergehend als Jagd- und Fischerhütte genutzt wurde. Um so erstaunlicher ist die Ausstattung: Kessel, Eimer, Wannen, Töpfe, Pfannen, Waschbrett, Laternen, Spaten, Sägen, Beil und Spitzhacke, dazwischen Blechteller, Kaffeekannen, sogar Waffeleisen, Kochlöffel und Quirl – das alles liegt in buntem Durcheinan-

der in und um die Hütte herum. Vieles ist verrostet, anderes noch fast gebrauchsfähig. Im Innenraum, in den die Reste des Grasdaches gestürzt sind, erkennen wir zerbrochene Möbel, ein eisernes Bettgestell und vermodernde Reste von Planen, Decken und Bettzeug. Der Eigentümer hat eine vollständige Einrichtung zurückgelassen, der Bär hat sie untersucht, zerlegt und verstreut.

Nachdem wir uns alles angesehen haben, bauen wir erst einmal aus Pfählen und Brettern, die wir von der Hüttenruine holen, einen einfachen Bootssteg. Jetzt können wir das Kanu entladen ohne bei jedem Schritt zu versinken. Dann stellen wir das Zelt zwischen Birken und Weiden an den Rand der Lichtung, spannen die Plane an einem alten Trockengestell auf und machen darunter Feuer. Wolfgang holt einen großen Kessel aus dem Nachlass, reinigt ihn, hängt ihn über das Feuer und füllt ihn mit Wasser aus dem Bach. Am anderen Ufer des Sucker Creek sitzt ein Kolkrabe auf der Spitze der höchsten Fichte und lässt uns nicht aus den Augen. Er überwacht unsere Tätigkeiten und macht dazu dauernd halblaute „Bemerkungen". Wir richten das Lager ein und waschen uns dann nacheinander – zum ersten Mal seit Wochen mit herrlichem, heißen Wasser. Ich sage beim Einseifen: „Wolfgang, mit uns geht es abwärts: Heute morgen lag ein altes Ölfass im Treibholz, heute Mittag hatten wir einen Stuhl und einen Hocker, jetzt waschen wir uns mit heißem Wasser – die Zivilisation rückt beängstigend näher."

Frisch gewaschen und abgetrocknet stoße ich beim Anziehen auf mein Hemd. Es ist löchrig, schmutzig, fadenscheinig. Ich ergreife es vorsichtig mit Daumen und Zeigefinger und trage es zur Feuerbestattung. Man ist ja schließlich ein reinlicher Mensch...

Wir essen und sitzen danach noch lange unter der Plane, rauchen und trinken Tee. Aus dunklen Wolken geht der ortsübliche Regenguss nieder. Wir reden über die alte Hütte. Wer hat sie wohl gebaut? Nach der Ausstattung sicher ein Weißer. Ein Jäger...? Trapper...? Goldsucher...?

Warum ist er nicht mehr zurückgekehrt? War er zu alt oder zu krank, um aus der Zivilisation noch einmal in die Wildnis zu gehen? Ist er ertrunken? Hat ihn der Blitz erschlagen oder der Grizzly getötet? In diesem weiten Land kommen und gehen die Menschen – niemand weiß woher und wohin. Der Rabe, dem nichts entgeht, der Adler, der weit herumkommt, der Wind, der über die Tundra streicht – sie könnten es uns vielleicht sagen...

Indianer

Es ist noch sehr früh, als ich aufwache – und sehr laut. Im See hinter unserem Lager rauscht und platscht es. Dann brechen Äste im Unterholz. Wahrscheinlich ein Elch. Vom Steilufer bricht ständig irgendwo Erde ab und klatscht geräuschvoll ins Wasser – immer noch Nachwehen des Hochwassers. In dem Baum über dem Zelt schimpft ausdauernd ein Eichhörnchen. An Schlafen ist bei so viel Krach nicht mehr zu denken. Ich krieche aus dem Zelt. Draußen ist es ziemlich kalt, das Tal liegt noch im Schatten, der Himmel ist klar. Das Wasser des Peel River ist über Nacht noch einmal um knapp einen halben Meter gefallen, das Kanu hängt jetzt an den strammen Halteleinen. Genau vor dem Bug ist auf 5m Länge das Ufer abgebrochen. Glück gehabt! Wir sollten das Kanu doch besser ganz an Land ziehen.

Ich mache Feuer und hole dann mit Topf und Kanne Wasser aus einem kleinen See. Das Wasser im Fluss ist immer noch braun, aber hier im See ist es wunderbar klar und voller Leben: Im Topf tummeln sich Stechmückenlarven und Wasserflöhe. Ich habe gerade unsere feuchten Sachen zum Trocknen in eine Fichte gehängt, als Wolfgang gleichzeitig mit der Sonne zu mir ans Feuer kommt. Während die Sonne eine feuchte Packung Haferflocken trocknet, rührt Wolfgang den Frühstücksbrei an. Ich hole Feuerholz. Anders als gestern Abend erregen heute die munteren Tierchen im Topf Wolfgangs Misstrauen. Gestern hat er sie einfach gekocht, heute filtert der große Küchenmeister das Wasser mit einem Taschentuch, was wiederum bei mir Misstrauen aufkommen lässt. Das Gebräu, das er zehn Minuten später in die Tassen gießt, sieht aus wie Tee, riecht wie Tee, schmeckt sogar wie Tee – vielleicht ist es ja tatsächlich Tee?

Es wird ein langes, ruhiges, stimmungsvolles Frühstück. Wir sitzen im warmen Sonnenschein, der Strom glänzt silbern zwischen grünen Hängen, am Himmel segeln weiße Wolkenschiffe. Erst lang nach Mittag schieben wir das Kanu ins Wasser. Wir merken es sofort – die ungestüme Kraft des Hochwassers ist nun endgültig erschöpft. Verglichen mit dem Peel der vorigen Woche, wirkt der Strom jetzt schlapp und müde. Wir fahren immer genau im Stromstrich, um die Strömung voll zu nutzen, und machen etwa 7 bis 8km/h Fahrt.

Wir haben das Yukon Territory längst verlassen. Ohne dass wir es merkten, hat uns der Strom auf das Gebiet der Northwest Territories getragen. Der Peel fließt jetzt in einem etwa 1.500m breiten Bett, ohne Nebenarme, ohne Inseln, ohne Sandbänke. Von Westen her kommt ein Fluss mit Namen Road River und mündet in einem breiten Delta in den Peel. Hier in der Nähe der Flussmündung finden wir wieder einen Hinweis auf Menschen: Ein dreieckiges Gerüst, an dem Fischschuppen und Haare eines Schwarzbären kleben.

Wir sind etwa 20km gepaddelt, als wir große, helle Flecken zwischen den Bäumen am Ostufer sehen. Im Glas erkennen wir mehrere Zelte. Wir fahren hinüber und legen neben einem kurzen Kanu an. Auf dem hohen Ufer steht ein Indianer, ein junger Mann, und hebt gelassen die Hand zum Gruß, so langsam als wolle er jede schnelle Bewegung vermeiden.

„Hello! May we have a rest at your place?"
„Come up here, have a cup of tea!"

Wir ziehen das Kanu auf den Sand und stapfen den Hang hinauf. Droben stehen auf einer kleinen Lichtung drei Hauszelte, eine leicht gebaute Holzhütte und ein kleines *Smokehouse*. An der Hüttentür steht ein Junge. Vor dem größten Zelt hängen Jeans, Hemden und Socken an einem Trockengestell. Darunter lehnt eine Winchester. Zwei große, wolfsähnliche Hunde liegen lang ausgestreckt in der Sonne. Zum Ufer hin steht eine grob gezimmerte Bank, auf deren Sitzfläche ein Messer und ein unfertiger Wolfskopf aus hellem Holz liegen. Wir gehen hinter dem Indianer her an einem großen Wasserfass vorbei zur Hütte. Auch der Junge geht mit uns hinein. Drinnen bietet uns der Mann Tee in großen Tassen und Zucker an. Er ist höflich, aber zurückhaltend und wortkarg. Meine Fragen beantwortet er freundlich und knapp in einem seltsam klingenden Englisch. Wir erfahren, dass hier zwei Familien mit insgesamt zwölf Personen wohnen, die von der Jagd und vom Fischfang leben. Der Mann erzählt von seinen Verwandten, die 30 Meilen stromabwärts in Fort McPherson wohnen und öfter hier herauf kommen, um zu jagen und zu fischen. Der Junge ist sein zwölfjähriger Bruder. Er geht in Inuvik am Mackenzie River zur Schule und verbringt gerade seine Ferien hier. Der Indianer spricht mit ruhiger Stimme und ernstem Gesichtsausdruck. Nur einmal huscht ein schlitzohriges Lächeln über sein Gesicht, als ich ihn nach den jagdgesetzlichen Bestimmungen und nach den Schonzeiten frage. „Ich lasse mir von den Weißen nicht vorschreiben, wann ich einen Elch oder einen Bären schießen darf...", sagt er.

Später kommen noch zwei junge Frauen und ein kleines Mädchen zu uns in die Hütte. Wir sitzen alle auf einer langen Eckbank. Alle trinken Tee. Die erste Frage, die der Mann an mich richtet, lautet: *„How did you lose your paddle?"* Auch nach dem Snake River erkundigt er sich, nach Stromschnellen, nach Wild, Fischen und Vögeln. Wie wir das Hochwasser überstanden haben, will er wissen. Die beiden Frauen und die Kinder verfolgen das Gespräch aufmerksam, sagen aber von sich aus kein Wort. Wenn wir Fragen an sie richten, antworten sie bereitwillig. Wir erfahren, dass gestern zwei Weiße im Kanu den Peel herunter gekommen sind, und vor ein paar Tagen ein Einzelfahrer – die einzigen Kanus in diesem Jahr.

Die Indianer scheinen sich nicht dafür zu interessieren, woher wir kommen oder was wir hier in Kanada tun. Wir fühlen uns verpflichtet, wenigstens ein paar Sätze über unser Heimatland zu sagen. Ich erwähne auch, dass kanadische Soldaten bei uns in Deutschland Dienst tun. Alle hören höflich zu, aber ihre Gesichter mit den schwarzen, unergründlichen Augen verraten nicht, ob sie das alles interessiert. Eine der Frauen schenkt noch einmal für alle Tee ein und bietet uns Bannocks an. Wir lehnen dankend ab, und Wolfgang fragt, ob er auf dem Ofen selbst Bannocks backen darf. Er darf. Dann wenden sich die Indianer wieder ihren Arbeiten zu. Als wir zur Weiterfahrt rüsten, sind die Indianer noch zurückhaltender. Die Frauen sind nicht zu sehen. Der Mann wünscht uns *„Have a save journey!"*, der Junge lächelt. Wir bedanken uns für den Tee. Beide bleiben an der Hütte, als wir zum Kanu hinunter gehen. Wir steigen ein und winken den Indianern zu. Sie heben die Hand so ruhig und gelassen wie bei der Begrüßung.

Wir paddeln durch einen sonnenhellen Abend und unterhalten uns über die Begegnung mit den Indianern. Sie haben uns gut gefallen. Auffallend waren ihre Gelassenheit und ihr Selbstbewusstsein. Sie machten auf uns einen sehr gesunden Eindruck – körperlich und seelisch. Wir haben keine einzige Bier- oder Whiskeyflasche im Lager gesehen. Auch über ihr kühl-zurückhaltendes Verhalten beim Abschied reden wir. Vielleicht haben wir sie gekränkt? Wir haben ihre Bannocks nicht angenommen und haben ihnen von unseren frisch gebackenen Bannocks nichts angeboten. Vielleicht haben wir auch zu viel gefragt. Wir nehmen uns vor, uns bei zukünftigen Begegnungen mit Ureinwohnern besser zu benehmen. Mit Reue und guten Vorsätzen allein ist es allerdings nicht getan – auch Strafe muss sein. Sie trifft diesmal ganz allein Wolfgang. Er bemerkt am nächsten Morgen, dass er seine schöne Strickweste bei den Indianern auf der Bank in der Hütte vergessen hat.

Trapper Tom's Hütte

Wir hatten eine unruhige Nacht – ich mehr als Wolfgang. Gegen zwei Uhr – es war noch dunkel – hörte ich Geräusche am Feuerplatz. Es klang wie Kratzen auf Plastik. Dann fiel etwas zu Boden, Blech schepperte. Die Bärenalarmanlage!? Eigentlich hätte ich erleichtert feststellen müssen: Endlich scheppert sie einmal! Aber es war dann doch ein wenig aufregend.
Ich wecke also den Erfinder der Anlage aus dem Tiefschlaf. Wir schnappen unsere Flinten und gehen rechts und links vom Zeltausgang in Stellung, sehen aber nichts. Alles ist ruhig. Wolfgang gibt einen Warnschuss ab. Alles bleibt ruhig. Wir klären die Sache auf: Der Wind hat die Plane am Feuerplatz zu Boden gedrückt, dabei ist eine Stange auf den Teekessel gefallen. Die Warnanlage auf dem Kanu steht unberührt noch immer „auf Alarm". Wir kriechen wieder ins Zelt. Etwa eine Stunde später werde ich wieder wach. Der Wind hat sich gedreht, Wellen schlagen gegen die Felsen am Flussufer. Dann scheppert doch tatsächlich Wolfgangs Alarmanlage. Ich bin sicher, dass der Wind den Alarm ausgelöst hat, schaue aber sicherheitshalber doch einmal nach. Es ist jetzt ziemlich hell draußen. Weit und breit ist nichts zu sehen. Der Erfinder hat, wie zu erwarten war, das erstmalige Wirken seiner Anlage verschlafen. Ich gehe zurück zum Zelt. Weiter entfernt brechen noch immer große Stücke von unterspülten Uferböschungen und fallen klatschend ins Wasser. Im Norden steht eine schwarze Wolkenwand. Ich krieche wieder in den Schlafsack und schlafe bis halb neun, der Erfinder noch ein wenig länger.

Seit vier Stunden paddeln wir nun schon gegen den Wind, der stetig von Norden weht. Es ist ein düsterer Tag. Der Himmel ist bleigrau, und bleigrau ist das Wasser des Peel. Wir fahren an abgebrochenen Uferrändern vorbei und halten gehörig Abstand von den unterspülten Wänden der Steilufer. Ein Adler, ein paar Enten und ein fischender Kingfisher (amerikanischer Eisvogel) bringen etwas Abwechslung. Mittag ist lange vorüber, als wir aus dem Wald hinter dem rechten Ufer lang gezogenes Heulen in hoher Tonlage hören. „Wölfe", sagen wir beide gleichzeitig, aber dann hören wir Bellen – richtiges Hundegebell. Wir paddeln um eine Biegung. Von rechts mündet ein kleiner Fluss in eine große Bucht, dahinter ein hohes Ufer, auf dem ein halbes Dutzend Hütten stehen. Mitten in der Bucht legt ein junger Mann von seinem Kanu Netze aus. Wir hören auf zu paddeln, das Kanu gleitet langsam weiter. Der Mann hebt den Arm und ruft: *„Hello, guys, have a cup of tea with me..."*
„It sounds good... thank you!", rufe ich zurück, und schon drückt Wolfgang den Bug herum. Als unsere Kanus nebeneinander am Ufer liegen, sagt der Mann: *„I'm Tom. Come and see my place!"* Er nimmt drei große Fische aus seinem Kanu und geht vor uns die steile Böschung hinauf. Wildes Hundegeheul klingt aus den Weidenbüschen am Rand einer großen Lichtung, auf der Blockhütten, Schuppen, Trockengerüste, ein Zelt und ein *Smokehouse* stehen. Tom hackt die Fische mit einer Machete in große Stücke und wirft sie seiner Meute hin. Die angepflockten Hunde stürzen sich knurrend auf das Futter und verschlingen die riesigen Brocken in Sekundenschnelle. Ich zähle neun Hunde – weiß, gelb, braun, grau und schwarz. Tom stellt uns seinen *Leader*, seinen Leithund vor. Er hält ihn am Halsband und fordert mich auf, den Hund selbst zu halten. Doch der Husky mag das gar nicht – er zeigt seine prächtigen Zähne und schnappt nach meinem Arm. Tom erzählt, dass das Hochwasser um ein Haar seine Hunde umgebracht hätte. Er hatte sie auf einem terrassenartigen Absatz am Steilufer so angepflockt, dass sie trinken konnten. Dann war er mit dem Kanu nach Fort McPherson gepaddelt. Als er dort am nächsten Morgen das für diese Jahreszeit ungewöhnliche Hochwasser sah, war er davon überzeugt, dass er sein Schlittengespann verloren hatte, und machte sich traurig auf den Heimweg. Als er dann in seine Bucht einbog, begrüßten ihn seine Hunde schon von weitem mit wildem Freudengeheul. Sie saßen hoch über dem Wasser und waren in bester Verfassung. Ein Indianer, der zufällig vorbeigekommen war, hatte sie gerade noch gerettet.
Wir gehen zu Tom's Wohnhütte und stehen dann in der malerischen Behausung eines Mannes, der auf sich allein gestellt in der Wildnis ein Leben als Jäger und Trapper führt: Ein großer, fassförmiger Ofen, Tisch und Eckbank, ein breites Bett, Wandregale mit Büchern – das ist Trapper Tom's Hütte. Während unser Gastgeber Tee eingießt, schauen wir uns um. Wir erkennen im Halbdunkel eine große, schwarze Katze auf dem Bett, Kleider und Gewehre an der Wand. Unterm Hüttendach hängen Schneeschuhe, Fallen und Netze. Wir sehen aber auch

Jacken, Jeans, Stiefel und mit Perlen bestickte Mokassins, die für Tom zu klein sein dürften, und vermuten, dass der Trapper so einsam auch wieder nicht lebt. Tom bietet uns Bannocks und Trockenfisch an, und wir hauen wieder einmal rein wie die Ortsarmen.

Tom ist 25 Jahre alt, schlank und drahtig – er gefällt uns. Er lädt uns ein, für heute seine Gäste zu sein und hier die Nacht zu verbringen. Wir nehmen sofort an. Dann fragt er uns das Hemd vom Leib. Er will alles – aber auch alles! – über unsere lange Reise wissen. Er fragt nach Wetter, Stromschnellen, Bären, Bannocks, Fischen, Zelt und Schlafsäcken. Besonders über das Gebirge, die Mackenzie Mountains, müssen wir ihm alles berichten, was wir wissen. Wie die Indianer fragt Tom mit keinem Wort nach unserem Zuhause und der Welt da draußen. Auch die Titel seiner Bücher im Regal über seinem Bett beschränken sich auf seine Welt hier am großen Strom im Norden. Die Fachbücher, Romane, zoologischen Werke und Zeitschriften deuten auf das ausschließliche Interesse des Besitzers für die Geschichte, die Menschen, Tiere und Pflanzen des Nordens hin. Eine andere Welt scheint es für ihn nicht – oder nicht mehr – zu geben.

Am Nachmittag helfen wir dem Trapper von unserem Kanu aus, das Netz in der Bucht neu zu stellen. Das Hochwasser hat ihm viel *„junk"* ins Netz geschwemmt, zwei kleinere Netze hat er sogar verloren. Das stark verdreckte Netz lässt sich nur ganz langsam gegen die Strömung ziehen. Tom und Wolfgang arbeiten im Kanu, ich ziehe das Ende des Netzes vom Ufer aus. Tom nimmt dabei noch ein paar Fische aus den Maschen.

Gegen Abend holen Wolfgang und ich in einem großen Kessel sauberes Wasser aus einem kleinen See, der 500m hinter der Lichtung im Wald liegt und auf einem ausgetretenen Pfad leicht zu finden ist. Tom macht inzwischen im *Smokehouse* Feuer und hängt einen riesigen Whitefish in einem Drahtgestell über die Glut. Wolfgang backt Bannocks. Seit Tagen haben wir Dank Tom's geräumiger Zuckerdose zum ersten Mal wieder süßen Tee. Der Fisch schmeckt vorzüglich. Beim Essen fragt Tom plötzlich nach unseren Berufen. Mit Wolfgangs Beruf kann er nicht viel anfangen. Mich schaut er lange nachdenklich an, mustert meine schäbige Hose, mein zerrissenes Hemd, meinen wilden Bart, und sagt schließlich beiläufig: *„You are an army officer? I can hardly see that..."* Wir lachen alle drei schallend los. Danach macht unser Gastgeber Wolfgang ein ganz großes Kompliment: *„You make good bannocks!"* Ein schöneres Lob kann man im Norden nicht ernten!

Nach dem Essen zeigt uns Tom im Dämmerlicht des vergehenden Tages seinen Schlitten und die Hundegeschirre. Es ist kein Schlitten mit zwei Kufen, wie ich sie bei den Inuit in Alaska gesehen habe. Es ist ein Toboggan, ein indianischer Schlitten, bei dem Gleit- und Ladefläche aus ein und demselben breiten, vorne halbkreisförmig hoch gebogenem Brett bestehen. Tom hat den Schlitten mit einer Bremse aus einem alten Türscharnier ausgerüstet. Dann führt er uns die selbst entworfenen Hundegeschirre vor. Bei der Fertigung hat er das bei den

Indianern übliche Zuggeschirr und auch das der weißen *mushers* zum Vorbild genommen und geschickt die Vorteile beider genutzt. *„High technology..."*, sagt er und grinst von einem Ohr zum anderen.

Nach der Vorführung beziehen wir das „Gästehaus", in dem Tom's indianische Freunde wohnen, wenn sie zum Jagen und Fischen hierher kommen. Tom bietet uns auch noch ein Wohnzelt an, aber wir ziehen mit unserem Gepäck in das Blockhaus. Draußen regnet es inzwischen. Da nur ein Bettgestell in dem großen Raum steht, muss einer von uns auf dem Boden schlafen. Wir werfen das Los, ich verliere, und Wolfgang rollt seinen Schlafsack auf dem Bett aus. Dann holt uns Tom in sein Wohnhaus. Bei heißem Tee und Kerzenschein erzählt er seine Geschichte:

„Well, guys, this is my story... Ich bin in einem Städtchen an der Ostküste der USA als Schwarzes Schaf der Familie aufgewachsen. Mit siebzehn bin ich von zuhause weg und fünf Jahre zur See gefahren. Dann habe ich in Alaska für eine Fischereigesellschaft eine Saison lang Lachse gefangen. Schließlich war ich reif für die Wildnis. Ich hatte etwas Geld gespart und habe dieses Lager hier von einem alten Indianer gekauft. Von ihm habe ich auch gelernt, wie man in der Wildnis alleine zurechtkommt. Nach dem ersten Winter war ich mir noch nicht sicher, ob ich immer so leben kann. Jetzt weiß ich, dass dies das Leben ist, von dem ich immer geträumt habe. So will ich leben!" Dann sagt er etwas, das uns irgendwie bekannt vorkommt: „Wisst ihr, ich bin auf meinen Reisen über die Sieben Meere ein wenig in der Welt herumgekommen. Ich kenne Häfen, Städte, Länder und ich sage euch: Hier ist das Paradies – Marseille, Shanghai, Neapel und Singapore sind die Hölle!"

Jetzt breiten wir unsere in Whitehorse gekauften Karten auf dem großen Tisch aus und zeigen Tom unseren Reiseweg. Mit geradezu kindlichem Interesse liegt Tom auf dem letzten Kartenblatt, das in der unteren Hälfte sein Reich – er sagt *my kingdom* – zeigt. Er hat nie eine Karte von dieser Gegend gesehen. Jetzt fährt er mit dem Finger über jeden Bach und jeden Höhenzug und zeigt uns jeden Wald und jedes Tal, die er zusammen mit seiner Freundin im Hundeschlitten durchstreift hat. Er liest die Karte wie ein Buch und erzählt, was er hier und dort erlebt hat. „Tom, die Karte gehört dir...", sage ich, „... wir schaffen die letzten Meilen auf dem Peel auch ohne sie." Tom strahlt wie ein Putzeimer. Er freut sich, als hätte ich ihm ein neues Gewehr oder fünf Hunde geschenkt.

In Gedanken versuche ich immer wieder, diesen prächtigen Burschen mit unseren jungen Männern zuhause zu vergleichen, die oft mit sechzehn schon mehr „Probleme" haben, als ich in diesem Alter Schrammen und blaue Flecke hatte. Der Vergleich gelingt nicht – er wäre vielleicht auch nicht fair. Wohlstand und Wildnis, Überfluss und Freiheit lassen sich nicht vergleichen. Nein, ich will unseren *Softies* gegenüber nicht unfair sein.

„Let me show you my kingdom...", sagt der Trapper und zieht mit dem Löffelstiel einen unsichtbaren Kreis weit um die Flussbiegung herum, die er sein

Zuhause nennt. „Meine nächsten Nachbarn wohnen zwölf Meilen stromauf und stromab – niemand würde sich näher als zehn Meilen von hier niederlassen. Das ist ungeschriebenes Gesetz."

Zwischendurch zeigt uns Tom seine kunstgewerblichen Winterarbeiten. Er fertigt aus Geweihstangen von Elch und Caribou Figuren und schnitzt Tiere in das Horn. Ein indianischer Tänzer mit Trommel aus der Vorderschaufel eines Elchgeweihs und ein Wolfshaupt mit offenem Fang in Caribouhorn geschnitzt gefallen mir besonders gut. Ein Freund – „... *also a German...*" – verkauft die Arbeiten gelegentlich in Fort McPherson und Inuvik an Touristen, und Tom kommt so zu ein paar Dollar. Auch vier lange, dünne, weiße Stangen aus Birkenholz zeigt er uns, aus denen er gerade ein paar Schneeschuhe herstellt. Er beschreibt uns den aufwendigen und schwierigen Arbeitsgang, den er auch von dem alten Indianer erlernt hat.

„Tom, was hast du für Zukunftspläne?" Er schaut mich etwas verwirrt an, so als hätte er die Frage nicht recht verstanden, und sagt dann: „Na ja, nächste Woche kommt Oijka von ihren Verwandtenbesuchen zurück, in zwei Wochen werden wir dann Elche jagen, nächstes Jahr bauen wir eine neue Blockhütte auf der anderen Seite des Flusses – dieser Platz hier wird in drei oder vier Jahren verschwunden sein, vom Fluss abgetragen – ihr habt ja gesehen, was der Peel bei Hochwasser mit den Ufern macht. Da drüben habe ich einen feinen Platz gefunden, an einem klaren Bach, windgeschützt, Südseite." Das sind Tom's Zukunftspläne. Wie zur Erklärung seiner Bescheidenheit erläutert er seine Einstellung zum Leben und allem, was dazu gehört: Freiheit, Natur, Freude, Schmerz, Arbeit, Liebe, Tod. Seine Gedanken sind kerzengerade, klar und überzeugend. Ich versuche, mir Tom in Hamburg, Frankfurt oder Düsseldorf vorzustellen. Was hätte aus diesem jungen Mann mit seiner Intelligenz, Beweglichkeit und Entschlossenheit alles werden können! Ein flexibler, dynamischer, engagierter, kontaktfreudiger „Mitarbeiter" hätte er werden können, mit qualifizierter Erfahrung im Marketing, mit genauer Kenntnis der Vertriebsformen und Absatzmärkte. Mit Wertpapieren und viel Geld auf dem Konto und mit wenig Zeit, es auszugeben, mit Magenschmerzen und Schlaflosigkeit... mit Hektik, Stress, Nikotin und Beta-Blockern. Das hätte aus Tom werden können. Statt dessen sitzt er hier am Ende der Welt, liebt die Freiheit und Einsamkeit über alles, freut sich, wenn seine Freunde mit Kind und Kegel anrücken, und freut sich, wenn sie wieder flussabwärts davon paddeln und ihn mit seiner Freundin, seinen Hunden und seiner Katze allein lassen. Ich glaube, Tom hat nur noch die helle Haut, die blauen Augen und den Namen eines Weißen – im Kopf und im Herzen ist er längst ein Indianer.

Als wir durch den Regen zu unserem Schlafplatz gehen, sagt Wolfgang: „Ist es nicht herrlich, dass es auf dieser Welt noch eine Handvoll Männer wie Tom gibt...!"

Zum ersten Mal seit Wochen haben wir ein Dach über dem Kopf, ein Dach auf das der Regen prasselt. Während der Nacht verlässt Wolfgang sein Bett und kommt zu mir auf den Hüttenboden. Das Dach ist undicht – große Tropfen haben ihn geweckt. Am Morgen sind wir um halb sechs auf und machen Feuer. Über den Bergen auf der anderen Seite des weiten Tals glüht das Morgenrot. Am hellblauen Himmel segeln gelbe Wolken mit rotem Rand. Goldgrün leuchten die Wälder auf dem anderen Ufer. Wir packen zusammen und beladen das Kanu. Tom kommt und trinkt eine letzte Tasse Tee mit uns. Dann paddeln wir in die Bucht hinaus. Auf dem hohen Ufer steht schwarz vor dem glühenden Himmel der Trapper und hebt den Arm.

Lost Patrol

Am vorletzten Tag unserer Reise auf dem Peel River sehen wir am Vormittag schon von weitem auf dem hohen Westufer ein pyramidenförmiges, weißes Holzgestell. Wir fahren näher heran und erkennen eine einfache, beschriftete, braune Holztafel mit schwarzem Rahmen. Natürlich legen wir an und gehen die Uferböschung hinauf. Es ist eine Gedenktafel, die an den unglücklichen Ausgang einer Patrouillenfahrt der Polizei erinnert:

On this site STS C.F. Kinney and R.D.H. Taylor, R.N.W.M.P., perished February 1911, while returning to Fort McPherson after an unsuccessfull attempt to patrol to Dawson, Yukon by dog team.

Seit 1904 führte die *Royal North West Mounted Police* in jedem Winter Patrouillen mit Hundeschlitten von der Goldgräberstadt Dawson City am Yukon River nach Fort McPherson und weiter zur Walfangstation Herschel Island an der Eismeerküste durch. Die *Mounties* beförderten Post und hielten so lose Verbindung mit den weit verstreut lebenden Goldgräbern, Trappern und Indianern. 1910 brach eine Patrouille in umgekehrter Richtung gegen die Regel ohne den indianischen Scout auf. Die vier Männer und 15 Hunde verließen unter Führung von Inspector F. J. Fitzgerald den Stützpunkt Fort McPherson am 21. Dezember. Auf der üblichen Strecke durch die Ogilvie Mountains wollten sie das 760km entfernte Dawson in knapp vier Wochen erreichen. Tiefer Schnee, starker Wind und Temperaturen bis − 55° C setzten der Patrouille von Anfang an hart zu. Nach 19 Tagen hatten die Männer erst 400km zurückgelegt und den Little Wind River erreicht. Der unerfahrene weiße Scout versagte. Die Patrouille suchte fünf Tage lang verzweifelt nach dem Bachlauf, der hinüber zum Hart River führt. Danach entschloss sich Fitzgerald zur Rückkehr nach Fort McPherson. Erschöpfung, Erfrierungen und der Mangel an Verpflegung und Hundefutter machten die Lage hoffnungslos. Als die Patrouille bis Mitte Februar 1911 nicht in

Dawson eingetroffen war, brach Corporal W. J. D. Dempster von dort auf, um die überfällige Patrouille zu suchen. Durch sehr schlechte Wetterbedingungen behindert, stieß Dempster erst am 12. März auf die Spur der Verschollenen. Zehn Tage später fand er die Leichen von Fitzgerald und dem Scout. Die beiden anderen Männer waren noch ein paar Meilen weiter gekommen und schließlich nur 38km vor Fort McPherson gestorben. Das Denkmal am Peel River erinnert an das Ende der *Lost Patrol*.

Die letzten Meilen

Ein frischer Wind schiebt uns nach Norden. Der Strom liegt breit und glitzernd vor dem Bug, und der Ruf des Loon klingt traurig über das Wasser. Wir sind kurz vor dem Ziel – zwei Paddelstunden noch bis zur Fähre bei Fort McPherson. Ich singe mein letztes Flusslied. Es ist so schön traurig und passt zu meiner Stimmung:

*„... I lost my love on the river,
and for ever my heart will yearn,
gone, gone for ever – down the river of no return..."*

Jetzt am Ende der langen Reise kommt mir wieder in den Sinn, was ich unterwegs im Wildwasser auf dem Snake und auf dem hochwasserführenden Peel manchmal gedacht habe: Eine Flussfahrt gleicht einer Reise auf dem Strom des Lebens – du kannst dich bequem dahin treiben lassen, aber du musst immer auf Überraschungen hinter der nächsten Flussbiegung gefasst sein. Du musst immer wissen, welche Kräfte und Strömungen auf dich einwirken... du musst höllisch aufpassen, um rechtzeitig zu vermeiden, dass du in einen Nebenarm gedrückt, in ein gefährliches Hindernis gespült oder auf eine Sandbank geschoben wirst.

Der Peel teilt sich vor einer langen und breiten Insel, wir nehmen den rechten Flussarm. Vom Ufer her klingt Hundegebell. Zwischen den Fichten am rechten Ufer sehen wir jetzt eine Hütte und ein hohes, spitzes Zelt. Auf einem Gestell hängt das Fell eines Schwarzbären. Jetzt kommen Kinder aus dem Zelt, zwei, drei, vier... dann eine Frau – Indianer. Schließlich stehen die Eltern, fünf Kinder und zwei große Hunde wie die Orgelpfeifen vor dem Zelt und winken uns zu. Auch auf der Insel liegen Kanus am Ufer, und zwischen hohen Pappeln steigt Rauch auf. Die Gegend scheint hier dichter besiedelt zu sein – wenn man überhaupt von dichter Besiedlung sprechen kann. Nahe am Ufer sehen wir einen Fuchs. Er schnürt die Böschung herunter zum Wasser und lässt uns bis auf wenige Meter herankommen. Dann wirft er sich herum und flüchtet mit federnden Sätzen ins Gebüsch. Der Fuchs ist das letzte Tier, dem wir auf unserer Reise begegnen. Noch einmal Hundegebell und Indianerzelte am Ufer, dann leuchtet weit vor uns ein weißer Punkt auf, der sich langsam über den Strom bewegt: Die Fähre! Langsam wird sie größer und größer. Unser Flussarm vereinigt sich wieder mit dem linken Arm des Peel, die Insel bleibt zurück. Auf beiden Ufern stehen mehrere Hütten, Hunde bellen, und überall am Strand liegen Kanus. Dicht vor der Fährstelle legen wir an und ziehen das Kanu auf den Sand – die lange Reise und die Freiheit sind zu Ende. Ich bin nicht froh und nicht traurig. Ich freue mich, dass wir unser Ziel erreicht haben und spüre doch eine seltsame Leere in mir...

Dempster Ferry

Wir laden gerade aus, als auf dem Weg oberhalb unseres Anlegeplatzes ein Geländewagen hält. Ein Polizist steigt aus und ruft zu uns herunter: *„Are you here, German guys?" „Yes, we are!"*, antworten wir im Chor. Klaus Gretzmacher hat doch tatsächlich die R.C.M.P. über unsere Tour informiert! Wir wundern uns, wie es die beiden Polizisten geschafft haben, genau zum Zeitpunkt unserer Anlandung an Ort und Stelle zu sein. Die *Mounties* antworten auf unsere Frage grinsend: „Wir sind immer zur richtigen Zeit am richtigen Ort!" Wir betrachten die beiden prächtigen Burschen und glauben ihnen jedes Wort.
Nachdem wir entladen haben, tragen wir Kanu und Gepäck zu dem Stoppschild an der Schotterstraße, wo die Fahrzeuge halten, bis sie vom Lademeister der Fähre abgerufen werden. Hier wollen wir auf einen Lkw warten, der uns mit nach Dawson (650km) nimmt. Von dort geht dreimal wöchentlich ein Bus nach Whitehorse (540km).
Am Stoppschild stehen bereits zwei Männer, neben ihnen liegt die Ausrüstung von Kanufahrern. Der ältere der Beiden mustert uns und sagt zu dem jüngeren: „Du kannst in den verlassensten Winkel der Welt gehen – ein Deutscher ist immer schon da." Wir lachen alle vier und machen uns bekannt. Die beiden Kanuten sind Dave aus Anchorage/Alaska und Jim aus Whitehorse. Sie sind vom Bonnet Plume River gekommen und wollen jetzt wie wir per Anhalter auf dem Dempster Highway nach Dawson. Wir erfahren, dass sich der Verkehr auf dem Dempster in Grenzen hält: Ein paar Wohnmobile, die niemanden mitnehmen können; selten einmal ein Pkw – vollbesetzt; genauso selten ein Lkw, dessen Fahrer aus Versicherungsgründen niemanden mitnehmen darf. „Aber jeder fünfte Trucker nimmt Anhalter mit... statistisch, versteht ihr", sagt Dave. Ich setze erst mal Teewasser auf – abwarten und Tee trinken!
Die Sonne scheint, Möwen schreien, ein junger Indianer, stramm wie ein Amtmann, torkelt lallend vorbei, zwei Hunde spielen zwischen den Booten am Fluss. Das Fährschiff liegt still am jenseitigen Ufer – die Kundschaft fehlt. In einer Senke vor einem Birkenwald stehen ein Dutzend Hütten und Schuppen. Ein alter

Kran, ein arbeitsloser Bagger, drei Wohncontainer für das Personal der Fähre und ein vor sich hin rostendes, ausgedientes Fährschiff geben dem Ort ein trostloses Aussehen. Ich schreibe in mein Tagebuch: Wir sitzen hier genau auf der Grenze zwischen Wildnis und Zivilisation – der schlechteste aller Orte!
Hier also warten wir auf den fünften Lkw – statistisch gesehen. Der erste kommt bereits nach 20 Minuten. Er fährt durch bis nach Whitehorse. Der Trucker nimmt Jim als „Beifahrer" und das Kanu der beiden mit. Dave bleibt bei uns. Er ist ein interessanter Bursche. Beruflich ist er „Bevollmächtigter" – was immer das sein mag! – eines Naturschutzverbandes in Alaska. Er hat ein breit gefächertes Wissen von der Wildnis des Nordens, vom amerikanischen Natur- und Umweltschutz und von den Ureinwohnern Amerikas. Er war fünf Jahre Offizier in der US Army, ist weit gereist und hat viele Flüsse in Alaska und Kanada mit dem Kanu befahren. Man kann sich mit ihm über illegale Einwanderer, Elchjagd, Pferderennen in England oder Alkoholismus unter Indianern und Eskimos unterhalten – er weiß auf allen Gebieten Bescheid. Außerdem hat er die Gabe, mit jedem Fremden augenblicklich eine offene, fast herzliche Unterhaltung zu beginnen. Ein paar Worte von ihm genügen, und die Leute sprechen mit ihm wie mit einem alten Bekannten. Selbst die Indianer geben rasch ihre Zurückhaltung auf.
Während des Nachmittags rollt nur ein Lkw hinunter zur Fähre. Er hat bereits einen Anhalter im Führerhaus. Gegen Abend beziehen Wolfgang und ich das ausgediente Fährschiff – wir sind jetzt so etwas wie Schiffseigner. Wolfgang backt in der Kombüse Bannocks. Wir essen auf der Brücke und richten dann auf dem Deck unser Nachtlager ein. Dave bezieht ein aufgegebenes Indianerzelt. Unsere gesamte Ausrüstung liegt unbewacht am Stoppschild unmittelbar neben der Straße. Dort liegt sie hier im Norden nach meinen Erfahrungen sicherer als im Bundeskriminalamt in Wiesbaden.

Von acht Uhr abends bis neun Uhr in der Frühe stellt die Fähre den Betrieb ein. Wir brauchen in dieser Zeit nicht mehr auf Lkws zu warten und haben einen „freien Abend". Wolfgang besucht William, einen Indianer, der zur Besatzung des Fährschiffs gehört. Dave und ich bummeln ein Stück am Ufer entlang. Wir treffen einen alten Indianer – dunkelbraunes Gesicht voller Falten und Runzeln, eisgraues Haar, blaue Sportmütze, rotkariertes Hemd, Jeans. Wie ein Denkmal steht er reglos da und schaut auf den Strom. Wir gehen zu ihm und stellen uns vor. Er heißt Pete Irequoi („der nicht weint"). Wir unterhalten uns mit ihm über das Hochwasser, und er sagt uns, dass er in über 70 Jahren im Sommer noch nie ein solches Hochwasser erlebt hat. Dann lädt er uns in seine Hütte zum Tee ein. Wir verbringen dort den ganzen Abend, trinken süßen Tee, essen Bannocks und Trockenfisch und unterhalten uns. Wir nennen die Flüsse, die wir befahren haben, und er beschreibt den Snake und den Bonnet Plume mit ihren Canyons und Stromschnellen in allen Einzelheiten.

Ich frage ihn nach den abgestorbenen Fichten mit den seltsamen, ringförmigen Mustern auf den Stämmen, die wir am Ufer des Peel gesehen haben. Er lacht und erklärt: „Die Weißen gehen in den Wald und fällen jeden Baum, der ihnen gefällt, meistens grüne Bäume, deren Stämme sie dann irgendwo umständlich stapeln und trocknen lassen. Für das Holz ist das nicht immer gut, besonders nicht, wenn man es als Bauholz oder für Möbel verwenden will. Wir Indianer machen es anders. Wir suchen irgendwo möglichst nah am Fluss- oder Seeufer gute Bäume aus und schälen die Rinde so ab, wie ihr es gesehen habt. Jeder kennzeichnet seinen Baum mit seinem Muster, damit es nachher keine Verwechslungen gibt. Wir lassen die Bäume stehen und trocken werden. Auf diese Weise trocknet das Holz ohne zu reißen. Wenn wir das Holz brauchen, fällen und entasten wir im Winter die trockenen Bäume und schleppen sie mit den Hunden auf dem zugefrorenen Fluss nach Hause." So ist das also! Jeder erkennt seinen Baum im Wald wie bei den Dakota und Blackfeet, nach der Jagd in der Prärie, jeder Jäger seinen Büffel an der Kennzeichnung seiner Pfeile erkannt hat. Pete hat den Peel und seine Nebenflüsse ein Leben lang befahren – im Sommer mit dem Kanu, im Winter mit dem Hundeschlitten. Er hat überall in diesem riesigen Gebiet gejagt und gefischt, Fallen gestellt und Bauholz geschlagen. Nie hat er eine Landkarte gesehen, aber sein Orientierungs- und Erinnerungsvermögen ist fast unglaublich. Pete ist nach seinen eigenen Worten hier oben einer der letzten Indianer, die noch ganz in der Tradition ihres Volkes gelebt haben. Er hat seine Kanus noch selbst gefertigt und seine Schlitten noch selbst gebaut. All die Jahre hat er ein freies Jägerleben geführt und die Verwandtschaft und die Nachbarn mit Fleisch und Fisch versorgt. Für einen dunklen Marderpelz hat er bis zu 180 Dollar bekommen und davon Munition, Tabak, Kaffee, Tee und Zucker gekauft. Bis vor ein paar Jahren hat Pete noch gejagt, gefischt und Fallen gestellt. Jetzt wird er von den Nachbarn versorgt, denn er ist „... zu alt, um den Fluss hinauf zu paddeln, und die Jungen haben andere Dinge im Kopf..." Er sagt es ohne Klagen und Selbstmitleid.

Als junger Mann war er einmal mit dem Schlitten in die Goldgräberstadt Dawson gefahren, um die „Stadt der Weißen", von der an den Lagerfeuern viel erzählt wurde, mit eigenen Augen zu sehen. Drei Tage lang hatte er sich die wilde Stadt angesehen, hatte das laute Treiben der Goldgräber, Händler, Spieler und Huren beobachtet. „Da habe ich erkannt, dass das Glück dort nicht wohnt. Ich bin mit meinen Hunden zurück in die Berge gefahren und nie mehr zu den Weißen zurückgekehrt", schließt Pete seinen Bericht.

Als wir uns spät in der Nacht von ihm verabschieden, sagt er uns noch, dass im Sommer das kanadische Fernsehen zu ihm kommt. Dann wird er vor der Kamera ein Kanu alter Art aus Birkenholz und Elchhaut bauen – „... ich bin der letzte, der das noch kann..."

Der Morgen des zweiten Tages an der Fährstelle dämmert herauf. Die Kälte weckt uns auf unserem Lager an Deck des alten Schiffes. Wie ein irres Lachen klingt der Ruf des Loon vom Wasser her. Ein Wolf heult irgendwo im Wald. Sofort antwortet ein Hund aus einem der Indianerlager. Er heult genauso hoch und anhaltend wie der Wolf. Dann heulen drei Hunde, dann fünf, dann zehn. Schließlich antworten vielleicht 200 Hunde überall in den Lagern am Fluss der Stimme ihres Blutes. Es ist ein schaurig-schöner Chor, der bei mir zugleich Freude und Gänsehaut auslöst.

Am Stoppschild hält ein Truck. Er ist schwer beladen, und das Führerhaus ist voll besetzt. Wir bereiten in der Kombüse das Frühstück. Wolfgang hat einen Indianer gefunden, der uns das Kanu mitsamt den Schwimmwesten und dem schwindsüchtigen Paddel für $ 250,-- abkauft. Damit sind wir billiger gereist als Dave und Jim, die ihr Kanu in Whitehorse gemietet hatten.
Der Vormittagsverkehr besteht aus zwei Wohnwagen, die in die Gegenrichtung fahren. Aus Langeweile fahre ich mit der Fähre über den Strom. An Deck unterhalte ich mich mit einem jungen Mann, der zur Besatzung des Fährschiffs gehört. Er spricht mich auf Pete Irequoi an, mit dem er uns gestern am Ufer gesehen hat. Der Mann erzählt mir, dass der alte Indianer zwei Tage vor dem Hochwasser, die Besatzung der Fähre gewarnt hatte. Pete hatte ihnen dringend geraten, das Fährschiff aus dem Fluss und auf die hohe Rampe zu ziehen, auf die es immer vor Einbruch des Winters gezogen wird. An jenem Tag war schönes Wetter gewesen, und kein Mensch hatte jetzt im August ein außergewöhnliches Hochwasser für möglich gehalten. Die Männer hatten gelacht und gemeint, der alte Pete würde langsam etwas wunderlich...
In der übernächsten Nacht erreichte die Flutwelle Dempster Ferry, riss die festgemachte, unbemannte Fähre los und schob sie stromabwärts davon. Nach ein paar Meilen blieb sie glücklicherweise unbeschädigt in einem Seitenarm hängen und wurde von einem starken Schlepper wieder zurück an die Fährstelle gebracht. „Diese alten Indianer wissen Dinge, von denen wir keine Ahnung haben...", sagte der Mann.
Ja, woher wusste Pete, dass ein ungewöhnlich starkes Hochwasser im Anmarsch war? Ich habe gelesen, dass Vogelforscher einen aus dem afrikanischen Winterquartier zurückfliegenden Schwarm Mauersegler beobachteten. In der Gegend von München verließ der Schwarm die übliche Süd-Nord Reiseroute, wich weit nach Osten aus und umflog so den Raum Frankfurt, in dem schwere Gewitter niedergingen. Woher wussten die Vögel von den Unwettern in über 300km Entfernung? Woher wusste der alte Indianer von dem „Jahrhundert-Hochwasser"? Es müssen Fähigkeiten sein, die nur Tiere und Naturmenschen besitzen. Sie sind wohl imstande, Schwingungen oder Kraftfelder zu erspüren und Zeichen zu „lesen". Gegen sie sind wir modernen Menschen gefühllose Tölpel und reine „Analphabeten" – angewiesen auf unsere oft unzureichende Technik.

Ich gehe vom Deck der Fähre durch die Tür mit der Aufschrift *Restroom*. Drinnen steht mir im Dämmerlicht ein Mann gegenüber: Braunes Gesicht, Bart, Pudelmütze, blauer Anorak. Ich muss lachen, und der Mann lacht zurück.
„Arnulf Heimbach, Neu Wulmstorf, Germany", stelle ich mich vor und grinse. Der andere grinst auch: *„I can hardly see that..."*
Ich stehe vor meinem Spiegelbild. Seit dem Abflug von Hamburg vor vielen Wochen habe ich mich nicht mehr im Spiegel gesehen. Ich fahre mit der Fähre zurück auf das Ostufer, wo ich auf meinen Steuermann a.D. und Dave treffe. „He, ihr Beiden! Ihr werdet's nicht glauben, wenn ich euch sage, wen ich gerade auf der Fähre getroffen habe." „Keine Ahnung!" – *„No idea!"* „Stellt euch vor, ich bin mir gerade selber begegnet..."

Am Nachmittag haben die Wellen auf dem Peel weiße Köpfe, dann setzt starker Regen ein. Dave, Wolfgang und ich klettern in das enge Führerhaus des arbeitslosen Baggers. Von da können wir die Straße zur Fähre überwachen und wir sitzen im Trockenen. Drei Mädchen, so zwölf bis vierzehn Jahre alt, entdecken uns auf unserem Hochsitz. Sie laufen ständig vor dem Bagger auf und ab, werfen die schwarzen Zöpfe hin und her und kichern albern. Der Regen scheint die zukünftigen Dorfschönen gar nicht zu stören. Dave hält uns einen längeren Vortrag über die Schönheit junger Indianerinnen. Wir sehen den Mädchen zu und müssen ihm Recht geben. Später hole ich Wasser für eine Kanne Tee aus einem See, während die anderen zu Dave's Zelt gehen. Es ist jetzt so kalt, dass ich nach Rückkehr zehn Minuten brauche, um wieder Gefühl in meine steifen Finger zu reiben. Wolfgang kocht einen dicken Haferbrei – er ist die einzige Wärmequelle in dem feuchten Zelt, durch dessen Dach es tropft und rinnt. Ein junger Indianer kommt und fordert uns auf, in seine Hütte zu kommen. Wir verbringen den Abend dort. Es gibt – wie immer! – Tee, Bannocks und Trockenfisch. Später holen wir unser Gepäck von der Straße. Es liegt jetzt unter einer dicken Schneedecke. Wir beziehen ein trockenes Zelt neben der Hütte, und der Indianer lässt sich nicht davon abhalten, eigenhändig Feuer zu machen. Als „Stubenältester" bekomme ich von den Kameraden das einzige Bett zugewiesen. Wir pennen, als hätten wir heute drei Canyons umgangen und hundert Stromschnellen durchfahren.
Am nächsten Morgen – es ist ein Freitag – stehen wir um halb acht auf. Wenn wir heute keinen Lkw bekommen, werden wir übers Wochenende wohl noch weniger Glück haben. Die verbleibenden Möglichkeiten sind wenig ermutigend: Es gibt dreimal wöchentlich eine Flugverbindung von Inuvik nach Dawson. Nach Inuvik kommt man mit einem Lufttaxi ab Fort McPherson. Kosten $ 415.– pro Person – Wahnsinn! Außerdem ist die Maschine, die am Sonntag fliegt, bereits ausgebucht. Wir könnten versuchen, einen Mann zu finden, der uns für 300 bis 400 Dollar nach Dawson fährt. Das sind für den Fahrer hin und zurück immerhin 1300km Schotterstraße. Während wir das alles bekakeln, lichtet sich

draußen der Nebel und wir erkennen zwei Trucks, die von uns unbemerkt in der Nacht angekommen sind. Dave springt in die Stiefel und stürzt hinaus. Er hätte sich Zeit lassen können – der eine Fahrer schläft noch, der andere bedauert, keine Anhalter mitnehmen zu dürfen – *„... insurance, you know..."*
Inzwischen ist es halb neun. Wolfgang kocht auf dem Herd im Zelt wieder Haferbrei. Wir packen und bereiten alles für einen schnellen Aufbruch vor – für alle Fälle! Die Indianer können das nicht verstehen. Sie schlagen uns vor, hier zu bleiben, bis das Wetter wieder besser wird. Dass wir demnächst 1.200km weiter südlich pünktlich in einem Flugzeug sitzen müssen, ist ihnen völlig unverständlich – *„... strange folks, those white men..."*
Dann treffen drei Ereignisse zusammen: Die Fähre legt an unserem Ufer an – Wolfgang stellt den Topf mit Haferbrei auf den Tisch und füllt die Teller – Dave stürmt ins Zelt und kräht: *„Boys get goin'! We've got a ride!"* Alarmstart! Im Staffellauf schleppen wir die Ausrüstung zum Lkw, zum Schluss den Topf mit dem dampfenden Brei. Die Indianer kommen und helfen uns, all die Siebensachen in den leeren Laderaum zu verfrachten. Sie schütteln uns die Hände – *„Take care and have a safe journey!"* Wir werden im dunklen Laderaum versteckt – alle drei – *„.... insurance, you know..."* Der Fahrer schließt die schwere Schiebetür, geht nach vorne und lässt den Motor an. Wir sitzen auf den Seesäcken im dunklen, eiskalten Laderaum und tasten uns vorsichtig zum Topf mit Haferbrei. Der Lkw fährt an, rollt langsam die Straße zum Fluss hinunter und auf die Fähre. Als er hält, wird unsere Tür – die Tür zum Licht! – noch einmal aufgerissen. William, der Indianer, der auf der Fähre arbeitet, steckt lachend sein braunes, wettergegerbtes Gesicht durch den Türspalt und wünscht uns gute Heimreise. Hinter ihm winken noch ein paar Arme. Es ist, als würden sich alte Freunde verabschieden.
Dann schließt sich die Schiebetür wieder, und wir sitzen endgültig im Dunkeln. Diese Dunkelheit hat uns stumm gemacht. Wir löffeln schweigend unseren Haferbrei und jeder hängt seinen Gedanken nach. Dem Ort an der Dempster Fähre, den wir gerade verlassen, brauchen wir nicht nachzutrauern – es war der Arsch der Welt. Aber seltsam, je länger wir hier waren und auf eine Fahrt nach Dawson warteten, desto mehr fühlten wir uns mit diesem Ort verbunden. Das lag an seinen Bewohnern, den Indianern. Schon am zweiten Tag hier an der Fähre kannten wir einige ganz gut: Pete Irequoi, den alten Jäger; William, der sein *Fishcamp* am Ufer des Peel hat; Jim, den *Roadworker*, der unser Kanu gekauft hatte; Jake, der uns in der zweiten Nacht sein Zelt zur Verfügung gestellt und eigenhändig Feuer gemacht hatte. Diese Menschen waren nicht an uns, den Fremden, vorbeigegangen, sondern stehen geblieben. Sie hatten mit uns geklönt und uns geholfen, wenn wir Hilfe brauchten – ohne eine Gegenleistung oder Bezahlung zu erwarten. Ja, sie hatten uns mit ihrer Freundlichkeit und zurückhaltenden Hilfsbereitschaft das Gefühl gegeben, irgendwie zu ihnen zu gehören.

Es war schön gewesen bei ihnen, und es tat ein wenig weh, sie für immer zu verlassen.

Vom Peel zum Yukon

Seit Stunden fahren wir auf dem Highway Nr. 5 – so ist der Dempster Highway nummeriert – nach Süden. Wolfgang und ich liegen mehr schlecht als recht auf unseren Seesäcken im Laderaum des Lkw. Es ist dunkel, laut und lausig kalt. An Schlaf ist kaum zu denken. Dave geht es besser, denn er durfte inzwischen in die „1. Klasse" umsteigen. Auf dem Anstieg zum Pass über die Richardson Mountains war vor uns ein Lkw hängengeblieben und hatte auch unseren Truck zum Halten gebracht. Dave hatte dem Fahrer geholfen, die Schneeketten aufzuziehen. Dafür durfte er dann in den Fahrerraum – trotz Versicherung. Er hat es gut, er fährt durch eine großartige Landschaft – und er darf sie sehen!
Gegen 16.00 Uhr hält der Lkw. Der Trucker öffnet die Schiebetür: *„Get out boys! Eagle Plains... we'll have a short rest!"* Die „Kellerkinder" springen aus dem Laderaum in den Sonnenschein und stiefeln steifbeinig durch Schlamm und nassen Schnee hinter dem Trucker und Dave her hinüber zur Raststätte. Im Vorraum stehen 43 Paar Cowboystiefel, 5 Paar Gummistiefel und 3 Paar „Sonstige". Wir stellen unser Schuhwerk dazu und schleichen auf Strümpfen über dicke Teppiche durch einen hellen, freundlichen Gang. Ganz unvermutet sehen wir uns plötzlich dem englischen Königspaar gegenüber, das lorbeerbekränzt und in voller Lebensgröße aus einem riesigen, vergoldeten Bilderrahmen von der Wand lächelt. Auf der Toilette schauen uns aus den Spiegeln drei staubige Brüder entgegen – Haare... Gesichter... Bärte... Kleider – oh Mann! – wie die Bahnhofspenner!
Eagle Plains – Raststätte, Motel, Tankstelle und Kfz-Werkstatt – ist der einzige zivilisierte Platz am Dempster Highway zwischen Fort McPherson und Dawson City. Die Schotterstraße Highway Nr. 5 ist die einzige Straße Kanadas, die über den Polarkreis hinaus nach Norden führt. Sie verbindet Dawson City am Klondike River mit dem 760km entfernten Inuvik im Mackenzie Delta. Die Raststätte ist hell, blitzsauber und stilvoll eingerichtet. Wir sitzen zwischen vielen Fernfahrern und einer Handvoll Touristen. Wir trinken Kaffee und essen Käsekuchen. Es bleibt gerade noch Zeit, die Bilder an den Wänden zu betrachten: Alte Fotos von Trappern, Goldwäschern, Indianern, Polizisten und Forschern. Dann geht es wieder weiter. In der Dunkelkammer ist es nicht mehr ganz so kalt, dafür staubt es jetzt fast unerträglich. In dem goldenen Lichtstrahl, der durch einen Türspalt fällt, wallen graubraune Staubwolken. Noch zweimal lässt uns der Trucker auf freier Strecke kurz hinaus – Pinkelpause! – genug, um zu sehen, was für eine herrliche Landschaft uns verborgen bleibt: Schneebedeckte Bergkuppen, der bunte Teppich der herbstlichen Hügel und Moore, kristallklare

Bäche, darüber ein wolkenloser, tiefblauer Himmel. Bevor wir ins Schwärmen geraten, verriegelt der Fahrer rasch wieder die schwere Tür, und wir rumpeln weiter durch Nacht und Staub. Wolfgang scheint unter der Lage, in die wir ohne eine andere Wahl zwangsläufig geraten sind, etwas zu leiden. Er fühlt sich eingesperrt und irgendwie ausgestoßen und erniedrigt. Er lässt sich auch nicht aufmuntern. Mir selbst macht dieser Transport wenig aus, denn ich kann mich noch sehr genau an manche abenteuerliche Reise kurz nach Kriegsende erinnern, die meine Mutter mit ihren drei kleinen Kindern machen musste. Wir saßen damals auf einem offenen, mit Holzvergaser angetriebenen Lkw, in einem mit anderen Reisenden überfüllten Viehwaggon, im Regen auf der Langholzladung eines Pferdefuhrwerks und in eisiger Kälte oben auf der Kohle im Waggon eines Güterzugs – und waren froh, dass wir überhaupt fahren konnten. Manchmal ist es ganz hilfreich, wenn man noch weiß, wie es war, bevor sich die Zeiten änderten, und der Wohlstand ausbrach.

Kurz nach zehn halten wir wieder. Dave öffnet die Schiebetür und meldet: „Dempster Corner". Wir sind am Ziel – weiter fährt der Trucker nicht. Wir springen in einen zauberhaften Abend hinaus. Der Himmel steht in Flammen. Ein breites gelbes Band zieht sich am Horizont von Westen nach Osten. Hohe Fichten stehen schwarz und reglos am Ufer des Klondike River. Wolfgang und ich sind uns einig: Wir nehmen ein Zimmer in der Klondike River Lodge und laden Dave zu uns ein. Er will am nächsten Morgen mit dem Truck weiter nach Whitehorse.

Wir bekommen das Zimmer für $ 60,--, ziehen ein, duschen ausgiebig und essen im Restaurant. Danach gehen wir sofort zurück ins Zimmer. Dave errichtet sein Nachtlager auf dem Fußboden. Todmüde schlafen wir ein.

Am nächsten Morgen sind die Pfützen vor dem Hotel gefroren. Eine blutrote Sonne geht aus dem Nebel über dem Fluss auf. Nach dem gemeinsamen Frühstück verabschiedet sich Dave. Er war ein feiner Kerl! Während er nach Süden fährt, marschieren wir am Fluss entlang nach Westen – Dawson entgegen. Eigentlich müssten wir „standesgemäß" mit dem Kanu auf dem Klondike nach Dawson paddeln, aber wir haben keines mehr. Man hat uns gesagt, dass es nur *„five or seven miles"* sind. Ein Katzensprung! Wir marschieren in flotter Marschgeschwindigkeit los. Obwohl die goldenen Jahre am Klondike schon 100 Jahre zurückliegen, sind die Spuren der Wühlarbeit der Goldgräber noch deutlich sichtbar. Riesige Halden von Geröll, Kies und Sand, nur spärlich von Gras und Sträuchern bewachsen, türmen sich überall entlang der Straße und auf beiden Seiten des Flusses. Sie geben selbst bei diesem schönen Wetter der Landschaft ein ödes, trostloses Aussehen. Als nach etwa 12km noch keine Rauchsäule, kein Dachgiebel, geschweige denn ein Ortsschild in Sicht kommt, reisen wir per Anhalter weiter. Ein Handwerker nimmt uns auf seinem Pick-up mit und setzt uns nach weiteren 23km in Dawson ab. Mit Entfernungsangaben gehen die Leute in einem so weiten Land halt doch recht großzügig um.

Zunächst besorgen wir uns zwei Fahrkarten für den Bus von Dawson nach Whitehorse (540km), der in zwei Tagen an der Klondike River Lodge in Dempster Corner vorbeikommt. Dann kaufen wir ausgiebig ein. Schwer beladen lassen wir uns am Ufer des Yukon zwischen dem ausgedienten Raddampfer *Klondike* und der ehrwürdigen *Canadian Imperial Bank of Commerce* nieder. Wir packen unsere Tüten aus, holen uns *coffee to go* aus der nächsten Kneipe und frühstücken im Sonnenschein. Von der anderen Straßenseite klingt Country Musik herüber. Ungefähr so hatte ich mir Dawson vorgestellt.

Wolfgang kennt die Stadt. Er legt sich nach dem Frühstück in die Sonne, aber ich will mir den berühmten Ort unbedingt anschauen. Wolfgang hat mich gewarnt. Ich solle nicht zu viel von Dawson erwarten, ich könnte enttäuscht sein. Ich bin es nicht. Ich habe früher die Bücher von Jack London, in denen er den *Gold Rush* von 1900 und das Leben und Treiben in Dawson schildert, geradezu verschlungen. Ich habe daher Dawson noch „in guter Erinnerung" und finde mich sogar einigermaßen zurecht: Die *Main Street* und die *Yukon Saw Mill* sind mir gar nicht fremd, *Red Feather Saloon* und *Diamond Tooth Gerties* kommen mir irgendwie bekannt vor, *Gaslight Follies* ist mir geradezu vertraut... Zu Goldgräberzeiten hatte die Stadt ca. 40.000 Einwohner. Jetzt sind es im Sommer 1.000, im Winter vielleicht noch 600. Vom lauten, bunten, sündhaften Treiben der alten Tage ist, zumindest zu dieser frühen Stunde, nichts zu spüren. Das Nachtleben – wenn es in Dawson überhaupt noch eines gibt! – beginnt später.

Am späten Nachmittag nimmt uns ein junger Mann im Overall in seinem Pickup mit und fährt uns bis vor die Klondike River Lodge. Wir laden ihn zu Kaffee und Kuchen ein. Der Mann ist ein moderner *gold digger*. Er erzählt von seiner Arbeit in einer Goldmine ostwärts von Dawson, die immer noch gewinnbringend arbeitet.

Als er weiterfährt, machen wir noch einen kurzen Bummel am Klondike entlang, dann zieht es uns zurück ins Hotel. Wir merken jetzt, wie ausgehungert wir sind – trotz des üppigen zweiten Frühstücks in Dawson. Nach einem guten Essen bestellen wir zum zweiten Mal. Die junge Kellnerin sagt besorgt: *„Gentlemen, that's a full meal!"* Es ist genau das, was wir wollen. Dazu trinken wir Bier. Es ist kanadisches Bier und kommt vor Schwäche kaum aus der Flasche. Nach dem Essen fragt das Mädchen halb teilnahmsvoll, halb spöttisch: *„Are you full?"*, was sich hier aber nicht auf das Bier bezieht – es heißt nur „Sind Sie satt?" Wir sind es noch nicht. Es folgen noch zwei Portionen *apple-pie with vanilla icecream* – für jeden!

Nach einer weiteren Nacht für $ 60,-- und einem Frühstück mit anschließendem *apple-pie* und viel, viel Kaffee ziehen wir im Sonnenschein wieder hinaus in die Freiheit. Wir haben ein schönes Plätzchen drunten am Klondike erkundet und richten dort in gewohnter Weise unser Lager ein. Als das Zelt steht, das Feuer brennt, und wir unser Hab und Gut malerisch auf Gras, Steinen und Weiden-

büschen verteilt haben, sagt Wolfgang: „Irgendwas fehlt doch noch?" „Klar...", sage ich, „...das Kanu – du hast es doch selbst verkauft!"
Noch einmal zaubert der Koch Erstaunliches aus Töpfen und Pfanne, noch einmal greife ich zu Bleistift und einem Stück Pappe:

Klondike River Valley im September 1886
Käsesuppe 'Klondike', Röstbrot 'Indian Hunter' mit Yukon-Käse, Tee 'Indian Special', Schokolade 'Golden Nugget' und Blueberries

Wir verbringen den Abend so wie wir alle Abende droben im Norden verbracht haben: Die Kanne über dem knisternden Feuer, der Abendwind in den Weiden, Pfeifenrauch, Eulenruf, ein murmelnder Fluss, ein flammender Himmel. Wir sind wieder Nomaden.

Das letzte Lager

Mit dem angenehmen Wissen, dass wir während der vergangenen Nacht die $ 60,-- Hotelzimmerkosten „verdient" haben, frühstücken wir, was an Resten noch übrig ist, und bauen danach gemächlich das Lager ab. Mittagessen – nicht ohne *apple-pie!* – noch einmal im Restaurant der Klondike River Lodge.
Pünktlich um 15.30 Uhr hält ein alter, klappriger, staubbedeckter Bus vor dem Hotel. Er ist nur zur Hälfte besetzt: Tramper, Kanufahrer, „Normalbürger", Indianerinnen mit Kindern sitzen bunt gemischt auf den Bänken. Hinten im Bus ist eine schmale Tür. *Restroom* steht darauf – und so riecht es auch. Die Fahrt auf der Asphaltstraße führt uns durch endlose Wälder, dazwischen Seen und Moore. In Steward Crossing – zwei Häuser, Tankstelle, Kfz-Werkstatt – halten wir 30 Minuten. Über Pelly Crossing geht es weiter nach Minto und dann am Ostufer des Yukon entlang. In der Abenddämmerung erreichen wir Carmacks am Yukon – wieder 30 Minuten Pause, wieder *apple-pie* und wieder viel Kaffee. Dann kommen die letzte 180km. Gegen Mitternacht laden wir unser Gepäck in Whitehorse in ein Taxi und fahren zum Campingplatz. Wir stellen das Zelt auf dem alten Platz auf, essen eine Kleinigkeit und kriechen in die Schlafsäcke. Hinter uns in der Dunkelheit rauscht der Yukon...

Wir haben noch drei Tage bis zum Rückflug nach Deutschland. Die wollen wir nicht in der *Nugget Lounge*, nicht im *Gold Rush Inn* und schon gar nicht in der *Taku Bar* verbringen. Wir wollen noch einmal hinaus, dorthin, wo das Yukon Territory am schönsten ist – in die Wildnis.
Heute Morgen gehen wir erst einmal zum Postamt und rufen in Deutschland an. Zuhause ist alles in Ordnung. Während der letzten Wochen war Deutschland so

weit entfernt. Es kam mir manchmal so vor, als wäre meine Familie nicht nur unerreichbar fern, sondern fast schon so unwirklich wie auf einem anderen Stern. Die Stimme meiner Frau hat die Entfernung mit einem Mal aufgehoben und meine Familie wieder wirklich und wahrhaftig werden lassen. Jetzt habe ich plötzlich riesengroßes Heimweh und freue mich gewaltig auf meine Frau und meine beiden Töchter.

Vom Postamt gehen wir zu *Avis Rent a Car* und mieten einen Leihwagen, einen kleinen Japaner, in den wir und unser Gepäck so gerade hineingehen. Dann geht es auf dem Alaska Highway nach Westen. Nach drei Stunden sind wir am Ziel, am Kluane Lake – 150km ostwärts der Grenze zu Alaska. Da wir mit dem Leihwagen nicht ins Gelände können, wählen wir einen Campingplatz für unser letztes Lager. Bald steht unser kleines Zelt nicht weit vom Seeufer unter Pappeln und Fichten. Hier wollen wir Abschied nehmen von Kanada, das sich auch in diesem abgelegenen Winkel so großzügig und gastfreundlich zeigt, wie wir es überall erfahren haben: Der Platz liegt zwischen schneebedeckten Bergen und einem himmelblauen See im Grünen. Die Stellplätze für Zelte und Wohnwagen liegen 70 bis 90m auseinander. Die Toiletten, Waschräume und Gemeinschaftsräume sind sauber und ordentlich, die gegen Bären gesicherten Müllbehälter geleert. An jedem Stellplatz liegt ausreichend Brennholz neben der gemauerten Feuerstelle. Die Benutzung des Platzes ist kostenlos. Außer einem jungen Paar mit Wohnmobil sind wir die einzigen Gäste.

Die Landschaft ist atemberaubend: Zwischen den zerklüfteten Gipfeln, Gletschern und Schneefeldern der St. Elias Mountains im Westen und der Ruby Range im Osten liegt der Kluane Lake inmitten ausgedehnter Wälder. Vom Kaskawulsh Gletscher im Süden kommt der Slims River und ergießt sein lehmiges Wasser in einem weiten Delta in den klaren Kluane. Er färbt das Wasser des Sees nur unmittelbar vor der Mündung gelbbraun. Hundert Meter weiter draußen ist der See wieder von unwirklich himmelblauer Farbe. Weiter draußen schiebt ein frischer Ostwind hohe Wellen mit weißen Kämmen über den See. Vom wolkenlosen Himmel lacht die Sonne, und die Brandung singt ein wildes Lied.

Auch die statistischen Angaben sind eindrucksvoll: Der Kluane ist größer als der Bodensee und für seinen Fischreichtum berühmt (*kluane*: großer Fisch). Einige Gipfel der St. Elias Mountains sind über 5.000m hoch, darunter auch Kanadas höchster Berg, Mount Logan (5.951 m). Dort oben streckt das größte nichtpolare Eisfeld seine Gletscherfinger bis zu 50km nach allen Seiten.

Wir sind nicht weit entfernt von Klaus Gretzmachers neuer Heimat, der Ruby Range Lodge, die am Ende einer langen, schmalen Bucht irgendwo am Nordufer des 80km langen Sees steht – mit dem Auto nicht erreichbar. Es ist äußerst unwahrscheinlich, dass wir ihn noch einmal hier treffen. Trotzdem fahren wir gegen Abend auf dem Alaska Highway am Südufer des Sees gut 40km nach Westen mit Ziel Destruction Bay. Wir wissen, dass Gretzmacher seinen Pick-up immer dort abstellt und mit dem Boot die 38 Kilometer über den See nach Hause fährt. Wir finden seinen Pick-up, schreiben ein Briefchen und stecken es wasserdicht verpackt hinter den Scheibenwischer.

Am nächsten Tag nehmen wir Abschied vom Yukon – mit einem Bergmarsch, einer Strandwanderung und einem üppigen Festessen am Feuer. Wir nehmen Abschied mit den Augen, mit den Ohren, mit der Nase und mit den nackten Füßen im Gras. Es ist unser letzter Abend. Die Sonne schwimmt zwischen roten Wolken nach Nordwesten in Richtung Alaska davon. Die Dämmerung kommt. Am stahlblauen Himmel stehen die ersten Sterne. Es wird kalt. Wir sitzen dicht am Feuer und trinken heißen, süßen Tee. Wolfgang holt Schokolade und Erdnüsse, ich stopfe die Pfeife. Zwischen uns herrscht die ruhige, ehrliche Übereinstimmung wie all die Wochen vorher. Wolfgang ist ein feiner Kamerad – es war eine Freude, mit ihm zu reisen.
Vielleicht reden wir an diesem letzten Abend mehr als sonst, so als wollten wir im Gespräch noch ein Stück Kanada festhalten. Wir reden vom Snake und vom Peel, von Bergen und Inseln, von Adlern und Bären, von Gewittern und Hochwasser, von Stromschnellen und verlorenen Paddeln. Wir reden von den Indianern, von ihrer unaufdringlichen Gastfreundschaft und ihrem guten Benehmen, ihrer Bescheidenheit und Würde. Wir lachen noch einmal über *Banana Chip Norman* und seine Flatterhose, und über das „Büro Gretzmacher" lachen wir, jenes überladene Tischchen, auf dem wir gestern nach unseren Papieren schürften und fündig wurden. Wir sprechen über die Menschen hier oben, über ihre Hilfsbereitschaft, ihren gesunden Menschenverstand, ihren Humor und über ihre wunderbare Gelassenheit. Als ich zum Ufer gehe, um noch einmal Teewasser zu holen, ist der Tau auf den Blättern und Zweigen gefroren. Am schwarzen Himmel stehen Millionen Sterne. Der Wald schläft und seufzt im Traum...

„Wolfgang, was meinst du, was werden wir von dieser Reise mit nach Deutschland nehmen?"
Nichts, was man zählen, wiegen oder messen kann. Nichts, was wir daheim vorzeigen können. Nichts, was uns Geld oder Schlagzeilen einbringt. Trotzdem – da sind wir uns einig – nehmen wir viel mit zurück in die graue Stadt, vieles, was wir nicht mit anderen teilen können; vieles, was uns allein gehört; vieles, was wir aufbewahren werden wie einen Schatz. Wir haben ein Land durchstreift, das so unberührt ist wie vor tausend Jahren. Wir haben die Weite, die Stille, den Frieden und die Freiheit gesucht, die es zuhause nicht mehr gibt, und wir haben sie im Übermaß gefunden. Wir haben jeden Tag und jede Stunde nur Sinnvolles getan. Wir haben Hitze, Kälte, Nässe, Hunger und Müdigkeit gespürt und ertragen. Wir haben uns mit jenen schwarzhaarigen Jägern verbunden gefühlt, die lange, lange vor uns das weite Land durchstreiften – deren Zelte auf den hohen Ufern standen, deren Feuer in den hellen Nächten brannten, deren Schatten über

das Gras huschten, deren Stimmen der Wind durch das Tal trug. Wir haben gelebt, wie sie gelebt haben. Wir waren freie Menschen.
Und wir haben viel, viel Spaß gehabt!

„Wolfgang, sei ehrlich, ist das vielleicht nichts...?"

Wieder daheim

Gestern Nachmittag überflogen wir von Amsterdam kommend die schmutzigbraune Elbe, landeten auf dem Flughafen Fuhlsbüttel und kehrten in unser Land zurück, das uns auf den ersten Blick wie ein aufgeregter Schrebergarten vorkam. Dann nahmen uns unsere Frauen in die Arme und brachten uns zurück in eine Welt, in der vor allem lärmende, stinkende Autos das Geschehen bestimmten. Die Menschen schienen in Eile zu sein – sie hasteten dahin, redeten wenig und lachten nicht, blieben vor roten Lichtern artig stehen und gingen bei Grün wieder weiter. Große, bunte Schilder sagten ihnen, was sie alles essen und trinken müssen, hell erleuchtete Schaufenster zeigten ihnen, was sie anziehen müssen, und riesige Buchläden führten ihnen vor, was sie alles lesen müssen. Rasch kam die Erinnerung wieder, und die Erkenntnis, dass wir das doch alles schon kennen, dass das die Welt ist, aus der wir vor Wochen kamen, und dass uns jetzt unser fortschrittlicher Wohlstandsstaat wieder die Fesseln anlegen wird, ohne die wir sechs Wochen lang so herrlich gelebt haben. Und es dämmerte uns, dass wir von nun an wieder unfehlbaren Politikern, gnadenlosen Bürokraten, sensationslüsternen Journalisten und allwissenden öffentlich-rechtlichen Vordenkern ausgeliefert sein würden.

Jetzt, nach einer Nacht in einem richtigen Bett und in einem Raum, in dem man den Raben nicht hört, den Wind nicht spürt und den Tau nicht schmeckt, sitze ich am Frühstückstisch. Um mir den Übergang in den Wohlstand zu erleichtern, trinke ich meinen Kaffee noch ein letztes Mal aus der kanadischen Blechtasse. Auch der gewohnte Haferbrei steht auf dem Tisch. Meine liebe Frau hat ihn gekocht – sie erträgt die seltsamen Gewohnheiten ihres Hinterwäldlers mit Humor. Morgen früh werde ich mit Dienstbeginn in die moderne Gesellschaft mit viel Fortschritt und viel Überfluss zurückkehren. Dann werde ich wieder tadellos funktionieren. Um mich auf diesen Rück-Schritt vorzubereiten, lese ich Zeitung. Vorsichtshalber beginne ich erst mal weiter hinten, dort wo das Blatt unter „Neues aus Stadt und Land" bereits durch eindrucksvolle Überschriften anzeigt, was uns dort draußen hinter den sieben Bergen so alles entgangen ist: ‚Brandstiftung im Kurhaus', ‚Spielhalle überfallen', ‚Straßenräuber', ‚Mutter quälte Sohn', ‚Schüsse im Parkhaus', ‚Belastung mit Strontium steigt', ‚Messerstecherei auf dem Kiez', ‚Ballettstar erhängte sich', ‚Mit Brot vergiftet', ‚Cyanid strömte aus'...

Freilich gibt es auch erfreuliche Nachrichten: ‚Mörder gefasst', ‚Die Einbrecher hatten das Nachsehen', ‚Korrupter Beamter entlarvt', ‚Geiselnahme gescheitert', ‚Fluchtversuch aus Gefängnis vereitelt', ‚Bankräuber schießt sich ins Bein'...

Von Rechtschaffenheit und Anstand, die es doch landauf landab sicher auch gibt, steht nichts in der Zeitung. Aber wie auch immer: Im Stich gelassen wird der Bürger nicht! Da ist an alles gedacht! Eine schwarz umrahmte Spalte verspricht Hilfe für alle Plagen und Nöte. Da sind die Rufnummern von Polizei, Feuerwehr, ärztlichem Notdienst, Krankenwagen und Rettungsdiensten aufgelistet und noch viel, viel mehr, die Gift-Informationszentrale, der Anwaltliche Notdienst, die Beratungsstelle für Kriminalitätsopfer, die Telefonseelsorge, das Frauenhaus, die Beratungsstelle für Kinderschutz, das Aids-Telefon, der Kinder- und Jugendnotdienst und das Kindersorgentelefon.

Ja, wie sagten doch die beiden – Norman, der mit der Flatterhose und den Banana Chips, und Tom, der Trapper vom Peel River: „‚... hier draußen ist das Paradies... New York, Marseille, Neapel, Singapur... das ist der Dschungel!'"

Abenteuer in Alaska und Yukon

AUTOREN OHNE GRENZEN

Abenteuer in Alaska und Yukon

traveldiary.de Reiseliteratur-Verlag

Alaska und das Yukon Territory verkörpern Einsamkeit, Abenteuerlust, eine fast unberührte Natur und den Mythos des Goldes.

Es gibt viele Möglichkeiten, die Region zu entdecken und so waren unsere **AUTOREN OHNE GRENZEN** mit dem Kanu unterwegs, mit Fahrrad und Tandem, mit dem Wagen, dem Wohnmobil und auch mit dem Hundeschlitten. Sie sind den Spuren von Karibus und Elchen gefolgt, haben die Nähe der Bären genossen und gefürchtet und sind mit den alten und neuen Bewohnern des amerikanischen Nordwestens in Berührung gekommen.

In diesem Buch haben die Autoren ohne Grenzen ihre besten Berichte aus Alaska und dem Yukon zusammengefasst.

Erhältlich im Buchhandel und bei www.traveldiary.de